Reinach
Biografie einer Stadt vor der Stadt
Heimatkunde Band 1

Reinach
Biografie einer Stadt vor der Stadt
Heimatkunde Band 1

Herausgeberin Einwohnergemeinde Reinach
Verfasser Daniel Hagmann

VERLAG
des Kantons Basel-Landschaft 2006

Vorwort

Liebe Leserin, lieber Leser
Im Vorwort zur Reinacher Heimatkunde von 1975 hat der damalige Gemeindepräsident Hans Gubser geschrieben: «Kein Einwohner darf bloss in Reinach wohnen, er soll hier seine Heimat finden.» Dreissig Jahre später müssen wir uns die Frage stellen, ob eine solche Aussage noch zeitgemäss ist. Schliesslich leben wir in einer globalisierten Welt: Die halbe Welt schaut die gleichen Filme an, hört dieselbe Musik. Die Architektur und damit die Städte gleichen sich mehr und mehr. Die Produkte in den Läden sind identisch, mit Englisch wird man fast überall verstanden. Von jedem Arbeitnehmer (und seiner Familie) wird die Bereitschaft zur Mobilität als selbstverständlich vorausgesetzt. Jedes Jahr ziehen fünf bis zehn Prozent der Reinacher Bevölkerung um! Hat in dieser Zeit eine Heimatkunde noch eine Berechtigung? Oder erst recht?

Wer in der Zukunft lesen will, muss in der Vergangenheit blättern (André Malraux)

Die meisten Menschen haben das Bedürfnis, ihre Wurzeln zu kennen, ihre Geschichte zu verstehen. Verstehen gibt Sicherheit und Orientierung. Was man nachvollziehen kann, begreift man. Wie ist es dazugekommen, dass Reinach so ist, wie wir es kennen? Wieso ist aus einem kleinen Bauerndorf eine lebendige Stadt geworden? Wie haben die alten Reinacherinnen und Reinacher gelebt und gedacht? Manchmal ist es besser, die Vergangenheit ruhen zu lassen. Noch besser ist es, aus der Vergangenheit zu lernen. Die Siedlungsgeschichte Reinachs, die in den beiden Bänden der Heimatkunde ausführlich beschrieben wird, ist ein gutes Beispiel dafür. Das ehemalige Bauerndorf wurde nicht einfach schicksalhaft von der Entwicklung überrannt. Vorausgegangen war in der ersten Hälfte des 20. Jahrhunderts eine Reihe von Entscheidungen, die der wilden Entwicklung Tür und Tor öffnete.

Ob diese Entscheide von Unwissenheit oder Eigennutz getrieben waren, mag jeder selber beurteilen. Als sich dann aber in den 1960er-Jahren das ganze Ausmass der Entwicklung abzeichnete, war es zu spät, und die Visionen griffen nicht mehr. Wir schütteln heute die Köpfe über die Planungen der 1960er-Jahre, die von fast 40 000 Einwohnerinnen und Einwohnern ausgingen. Aber immerhin haben die damaligen Planer und Behörden erkannt, dass die Bevölkerung massiv wachsen wird, und sie haben diese Entwicklung nicht fatalistisch hingenommen. Vielmehr haben sie versucht, eine geordnete Bebauung zu ermöglichen und die notwendige Infrastruktur bereit zu stellen. Dass unsere Gemeinde dabei viel an Charakter verloren hat, ohne ein neues, eigenes Gesicht zu entwickeln, ist Tatsache. Aus diesen Fehlern zu lernen und es heute besser zu machen, ist die neue Herausforderung.

Die Menschen, nicht die Häuser machen die Stadt (Perikles)

Seine Vergangenheit zu erkennen, kann für jemanden Motivation sein, die neue Heimatkunde zu lesen. Allerdings hat nur eine Minderheit der Einwohnerinnen und Einwohner ihre Wurzeln in Reinach. Nur wenige haben Vorfahren, die schon seit Generationen hier wohnen. Die Geschichte Reinachs ist nicht ihre Geschichte. Die Mehrheit, zu denen auch der Schreibende gehört, hat hier nicht eine neue Heimat, sondern einen Wohnort gesucht. Sie ist hier, weil die Eltern sich hier niedergelassen haben, weil eine schöne Wohnung frei war, weil es Arbeit gab oder weil das Schulangebot überzeugt hat.

Die Bindung der neu Zugezogenen an ihren Wohnort muss erst allmählich wachsen. Den Kitt bilden Beziehungen zu Nachbarn, neue Bekanntschaften in Vereinen, Schulfreundinnen und -freunde oder Gleichgesinnte in Parteien und Quartiervereinen. Wichtig sind aber auch Kenntnisse des Wohnorts. Was man kennt, wirkt vertraut und stiftet Identität. Identität ist in einer Welt, in der sich Städte und Kulturen immer ähnlicher werden, besonders wichtig. Identität setzt wesentliche Gemeinsamkeiten voraus, wie Sprache, Kultur, Religion oder Geschichte. Da sich diese kaum mehr von Ort zu Ort unterscheiden, fällt die Identität mit der Schweiz oder der Region Basel leichter als mit Reinach. Die Heimatkunde will hier Abhilfe schaffen. Sie zeigt schöne, typische, besondere, manchmal auch kuriose Seiten unserer Stadt. Nur was man kennt, lernt man schätzen und, vielleicht, lieben.

Die Stadt vor der Stadt

Reinach hat in den letzten Jahrzehnten verschiedene Beinamen erhalten oder sich selber gegeben. Sie sagen viel über das Image und unser Selbstverständnis aus. Entstanden aus einem Bauerndorf, war Reinach lange Zeit eine reine «Schlafstadt», ein «Vorort Basels» und wurde schliesslich zum «Kaff mit Pfiff». Aus den Arbeiten zur Heimatkunde von 2006 ist eine neue Umschreibung hervorgegangen, die mir sehr gut gefällt: «Die Stadt vor der Stadt». Sie gibt meine Vorstellung von Reinach wieder.

Reinach ist eine Stadt! Wir sind kein Kaff, was laut Lexikon eine abwertende Bezeichnung für ein kleines Dorf ist oder auch ein Synonym für Spreu, welche man bekanntlich vom Weizen trennen muss. Wir sind auch keine Schlafstadt. Im Gegenteil: Viele Einwohnerinnen und Einwohner im Zentrum wären angesichts der grossen regionalen Anziehungskraft, die Reinach auf Jugendliche ausübt, froh, sie könnten nachts schlafen. Nein, Reinach ist lebendig! Ich freue mich, dass sich die Jugend des Birstals hier trifft. Ich finde es toll, dass dank Firmen aus dem In- und Ausland, dank der International School und der Nähe zu Basel Leute aus Dutzenden von Ländern hier leben und arbeiten. Dieser Mix ist für mich eine echte kulturelle und wirtschaftliche Bereicherung. Fortschritte entstehen durch die Auseinandersetzung mit anderen Kulturen, Konzepten und Ideen.

Reinach ist aber keine Insel! Wir sind eine Stadt vor der Stadt. Das zweite «Stadt» drückt unsere Lage und Verbundenheit zur Stadt Basel aus. Obwohl grösser als Aarau, Olten oder Solothurn ist Reinach doch kein eigenständiges, regionales Zentrum. Reinach ist Teil der Agglomeration, einer Konzentration von Gemeinden mit gegenseitigen Abhängigkeiten. Reinach ist nicht zuletzt dank seiner Nähe zu Basel attraktiv. Wir profitieren vom grossen kulturellen Angebot und von der städtischen Infrastruktur. Dies ist Chance und Verpflichtung zugleich. Dieses enge Zusammengehörigkeitsgefühl innerhalb der Agglomeration Basel hindert uns keineswegs daran, unsere Eigenständigkeit und unsere Handlungsspielräume zu nutzen und zu verteidigen.

Heimat ist da, wo ich verstehe und wo ich verstanden werde (Karl Jaspers)

Zurück zum Ziel «Kein Einwohner darf bloss in Reinach wohnen, er soll hier seine Heimat finden». Natürlich bleibt dieses Ziel unerreichbar – aber nichts desto trotz erstrebenswert. Wenn es mit dem neuen Gemeindeportrait gelingt, Reinach einigen Einwohnerinnen und Einwohnern näher zu bringen, dann hat es seinen Zweck erfüllt. Ich danke allen ganz herzlich, die zum Gelingen dieses Werkes beigetragen haben, und gratuliere Ihnen zum Ergebnis. Allen voran natürlich dem Autor und Projektleiter, Daniel Hagmann. Dann den Mitgliedern der Begleitkommission unter dem Vorsitz der Gemeinderätin Eva Chappuis: Doris Auer, Dominik Eichenlaub, Karl Frech, Anna C. Fridrich, Willy Göttin, Fredi Kilchherr, René Salathé und Franz Wirth. Es ist diesem Team gelungen, ein umfassendes und informatives, gleichzeitig aber spannendes und unterhaltsames Werk zu erarbeiten. Ihnen, liebe Leserin, lieber Leser, wünsche ich viel Spass und Freude beim Lesen unserer neuen, attraktiven Reinacher Heimatkunde.

Urs Hintermann, Gemeindepräsident

Einleitung

Das hat Reinach noch gefehlt. Ein Buch, das aufräumt mit den gängigen Vorurteilen. Reinach sei eine hässliche Agglogemeinde, spotten die einen. Reinach sei ein heimeliges Dorf, schwärmen die anderen. Dass Reinach weder das eine noch das andere ist, möchte dieses Buch illustrieren. Das Ortsportrait mit Tiefenschärfe beschreibt das Werden und das heutige Gesicht der «Stadt vor der Stadt». Damit nimmt es ein altes Anliegen auf: Heimat zu erkunden und zu verkünden.

Tradition

Denn Reinach hat die Heimatkunde nicht erfunden. Diese Art von Ortsportrait hat eine lange Tradition im Kanton Basel-Landschaft. Im 19. Jahrhundert waren es die Lehrer, die sich aufmachten, den zivilisatorischen Fortschritt im jungen Halbkanton zu dokumentieren. So entstanden in vielen Baselbieter Gemeinden nach 1863 handgeschriebene Heimatkunden. In Reinach allerdings nicht – ob man hier nicht an den Fortschritt glaubte? Jedenfalls dauerte es noch gut 100 Jahre, bis die erste Reinacher Heimatkunde entstand. Auch in der um 1900 ins Leben gerufenen Reihe von Ortschroniken fehlt Reinach.

Erst 1975 erschien dann das Buch Reinach BL – Beiträge zur Heimatkunde einer jungen Stadt. Es war eine Zangengeburt, erinnerte sich der Hauptautor und Initiant Hans Windler Jahrzehnte später. Alle kompetenten Personen zur Zusammenarbeit zu bewegen, sei nicht einfach gewesen. Wie der Buchtitel verrät, vereint die Heimatkunde von 1975 Beiträge zu verschiedensten Themen. Hauptthema ist der rasante Wandel vom Dorf zur Stadt, den Reinach damals seit kurzem erlebte.

Nachfrage

Jede Heimatkunde ist ein Kind ihrer Zeit, geprägt von aktuellen Fragen und beschränkt auf das Machbare. So entstanden in den folgenden Jahren verschiedene Publikationen, die das Werk von 1975 ergänzten. 1987 zum Beispiel veröffentlichte eine Arbeitsgruppe im Auftrag des Gemeinderates eine so genannte Gemeindekunde: eine Materialsammlung mit Dias und Fallbeispielen, die im Schulunterricht zum Einsatz kommen sollte. Man wollte damit das Funktionieren der Gemeindepolitik verständlich machen. Eine Art Dorfchronik hatte Ernst August Feigenwinter mit seiner Materialsammlung im Sinn, die heute im gleichnamigen Archiv einsehbar ist. Er sammelte quer durch die Geschichte Dokumente zur Entwicklung Reinachs: Aktenkopien, Fotografien, Erinnerungen. Leider kam er nicht dazu, sie systematisch auszuwerten. Veröffentlicht wurde nur eine Geschichte der Familienstämme Feigenwinter.

Vom Bedürfnis, den anhaltenden Wandel Reinachs zu verstehen, zeugt ebenfalls die 1999 vom Gemeinderat herausgegebene Publikation Weihrauch, Wein und Weidenruten. Diese Sammlung von Geschichten und Anekdoten ist der Jugend von Reinach «zum besseren Verständnis der Gegenwart» gewidmet. Und genau dieses Ziel verfolgt auch die vorliegende neue Heimatkunde.

Doppelpack

Die bestehende Heimatkunde von 1975 aktualisieren und mit einem zeitgemässen Teil ergänzen: So lautete der Auftrag des Gemeinderates an den Autor Daniel Hagmann. Aus dem älteren Werk wurden viele Karten und Informationen übernommen. Gleichzeitig wurden die Texte neu formuliert, ausgebaut und konzentriert, wurden zusätzliche Bilder gesucht – und für Band II ein völlig neues Konzept mit eigener Bildsprache entwickelt. Heimat erkunden und verkünden: Diese Auseinandersetzung ermöglicht die Heimatkunde Reinach 2006 auf verschiedenen Wegen. Sie verzichtet darauf, eine irgendwie geartete Identität zu beschwören oder zu beweisen. Vielmehr laden die beiden Bände dazu ein, sich selbst eine Meinung zu bilden.

Dazu braucht es ein Grundlagenwissen, das Band I mit dem Titel Biografie einer Stadt vor der Stadt vermittelt. Hier stehen Zusammenhänge im Vordergrund: Welche natürlichen Grundlagen prägen die Wohnlage? Wer hat in Reinach das Sagen? Warum gibt es praktisch keine Bauernhöfe mehr und welche Rolle spielt das Gewerbe heute noch? Dieser erste Band ist absichtlich ruhig gestaltet, anschaulich illustriert und mit Übersichtskarten versehen. Band II hingegen, Unterwegs in der Stadt vor der Stadt, macht genau das Gegenteil. Er stellt hauptsächlich Fragen und er führt direkt in die Gegenwart hinein. Der Wandel Reinachs wird nicht mehr beschrieben, sondern erlebbar gemacht: mit farbigen Fotoreportagen und impressionistischen Textreportagen. Hier werden einige Eigenarten Reinachs auf den Punkt gebracht.

Konzentration

Verfasst wurde die Heimatkunde aus einer Hand, aber dank eines grossen Teams. Konzept und Texte stammen von Daniel Hagmann; in Band II hat Barbara Rettenmund drei Kapitel geschrieben. Beratend und unterstützend wirkten die Mitglieder der gemeinderätlichen Begleitkommission, zahlreiche Vertreter von Reinacher Institutionen und Vereinen haben mitlektoriert. So verbanden sich Detailwissen und Übersicht, Geschichten und Geschichte.

Die Heimatkunde Reinach 2006 ist nicht als abgeschlossene Dokumentation gedacht. Hier wird kein Lexikon geboten, keine Liste von Personen oder

Abfolge von Daten abgedruckt. Wer sich detaillierter über einzelne Aspekte informieren will, findet im Anhang Hinweise auf Publikationen und Internetadressen. Schliesslich verändert sich Reinach laufend ...

Trotz ihres historischen Tiefgangs versteht sich die Heimatkunde Reinach 2006 als Gegenwartskunde. Sie ist keine Ortsgeschichte, denn dazu bräuchte es langjährige und systematische Forschungen. Sie beruht auf methodischer und sorgfältiger Arbeit, aber sie vermeidet unnötige Fremdwörter und Details. Sie hat wie jedes Werk Lücken, bedingt durch die begrenzten Zeit- und Platzressourcen. Was wäre das für eine Stadt, die man auf gut 300 Seiten erschöpfend beschreiben könnte? Erinnerungen von Zeitzeuginnen, Bildgeschichten, Dialektstudien – Material und Fragen gäbe es noch genug für einen Band III, IV, V und folgende. Auch diese Heimatkunde ist letztlich nur ein weiterer Beitrag zum nie vollendeten Portrait dieser Stadt vor der Stadt.

Daniel Hagmann

Auf Identitätssuche

Gibt es Reinach überhaupt? Auf den ersten Blick fehlt der grössten Gemeinde des Kantons ein besonderes Profil. Denn der Wachstumsboom der Nachkriegszeit hat vieles aufgelöst und verändert. Manche fragen sich: Ist Reinach noch ein grosses Dorf oder schon vollständig vorstädtische Agglomeration? Ist es ein loses Nebeneinander von Quartieren, gibt es Zentren? Reinach ist auf Identitätssuche – das widerspiegelt sich auch in der Entstehung von Namen und Wappen.

«Reinach hat in den boomenden Sechziger- und Siebzigerjahren einen Teil seiner alten Identität verloren. Wir müssen dafür sorgen, dass es eine neue findet», forderte 2005 der Gemeindepräsident in seiner Neujahrsansprache. In der Tat erinnert das heutige Reinach kaum mehr an jenes von 1950. Die Gemeinde ist in den Nachkriegsjahrzehnten explosionsartig gewachsen. Seit 1965 gilt sie statistisch als Stadt.

Doch Reinach ist keine sichtbar gewachsene Stadt mit historischem Zentrum, Mauern und Vorstadtquartieren. Im Gegenteil: Die Gemeinde präsentiert sich heute als uneinheitliches Mosaik.

Nah der Stadt

Das Gespenst der Schlafstadt prägt die Identitätssuche Reinachs seit über 30 Jahren. Ähnlich wie 2005 tönte es schon 1988. In der Infobroschüre der Gemeinde hiess es: «Anonymität ist ein Wesenszug der Grossstädte und der Satellitenstädte. [...] Ist aber Reinach selbst so namens- und geschichtslos, dass wir nach Basel fliehen müssen? Sicher nicht!». Basel mit seinem urbanen Angebot an Theater, Modegeschäften und Szenebeizen ist nah. Der überwiegende Teil der erwerbstätigen Reinacherinnen und Reinacher verlässt den Wohnort täglich Richtung Stadt – und kehrt zum Schlafen zurück.

Eine Gemeinde unter vielen

Keine andere Gemeinde des Kantons Basel-Landschaft zählt im frühen 21. Jahrhundert so viele Bewohnerinnen und Bewohner wie Reinach. Und wenige liegen derart verkehrsgünstig zwischen Jura und Rhein, nahe bei Autobahn und Flughafen. Dennoch ringt Reinach immer wieder darum, ein regionales Zentrum zu sein: Sei es als Wirtschafts-, Schul-, Einkaufs-, Kultur- oder Verwaltungsstandort.

Anders als Arlesheim fehlt Reinach eine vergleichbare Vergangenheit als Macht- oder Industriezentrum. Als das Bauerndorf zu wachsen begann, waren die Karten schon verteilt, Bezirksverwaltung und Gymnasien platziert. Und

< Reinach als Dorf – dieses Bild der Reinacher Künstlerin Madeleine Morf wählte die Reinacher Zeitung 2000 als Titelbild.

da in der kantonalen Politik noch 85 weitere, vielfach kleine Gemeinden mitreden, fühlt sich Reinach oft zu wenig wahrgenommen.

Klassifikationsversuche

Was ist Reinach: Dorf, Stadt, Vorstadt? Das Bundesamt für Statistik definiert Reinach als Typus einer suburbanen Wohngemeinde. Dies liesse sich ungefähr als Vorstadt übersetzen. In Reinach selber gab es unterschiedliche Vorschläge. Der Einwohnerrat regte 1973 an, ein Leitbild für die Stadtgemeinde schaffen zu lassen. Zwei Jahre später sprach die Heimatkunde Reinach gleichzeitig von der Vorortsgemeinde wie von der jungen Stadt. Die Infobroschüre von 1988 titelte: Reinach – ein grosses Dorf stellt sich vor. Und 1993 drehte der Filmemacher René Wiessler das Porträt einer Kleinstadt.

Reinach ... e Kaff mit Pfiff, so nannte sich die Gemeinde ab 1997. Geschaffen wurde dieser Slogan von 18-Jährigen an einer Jungbürgerfeier. 2002 entschied der Gemeinderat, das «Kaff» aus dem Namen zu streichen, aufgrund starken Drucks aus Bevölkerung und Einwohnerrat. Und im Herbst 2005 verschwand auch der «Pfiff» aus dem Titel. Gleichzeitig erschien eine offizielle Imagebroschüre, betitelt: Reinach, eine Stadt vor der Stadt.

Ein sprechender Name

Seinen heutigen Namen hat Reinach seit 1528. Aus diesem Jahr stammt das älteste Zeugnis mit der deutschen Bezeichnung Reinach. Der Ortsname an sich ist jedoch etliches älter. Ein in Lateinisch abgefasster Kaufvertrag, der ungefähr auf das Jahr 1174 datiert werden kann, liefert den ersten schriftlichen Beleg: Eine Frau, Elisabeth aus Basel genannt, erwirbt mit Zustimmung des Bischofs von Basel «allodium in Rinacho». Übersetzt heisst dies: ein Eigengut in Rinachum. In späteren urkundlichen Belegen ist dann die Rede von Rynach oder Rinach.

Lange hielt sich die Vorstellung, der Ortsname Reinach sei aus dem keltischen Flurnamen rinakos entstanden und bezeichne ein bachreiches Gelände. Denkbar wäre auch die Herleitung aus der althochdeutschen Gewässerbezeichnung rin und der Gattungsbezeichnung aha für Bach. Das ergäbe *(ze) Rinahu, also beim Rin-Bach. Neueste Erkenntnisse von Ortsnamenforschung und Archäologie legen aber eine andere Deutung nahe. Der Name Rinachum ist wahrscheinlich aus einem lateinischen Personennamen, Renius oder Rinnius, und der Endung -acum gebildet worden. Solche zusammengesetzten Ortsnamen sind häufig. Sie bezeichnen einen Grundbesitz mit dem Namen des ursprünglichen Eigentümers. Rinachum bedeutet demnach Gut des Renius.

Das alte und das neue Gemeindewappen

Die Erfindung des Wappens

Das Reinacher Wappen existiert seit der Schweizerischen Landesausstellung von 1939. Geschaffen hat es der Basler Grafiker Ludwig. Dieser erste Entwurf zeigte auf grünem Grund einen goldenen, rechts gewendeten Baslerstab mit acht Halbkugeln, so genannten Krabben, einem dreizipfligen Fuss und drei Kugeln in der Mitte. Bereits 1949 empfand man diese Ausführung als veraltet und liess sie überarbeiten. Anlässlich des Stadtfests war 1965 auch ein Wappen mit einem Stadttor als Krönung zu sehen. Es diente aber nur als Festsignet.

Auf dem heute gültigen Wappenschild sind der rote Bischofsstab und drei goldene Kugeln abgebildet. Der Stab erinnert daran, dass Reinach von 1239 bis 1792 Teil des Fürstbistums Basel war. Die Kugeln verweisen auf den Heiligen Nikolaus von Myra (Gebiet der heutigen Türkei), den Patron der Dorfkirche. Er soll einst einem verarmten Edelmann nachts drei Goldklumpen zugeworfen haben, um ihn und dessen Töchter zu retten.

Zweierlei Reinach

Die Schreibweise Reinach entspricht der hochdeutschen Sprachform. 1943 schlug der Reinacher Sprachwissenschaftler Carl Jungmann vor, Rynach zu schreiben, wie es im gesprochenen Dialekt heisst. Damit könne auf der Postverwaltung die unliebsame Verwechslung mit dem aargauischen Reinach vermieden werden. Durchgesetzt hat sich jedoch die Bezeichnung Reinach BL.

Die aargauische Gemeinde Reinach ihrerseits nennt sich Reinach AG. Sie hat ihren Namen und ihr Löwen-Wappen von den aargauischen Herren von Reinach übernommen. Reinach AG zählt zwar nicht einmal halb so viele Einwohner wie Reinach BL, war aber jahrhundertelang ein Verwaltungs- und Industriezentrum.

Regieren und regiert werden

Wer hat in Reinach das Sagen? Die heutige Demokratie mit Wahlkuvert, Parteien und Einwohnerrat ist noch nicht alt. Zuvor stritt man jahrhundertelang bewaffnet und mit Beschwerden um Herrschafts- und Freiheitsrechte. In den grossen Konflikten hielt sich Reinach meist zurück. Inzwischen ist die Gemeinde weitgehend selbständig. Die Aufgaben und der Verwaltungsaufwand nehmen zu. Mit der Bürokratie wächst auch der Ruf nach Effizienz und Bürgernähe. Ergänzend zur Einwohnergemeinde kümmert sich die Bürgergemeinde um gesellschaftliche und kulturelle Aufgaben.

Heute ist die Gemeinde Reinach Teil des Kantons Basel-Landschaft und damit des Schweizerischen Bundesstaates. Es gelten klare Gebietsgrenzen und verbindliche Hoheitsrechte. Von solch eindeutigen Verhältnissen konnte bei der Entstehung der Gemeinde Reinach im Mittelalter noch keine Rede sein. Wie die meisten Menschen im Birseck lebten auch jene in Reinach als Leibeigene. Das Land, das sie bebauten, gehörte adligen Herren, Geistlichen oder der Kirche. Gemäss einer Urkunde von 1194 war Reinach zu diesem Zeitpunkt mitsamt Bewohnerinnen und Bewohnern im Besitz des Klosters Beinwil. Das Kloster besass damit den Anspruch auf Abgaben und Dienste seiner Bauern, erlaubte oder verbot ihnen Heirat und Wegzug.

Spielball der Mächte

Herrschaft funktionierte im Hochmittelalter nicht flächendeckend. Das Birstal lag im Einflussbereich mehrerer Mächte, die unterschiedliche Rechte beanspruchten. Adelsfamilien wie die Grafen von Saugern (heute Soyhières) errichteten Burgen als herrschaftliche Stützpunkte, zum Beispiel die Burg Dorneck. Seit dem 13. Jahrhundert erwarben die Basler Bischöfe immer mehr Boden und Rechte. Ein wichtiger Schritt war 1239 der Kauf der Herrschaft Birseck, zu der Reinach inzwischen gehörte. Fortan wurden vom Schloss Birseck aus die bischöflichen Rechte verwaltet. Das Tauziehen zwischen Bischöfen und Adligen hielt noch lange an. 1373–1435 musste der Basler Bischof aus Geldmangel die Vogtei Birseck mitsamt zugehörigen Rechten an die Grafen von Ramstein verpfänden.

Dieser Machtkampf verschärfte sich im 15. und 16. Jahrhundert weiter. Neu stritten auch die eidgenössischen Städte Basel und Solothurn um Einfluss im Birseck und Jura. Begehrt war vor allem die Erbschaft der aussterbenden Thiersteiner, Nachfolger der Grafen von Saugern. 1522 fiel sie dem Basler Bischof als lachendem Dritten dieser städtischen Rivalität zu. Erstmals regierte der Bischof nun, trotz knapper Finanzen und fehlender militärischer Macht, über ein zusammenhängendes Territorium. Das Fürstbistum bildete einen

< Hier stösst das basellandschaftliche Reinach an den Nachbarkanton Basel-Stadt. Im Hintergrund ist das Bruderholz-Spital zu sehen (Aufnahme 1983).

schmalen Streifen zwischen der Eidgenossenschaft und dem (nach 1648 französischen) Elsass. Es reichte vom süddeutschen Schliengen über Basel und Reinach bis tief in den Jura.

Staatliche Anfänge

Als politische Organisation gibt es die Gemeinde erst seit dem Hochmittelalter. Sie wurde Teil des entstehenden modernen Staates mit Zentralgewalt und territorialem Anspruch. Zuoberst stand der Fürstbischof und seine Verwaltung mit Sitz in Pruntrut. Sein Herrschaftsgebiet setzte sich aus so genannten Vogteien zusammen. Reinach gehörte mit Allschwil, Arlesheim, Ettingen, Oberwil, Schönenbuch und Therwil zur Vogtei Birseck.

Der Birsecker Vogt amtete als Stellvertreter des Bischofs in Arlesheim. Er war Richter, hatte Polizeiaufgaben und überwachte den Einzug der Abgaben. Ihm zur Seite standen der Amtsschreiber, der Steuerbeamte, der Amtsbote, der Schaffner – zuständig für Zahlungsverkehr und Abgabeneinzug – und der Salzverwalter. Die letzteren beiden Beamten verlegten später ihren Sitz nach Reinach: 1724 zog das Salzmagazin hierher, 1730 die Schaffnei.

Obrigkeit im Dorf

Die Dorfbewohner hatten nur beschränkte Selbstbestimmungsrechte. Auf Gemeindeebene hatte der Meier das Sagen. Er stammte aus dem Dorf, wurde aber vom Bischof ernannt. Zum Dorfvorstand gehörten auch die Geschworenen, die der Vogt auf Vorschlag der Gemeinde hin auswählte. Mit dem Meier zusammen waren sie verantwortlich für die Gemeinderechnung, für das Armenwesen und für Feld- und Feueraufsicht. An den Gemeindeversammlungen wählten die Reinacher den Bannwart, den Hirten, den Brunnmeister und den Feldmauser.

Reinach verfügte bis 1627 über ein eigenes Dorfgericht, das dann mit jenem von Arlesheim vereint wurde. Das Gericht war aus neun bis elf Urteilssprechern zusammengesetzt. Ursprünglich wurden sie von den Dorfbewohnern gewählt, nach 1627 dann vom Vogt. Sie tagten im Wirtshaus oder im Wohnhaus des Meiers und beurteilten unter dessen Vorsitz Ehrverletzungen und Besitzstreitigkeiten. Später war das Dorfgericht nur noch für die Beglaubigung von Kaufakten und Testamenten zuständig. Ausschliesslich Grenzkonflikte schlichtete das örtliche Gescheidgericht unter dem Vorsitz des Meiers.

Der Weg ins Baselbiet

Diese Herrschaftsverhältnisse blieben während 300 Jahren mehr oder weniger stabil. Im Gefolge der Französischen Revolution von 1789 geriet das Fürstbistum jedoch in eine tiefe Krise. 1792 floh der Bischof ins Exil und französische Truppen marschierten ein. Für kurze Zeit, von November 1792 bis März 1793, erklärte sich das ehemalige Fürstbistum zur selbständigen Raurachischen Republik. Gegen den Willen der Bevölkerung wurde diese Republik aber aufgelöst und Frankreich als Département Mont Terrible angegliedert. Aus den früheren Vogteien Birseck und Pfeffingen entstand der Canton de Reinach. Haupt- und Gerichtsort war Reinach. Das Département Mont Terrible ging 1800 im Département Haut-Rhin auf, und der Canton de Reinach wurde mit dem Canton de Laufon zusammengelegt.

Die französische Zeit brachte Reinach viele Veränderungen: Befreiung von den kirchlichen Abgaben, ein neues Gemeindewesen, eine neue Schulorganisation, grössere Wahlrechte, mehr Steuerlasten, vorübergehende Religionseinschränkungen und Zwangsrekrutierungen. Nach der Niederlage Frankreichs 1814 wurde das Gebiet der ehemaligen Vogtei Birseck 1815 am Wiener Kongress dem Kanton Basel zugeteilt. Die übrigen Teile des Fürstbistums, Jura und Laufental, kamen zum Kanton Bern.

Als Teil des Kantons Basel gehörte Reinach nun zur Schweiz. Schon bald jedoch zerfiel der Kanton Basel in zwei Teile. Vertreter der baslerischen Landgebiete verlangten 1830 mehr Gleichberechtigung. Im Januar 1831 wählten sie eine provisorische Regierung. Obwohl eine neue Verfassung von der Mehrheit der Landbewohner angenommen wurde, schloss die Basler Regierung 1832 die Gemeinden aus, in denen keine Mehrheit für das Verbleiben bei der Stadt zustande gekommen war. Diese gründeten daraufhin den Kanton Basel-Landschaft. Nach verschiedenen Gefechten wurden die Basler Truppen am 3. August 1833 bei der Hülftenschanze von Landschäftler Milizen besiegt. Nun traten auch die bisher stadttreuen Gemeinden, darunter Reinach, dem neuen Kanton bei. Wenig später besiegelte die eidgenössische Tagsatzung die Kantonstrennung.

Anfänge der Demokratie

Freiheit, Gleichheit, Brüderlichkeit, lautete das Motto der Französischen Revolution. Tatsächlich sah das politische System Reinachs nach 1792 grundlegend anders aus. Die fürstbischöfliche Herrschaft hatte auf den unterschiedlichen Rechten von Bauern, Städtern, Adligen und Kirchendienern beruht. In der Gemeinde gab es Dorfgenossen und Zugezogene mit beschränkten Rechten,

Das Fürstbistum Basel im 18. Jahrhundert

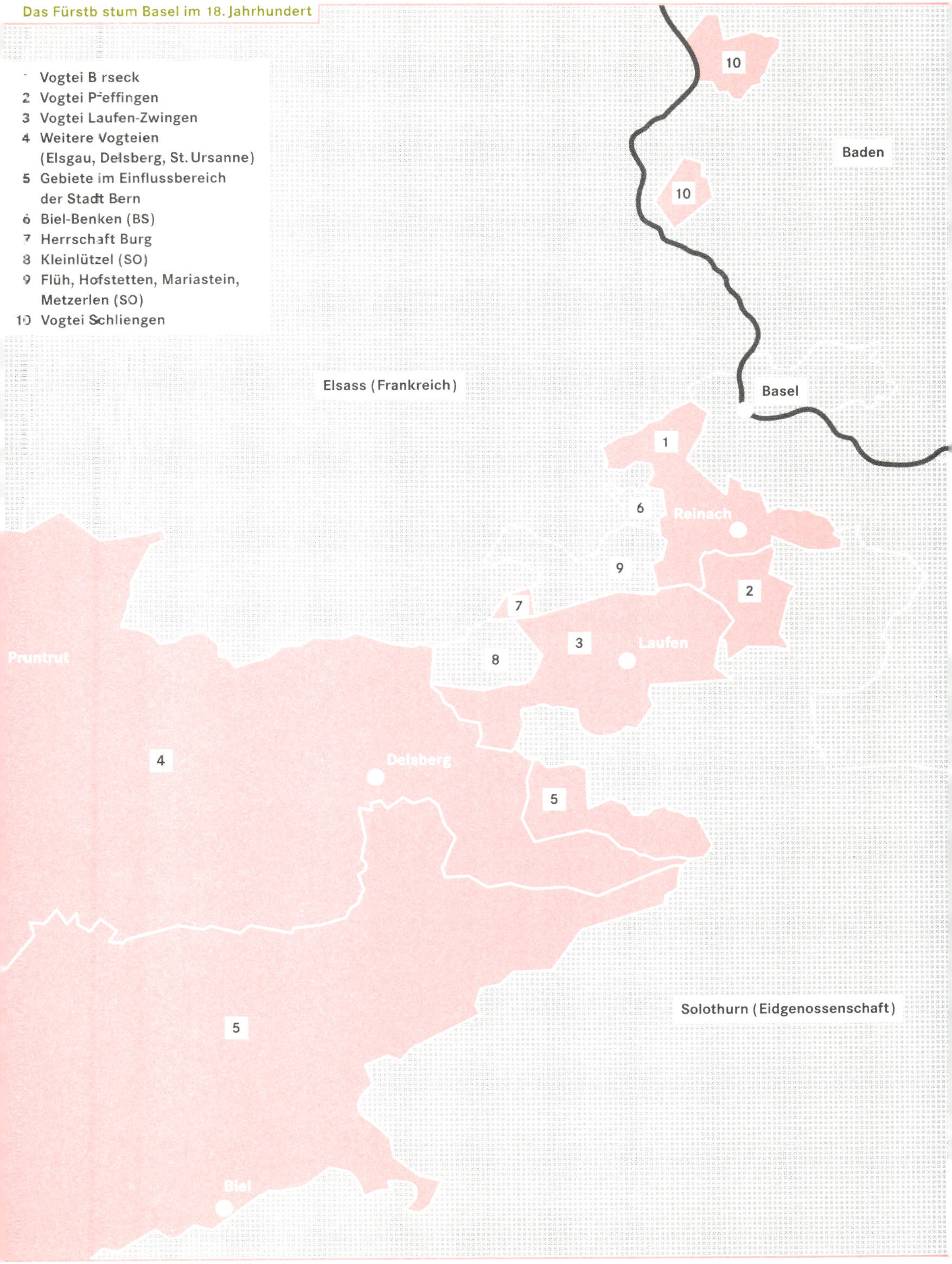

so genannte Hintersassen. Die französische Herrschaft brachte eine neue Gemeindeform, Munizipalität genannt, mit der Gleichheit aller Bewohner. Das Stimmrecht wurde sämtlichen Männern ab dem 21. Altersjahr zuteil, die Wahl der Gemeindebehörden erfolgte durch die Dorfbevölkerung selbst.

Mit dem Eintritt in den Kanton Basel und die Schweiz 1815 galt wieder die alte Hierarchie. So bestimmte es das Gesetz über die Gemeindsbürgerrechte im Bezirk Birseck von 1819. Auch im neuen Kanton Basel-Landschaft gab es vorerst noch zwei Klassen von Dorfbewohnerinnen und -bewohnern, Bürger und Hintersassen. Weder die Verfassung von 1832 noch das Organisationsgesetz von 1834 erlaubten es Zugezogenen, in Gemeindeämter gewählt zu werden oder bei Steuerfragen mitzustimmen. Mit der Bundesverfassung von 1848 wurde dann immerhin die Niederlassungsfreiheit eingeführt.

Gleichberechtigung

Erst das basellandschaftliche Gemeindegesetz von 1881 führte die moderne Einwohnergemeinde definitiv ein. In der Folge wurden 1882 die Kompetenzen zwischen Bürger- und Einwohnergemeinde Reinach aufgeteilt. Um die Ausscheidung der Güter hingegen rang man noch jahrelang. 1884 entschied das Obergericht, dass Schulhaus und -platz mitsamt dem Pflanzland des Lehrers ins Eigentum der Einwohnergemeinde übergehen sollten. 1888 vollzog man die Trennung endgültig. Verwaltet wurden die Angelegenheiten der Bürgergemeinde weiterhin vom Gemeinderat. Er bestand ohnehin in der Mehrheit aus Bürgern. 1912 wurde dann aufgrund einer Petition ein eigener Bürgerrat gewählt.

Ein entscheidender Schritt zur politischen Gleichberechtigung in Reinach erfolgte im letzten Drittel des 20. Jahrhunderts. Es brauchte mehrere Anläufe, bis die Frauen 1970 das kommunale und im Jahr darauf das eidgenössische Stimm- und Wahlrecht erhielten. 1972 nahmen die ersten Frauen Einsitz im neu eingeführten Reinacher Parlament, dem Einwohnerrat. Er zählte 40 Köpfe, sechs davon waren Frauen. Die erste Frau wurde 1984 in den Gemeinderat gewählt, sechs Jahre später übernahm sie als erste Frau das Präsidium. In der Amtsperiode 2004–2008 beträgt der Frauenanteil im Einwohnerrat 40 und im Gemeinderat knapp 30 Prozent.

Krieg und Frieden

Vom ausgehenden Mittelalter bis ins 18. Jahrhundert war Reinach wiederholt Opfer von kriegerischen Ereignissen, von Plünderungen und Verwüstungen bei Feldzügen fremder Mächte. 1444 zündeten die Armagnaken, französische

Widerstand bis aufs Blut: Solche Waffen benutzten die Bauern anderswo in den Bauernkriegen des 16. und 17. Jahrhunderts. Die Reinacher hingegen vermieden gewalttätige Auseinandersetzungen.

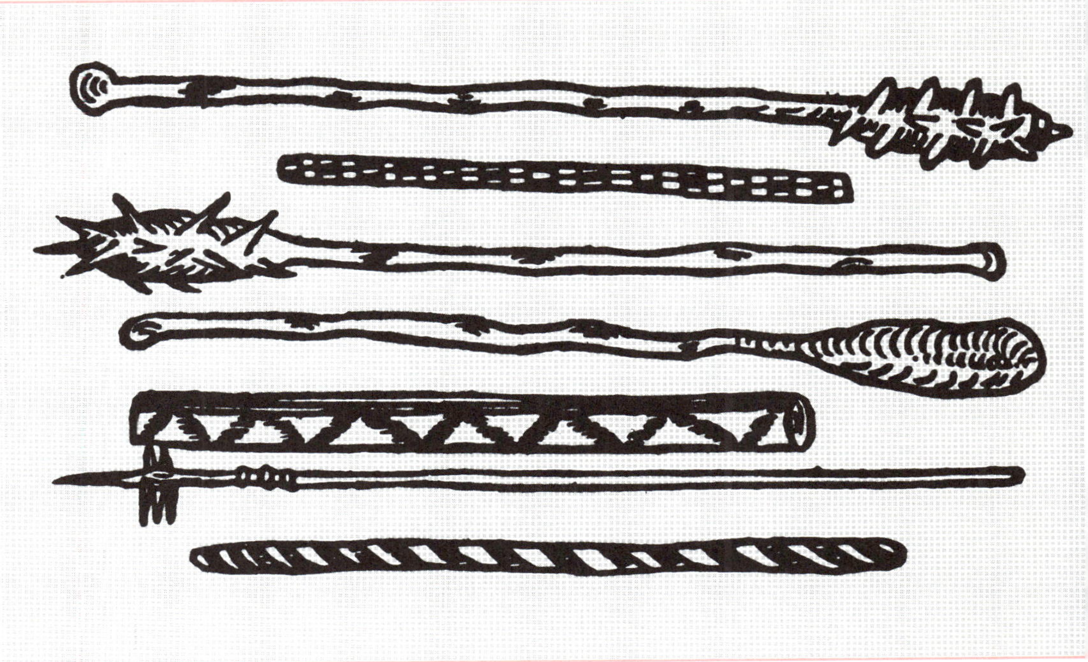

Söldnertruppen, auf dem Rückzug von der Schlacht bei St. Jakob etliche Häuser an. Im so genannten Schwabenkrieg 1499 lag Reinach unmittelbar neben den beiden Schlachtfeldern auf dem Bruderholz und bei Dornach. Auch im 30-jährigen Krieg 1618–1648 litt die Bevölkerung unter den durchziehenden Truppen. 1633 quartierten sich schwedische Truppen für acht Wochen im Dorf ein. Und 1638 brannten Soldaten Reinach nieder.

Zuweilen entluden sich herrschaftspolitische Spannungen in gewalttätigen Ausbrüchen gegen die bischöfliche Obrigkeit. 1525 brach im Gebiet der heutigen Nordwestschweiz ein Aufstand aus. Am 5. Mai versammelten sich Hunderte von bewaffneten Bauern auf dem Feld zwischen Reinach und Dornachbrugg. Sie erzwangen Verhandlungen mit den Obrigkeiten des Fürstbistums, Basels und Solothurns. Ihre Forderungen legten sie in Beschwerdebriefen dar: weniger Abgaben, mehr Jagd- und Waldnutzungsrechte, bessere kirchliche Versorgung. 1529 schloss Reinach mit dem Bischof einen Vertrag ab, der kleine Verbesserungen brachte.

1525 hatten einzelne Birsecker Gemeinden auch ein Schutzbündnis mit Basel, das so genannte Burgrecht, geschlossen. Diese Rückendeckung verhalf der Reformation im Birseck zum Durchbruch. Seit 1525 verkündete Marx Heiland, ein ehemaliger Mönch, in Reinach die neue Lehre. Der Vertrag zwischen Gemeinde und Bischof anerkannte 1529 die reformatorische Predigt. Zu einem Bildersturm wie in Laufen oder Therwil kam es allerdings nicht. Als eine der letzten Birsecker Gemeinden wich Reinach 1595 dann dem Druck des Fürstbischofs Blarer von Wartensee und kehrte zur katholischen Kirche zurück.

Brave Untertanen?

Noch zweimal kam es im Gebiet des Fürstbistums Basel nach dem 16. Jahrhundert zu Krisen. Während sich die Laufentaler und einzelne Gemeinden im Birseck erhoben, blieb es in Reinach ruhig. 1630 zum Beispiel erhob der Fürstbischof eine neue Abgabe, um die Kosten für die Einquartierung fremder Truppen zu decken. Im Laufental verweigerte die Bevölkerung diesen Tribut und drohte mit bewaffnetem Widerstand. Nur die Ettinger schlossen sich der Revolte an. Aus Reinach und dem restlichen Birseck war nichts zu vernehmen.

Der Bauernkrieg von 1653 berührte das Fürstbistum nicht. Ganz anders hingegen die so genannten Troublen 1730–1740, die sich gegen die verschärfte Steuerpolitik richteten. Im Jura und im Laufental konnte der Bischof den Aufstand nur mit Hilfe französischer Truppen niederschlagen. Die Reinacher beteiligten sich an den Unruhen kaum. Offene Proteste oder Angriffe gegen Staatseigentum und -beamte blieben aus. Dieses auffallende Verhalten hatte vermutlich mit der speziellen Situation der Birsecker Gemeinden zu tun. Sie lagen fern der Herrschaftszentrale Pruntrut, aber nah am städtischen Markt.

Typischer war für Reinach der alltägliche Widerstand, wenn es um Ressourcenkonflikte ging. Beim Strassenbau zwischen Reinach und Allschwil, für den die bischöfliche Regierung nach 1740 zur Fronarbeit aufbot, setzten die Gemeinden auf Verzögerung. Sie lieferten zu wenige Zugtiere oder schickten nur gerade die entbehrlichen Arbeitskräfte. Zielscheibe von Protestaktionen waren auch lokale Vertreter der bischöflichen Regierung, wie der Schaffner und Salzverwalter Goetz in Reinach. 1739/1740 strengten die Gemeinden Reinach und Allschwil gegen ihn einen Prozess wegen Weidgang und Wassernutzung an.

Die Birseckfrage

Nach 1815 zeigten sich bald neue Konfliktlinien zwischen Birsecker Gemeinden und Staat. Reinach und seine Nachbarn bildeten eine katholische Minderheit im traditionell reformierten Kanton Basel. Zudem verlangte die Stadt rückwirkend wieder jene Bodenzinsen, welche 1792 abgeschafft worden waren. Dies verursachte nach 1815 zunehmende Spannungen. Mit Stephan Gutz-

Man nannte sie die berühmten Sechs: Die Brüder Josef, Ernst, Niklaus, Xaver, Philipp und Eduard Feigenwinter prägten die Politik in Reinach und im Birseck.

willer und Anton von Blarer kämpften denn auch zwei Birsecker an vorderster Front für die Kantonstrennung.

Die konfessionelle Frage sorgte nach 1870 im Kulturkampf für Aufruhr. In dieser Auseinandersetzung zwischen liberalem Staat und konservativer katholischer Kirche ging es unter anderem darum, ob die Gemeinde oder der Bischof den Pfarrer wählen durfte. Die Birsecker schlugen sich mehrheitlich auf die Seite der Kirche. Die Brüder Ernst und Xaver Feigenwinter aus Reinach gehörten zu den Vorkämpfern des politischen Katholizismus. Sie führten 1873 jene Bewegung an, welche eine liberale Versammlung unter Führung ihres dritten Bruders, Niklaus Feigenwinter, in Arlesheim erfolgreich sprengte.

Erschwert wurde die Integration des Birsecks auch durch die unterschiedlichen Verwaltungsordnungen. Im reformierten Kantonsteil wurden Schule, Kirche und Armenwesen aus einem speziellen Fonds berappt. Für den birseckischen Kantonsteil richtete man deshalb 1815 einen Birseckerfonds ein, der durch besondere Steuern gefüllt wurde. Erst 1892 hob die neue Verfassung diese geteilte Verwaltung auf. Zuvor hatte das alte Baselbiet dem Birseck bei zwei Abstimmungen die kalte Schulter gezeigt. So blieb das Gefühl der Benachteiligung im Birseck bis ins 20. Jahrhundert hinein wach.

Im Gefecht vom 3. August 1833 zwischen Städtern und Landschäftlern kam der Basler Oberst Franz Lukas Landerer, auf dem Bild kniend, ums Leben. Der Name der Landererstrasse erinnert daran, dass er hier in Reinach seinen Wohnsitz hatte.

Baseltreu

Besonders unwohl im neuen Kanton fühlte sich Reinach. Die Gemeinde war während der gesamten Trennungswirren 1830–1833 der Stadt treu geblieben, oft als einzige Birsecker Gemeinde. Nach der Entscheidungsschlacht vom 3. August 1833 richteten die siegreichen Basellandschäftler Milizen deshalb in Reinach grosse Verwüstungen an und erschossen den Gemeindepräsidenten.

Die Stadttreue Reinachs hatte verschiedene Gründe. In der Nachbargemeinde Therwil lag eines der Zentren des Aufstandes. Und mit dieser Gemeinde stand Reinach seit Jahrhunderten im Grenzstreit. Am entscheidendsten war vielleicht der Einfluss der beiden in Reinach wohnhaften Basler Familien Landerer und Wieland. Sie besassen in Reinach stattliche Liegenschaften. Viele Dorfbewohner waren als Pächter von ihnen abhängig. Zudem verfügte die Gemeinde mit ihrem Präsidenten Dollinger 1817–1827 über eine direkte Vertretung im Basler Grossen Rat.

Reinach wies denn auch in den vielen Wiedervereinigungsabstimmungen des 20. Jahrhunderts (1936, 1938, 1958, 1960 und 1969) hohe Ja-Stimmen-Anteile auf. Verschiedene Reinacher gehörten zu den Befürwortern eines Zusammenschlusses, zum Beispiel Jules Blunschi, Gemeindepräsident und Landrat.

Reinach und Basel

Keine andere Gemeinde im Birseck betont so hartnäckig ihre Sonderrolle im Kanton. Nicht nur in der Tages-, sondern auch in der Geschichtspolitik. So feierten die Reinacher 1990, ein Jahr vor dem 700-Jahr-Jubiläum der Eidgenossenschaft, ihr eigenes Jubiläum: 175 Jahre Zugehörigkeit Reinachs zur Schweiz. Der Festredner, Regierungsrat Peter Schmid, anerkannte in der Weiermatthalle das kritische Verhältnis der Reinacher zum Kanton Basel-Landschaft. Doch er sagte auch: «Es ist schön, dass es Reinach gibt, wir geben es nicht mehr her!»

Schon beim Jubiläum 1982, 150 Jahre Kanton Basel-Landschaft, hatten sich Stimmen aus Reinach gemeldet. So war ergänzend zur kantonalen Wanderausstellung eine lokale Ausstellung entstanden und ergänzend zur kantonalen Festschrift eine eigene Broschüre, welche die besondere Stellung Reinachs hervorhob und erklärte.

Mit Basel hingegen ist Reinach politisch zwar gar nicht mehr, wirtschaftlich und sozial aber immer noch eng verbunden. Viele Zuzüger stammen aus dem Nachbarkanton, arbeiten dort oder nehmen dort an der Fasnacht teil. Die Pflanzgartenareale im Fleischbach gehören der Stadt, Teile des Kägen der Christoph Merian Stiftung. Und das ehemalige Naturfreundehaus in der Au wie das Heide-Camping waren beliebte Aufenthaltsorte von Städtern.

Wahlkampf

Politik wird in Reinach meistens indirekt ausgeübt. Der Einwohnerrat hat die Gemeindeversammlung abgelöst, Meinungsbildung wird über Plakate, Zeitungen und andere Medien betrieben. Und anstelle von Familienbündnissen bestimmen ideologische oder sachliche Gründe die Tagespolitik.

Das sah zu Beginn des 20. Jahrhunderts noch ganz anders aus. Parteien existierten keine, vorherrschend war eine katholisch-konservative Haltung. Für das Wahlverhalten gaben Familien- oder Clanstrategien den Ausschlag. Nicht das Programm eines Kandidaten stand zur Debatte, sondern seine verwandtschaftliche Zugehörigkeit. Vor dem eigentlichen Wahltag brachten die jeweiligen Lager ihre Mitglieder auf Kurs. Gewählt wurde bis zum Wahlgesetz von 1911 an der Gemeindeversammlung, danach an der Urne. Als Lokal diente das Schulhaus.

Bis zur Einführung der Urnenwahl verliefen die Wahlveranstaltungen selten konfliktfrei. Oft reichte die unterlegene Partei im Nachgang Beschwerde ein, wegen der Anwesenheit von Nicht-Stimmberechtigten, wegen falschem Auszählen der Stimmzettel oder wegen unzulässiger Beeinflussung der Wahl durch Gratisgetränke. Auch wurden Verwandtschaftsverhältnisse innerhalb der Behörden, wie sie im kleinen Dorf Reinach häufig vorkamen, gerügt.

Parteienlandschaft

Zu Beginn des 21. Jahrhunderts bietet die Sitzverteilung in Gemeinde- und Einwohnerrat ein buntes Bild. Vier Parteien teilen sich sieben Gemeinderatssitze, im 40-köpfigen Einwohnerrat sind es noch drei Parteien mehr. Typisch sind jene kleinen Gruppierungen, welche nur auf Gemeindeebene vorkommen und betont sachbezogen politisieren: die Parteiunabhängigen Einwohnerinnen und Einwohner Reinach (PER) sowie Impuls, eine Interessenvertretung junger Leute.

Bis Ende der 1970er-Jahre dominierten in Reinach drei Parteien. Die Christlich-demokratische Volkspartei (CVP) hatte ihre Wurzeln im Zentralkomitee der katholischen Volksvereine des Birsecks. Dieses wurde 1873 in Reinach unter dem Vorsitz des Gemeindepräsidenten Xaver Feigenwinter gegründet. Er bereitete die Bildung der Basellandschaftlichen katholischen Volkspartei 1913 vor. Zu den ersten Sektionen zählte Reinach. 1918 wurde in Reinach eine Sektion der Sozialdemokratischen Partei (SP) gegründet, fünf Jahre nach der Kantonalpartei. Sie wuchs aus dem Grütli-Verein von 1905 heraus. Bei den Gemeindewahlen lag die SP bis 1979 hinter CVP und FDP. Die Freisinnig-demokratische Partei (FDP) beteiligte sich in Reinach – unter dem Namen Demokratische Fortschrittspartei – 1923 erstmals an den Gemeinderatswahlen.

Wahlplakat der Partei der Arbeit (PdA) auf dem Platz neben der ehemaligen Gemeindeverwaltung, anlässlich der Regierungsratswahlen 1975. An den Gemeinderatswahlen 1947 hatte sich auch eine Kommunistische Partei beteiligt. Und bei kantonalen Wahlen erhielten im 20. Jahrhundert die Kommunisten und später die PdA fast immer Stimmen von Reinachern.

Parteienstärke im Einwohnerrat (vor 1972: Gemeindekommission)

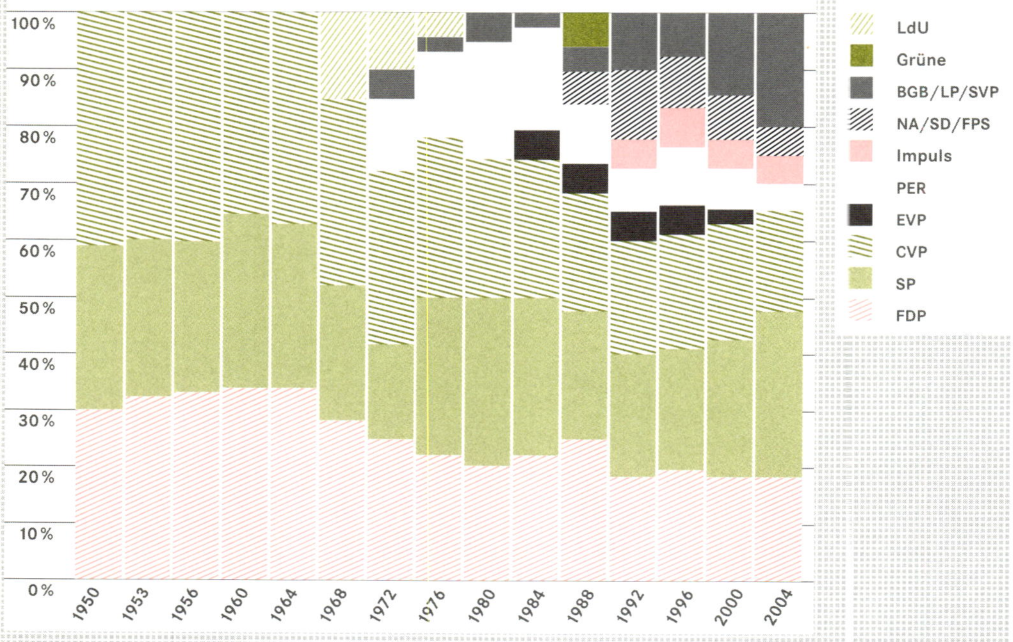

Quelle: Geschäftsbericht Gemeinderat, Heimatkunde 1975, Basler Zeitung

Parteienstärke im Gemeinderat

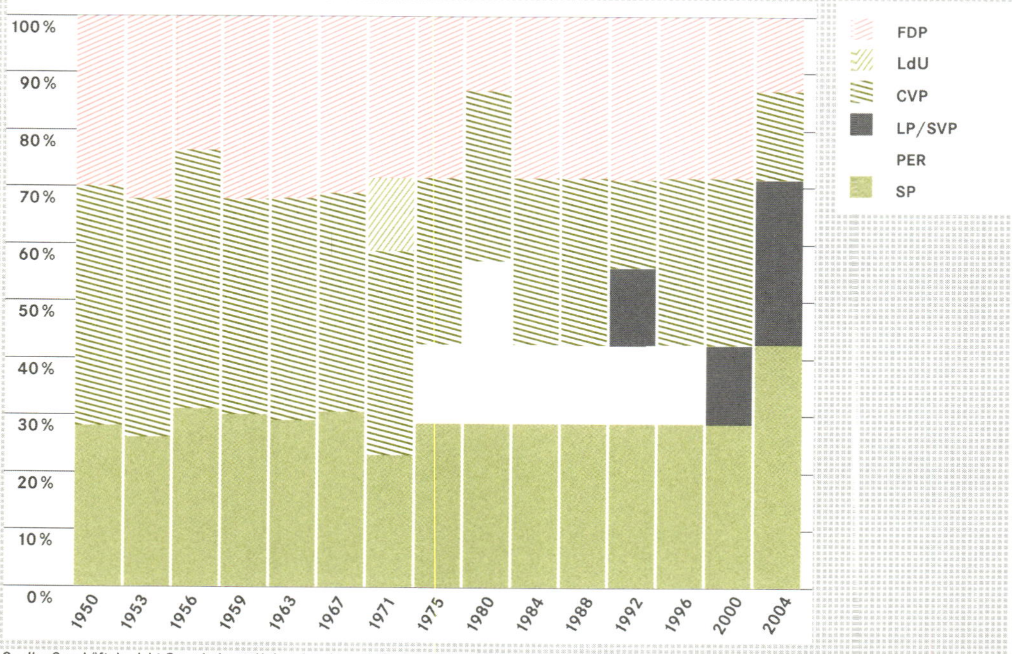

Quelle: Geschäftsbericht Gemeinderat, Heimatkunde 1975, Basler Zeitung

Neue Parteien

Seit der zweiten Hälfte der 1960er-Jahre traten vermehrt kleine Parteien und Gruppierungen zu den Wahlen an. Von 1968 bis 1971 entsandte der Landesring der Unabhängigen (LdU) Vertreter in die Gemeindekommission. Danach war er bis zu seiner Auflösung 1980 auch im Einwohnerrat präsent, 1972–1975 mit einem Sitz im Gemeinderat. Der Zusammenschluss Parteiunabhängiger Einwohnerinnen und Einwohner Reinach (PER) schaffte 1972 den Sprung in den Einwohnerrat und 1976 in den Gemeinderat. Die Bürger-, Gewerbe- und Bauernpartei (BGB) gab 1972–1975 ein Gastspiel im Einwohnerrat. Während zweier Jahrzehnte (1976–1996) war die 1975 gegründete Liberale Partei (LP) im Einwohnerrat vertreten, 1992–1996 mit einem Sitz auch im Gemeinderat. 1997 ging die LP in der Schweizerischen Volkspartei (SVP) auf, deren Sektion Aesch-Pfeffingen-Reinach seit 1996 besteht.

Die Evangelische Volkspartei (EVP) war zwischen 1984, ihrem Gründungsjahr, und 2004 im Einwohnerrat. Von 1988 bis 1992 stellten die Grünen dort eine Zweierdelegation. Die Nationale Aktion (NA), die sich um 1990 zu Schweizer Demokraten umbenannte, hielt 1988 Einzug in den Einwohnerrat. 1992 entsandte die Reinacher Jugendgruppierung Impuls eine Vertretung ins Gemeindeparlament. 1992 wurde schliesslich auch eine Vertreterin der Autopartei/Freiheitspartei in den Einwohnerrat gewählt. Sie trat aber bald zur SVP über.

Parlamentarische Demokratie

Die Reinacher Behörden bestehen heute aus dem Gemeinderat, der Exekutive, und dem Einwohnerrat, der Legislative. Dazu kommen der Schulrat, die Sozialhilfe- und die Vormundschaftsbehörde. Bis 1948 teilten sich Gemeinderat und Einwohnerversammlung die Macht. Dann wurde zusätzlich eine Gemeindekommission eingeführt. Sie übernahm die Mitverantwortung in verschiedenen Wahl- und Sachgeschäften. 1971 entschied sich Reinach für die Auflösung von Gemeindeversammlung und -kommission. An deren Stelle trat neu der Einwohnerrat, das Parlament Reinachs. Ermöglicht hatte diesen Übergang zur parlamentarischen Demokratie das basellandschaftliche Gemeindegesetz von 1970. Neben Reinach verfügen auch Pratteln, Allschwil, Binningen und Liestal über Einwohnerräte.

Gewählt werden die Gemeindebehörden nach dem Proporzverfahren. Es sichert kleineren Parteien eine bessere Vertretung als das Majorz- oder Mehrheitsverfahren, welches bei Kommissionswahlen zur Anwendung kommt. Der Einwohnerrat funktioniert nach dem Prinzip der repräsentativen Demokratie: Die Stimmberechtigten entscheiden über Sachfragen nicht mehr selbst an der Gemeindeversammlung, sondern delegieren diese Aufgabe an gewählte Vertreterinnen und Vertreter. Die Stimmbeteiligung blieb bei kommunalen Abstimmungen seit 1972 langfristig stabil, bei durchschnittlich 40 Prozent.

Verschiedene ständige Kommissionen von Gemeinde- und Einwohnerrat bereiten die Geschäfte vor. In der Amtsperiode 2004–2008 wirken folgende Gremien: die Alterskommission, die Kommissionen Erwachsenenbildung, Gemeindeführungsorgan und Ferienpass, die Jugendkommission, die Betriebskommission Jugendhaus, die Arbeitsgruppe Markt, die Geschäftsprüfungskommission, die Finanzkommission, die Rechnungsprüfungskommission sowie die Kommission für Planungsfragen.

Ideologie und Sachpolitik

Auch wenn die Polarisierung der Parteienlandschaft die Diskussionen in Reinach beeinflusst, so dominiert in der Gemeinde doch eine sachbezogene Haltung. Bei kantonalen oder schweizerischen Abstimmungen hingegen zeigen sich deutlich ideologische Vorlieben. Im letzten Jahrzehnt des 20. Jahrhunderts bewiesen die Stimmenden in Reinach eine tendenziell liberale Haltung, mit leichter Neigung nach Rechts. Dies entspricht dem typischen Profil eher wohlhabender, bürgerlich geprägter Siedlungen im städtischen Umland, wo Wohneigentum und -komfort einen hohen Stellenwert besitzen. Deutlich links-liberal orientiert ist die Bevölkerung der Stadt und der unmittelbar angrenzenden Gemeinden wie Allschwil oder Muttenz. Hingegen gehören ländlichere Gemeinden ohne industrielle Vergangenheit wie Pfeffingen, Oberwil und Therwil klar zum rechts-liberalen Pol.

Bei der Wahl von Regierungs- und Parlamentsmitgliedern werden auf Kantons- und Bundesebene die bürgerlichen Parteien CVP und FDP bevorzugt. Seit 1848 sind insgesamt zwei Baselbieter Nationalräte aus Reinach zu verzeichnen, Hans Rudolf Feigenwinter (1975–1991) von der CVP und Paul Kurrus (1999–2003) von der FDP. Als Regierungsrat aus Reinach amtete Markus van Baerle (1983–1987) von der FDP, als Regierungsrätin aus Reinach Elsbeth Schneider-Kenel (seit 1994) von der CVP. Im Landrat ging das Präsidium bisher dreimal an CVP- und FDP-Parlamentarier aus Reinach sowie 1995/1996 erstmals an eine SP-Vertreterin. An Nationalrat Ernst Feigenwinter aus Reinach (1917–1919) erinnert der Ernst Feigenwinter-Platz zwischen Bürgerhaus und Heimatmuseum.

Das letzte Wort

Auch nach Abschaffung der Gemeindeversammlung 1972 kann die Reinacher Stimmbevölkerung ihre Anliegen direkt zur Entscheidung bringen. Dazu dienen Initiative und Referendum. Mit dem Referendum können Stimmberechtigte Entschlüsse der politischen Behörden korrigieren. Und wer die Initiative ergreift und eine Initiative lanciert, bringt neue Themen zur Abstimmung. Zwei Beispiele aus dem Jahr 1986 illustrieren, warum und wie die Bevölkerung das letzte Wort beanspruchte. Beidesmal ging es hinter der konkreten Frage um richtungweisende Entscheide. Die Behörden und die Mehrheit der bürgerlichen Parteien argumentierten mit Budget- und Planungsprioritäten. Die Initianten forderten ein sozial und ökologisch verträglicheres Wachstum.

Beim ersten Fall hatten Gemeinde- und Einwohnerrat 1985 eine Erhöhung der Kehrichtgebühr beschlossen. Daraufhin ergriff die Sozialdemokratische Partei das Referendum und es kam 1986 zur Abstimmung. An der Urne lehnte eine grosse Mehrheit die vorgesehene Erhöhung ab. Beim zweiten Fall ging es um das Naturreservat Buchloch. 1984 hatte der Einwohnerrat Schutzmassnahmen beraten. Naturschutzkreise, aus deren Mitte das Anliegen stammte, fürchteten, das ursprüngliche Anliegen werde in der Beratung zu stark abgeschwächt. Sie bildeten 1985 ein Komitee und sammelten Unterschriften für eine Initiative. Schliesslich lagen 1986 zwei Vorschläge vor: die Initiative und der Gegenvorschlag des Einwohnerrates. Die Stimmenden nahmen die Initiative an.

Transparente Dienstleistung

Das politische Zentrum Reinachs, das Gemeindehaus an der Hauptstrasse 10, gleicht mit seinen Glasfassaden einem lichtdurchfluteten Würfel. Offenheit und Zugänglichkeit sind die Schlüsselbegriffe des 2002 vollendeten Verwaltungsbaus. Im Parterre bietet das Stadtbüro Auskunft und Information, im Untergeschoss stehen die historischen Gewölbekeller für kulturelle Anlässe offen. Die Gemeindeverwaltung präsentiert sich im 21. Jahrhundert nicht mehr als Einwohner-Kontrolle, sondern als Dienstleistungszentrum.

Erste Provisorien

Vier Jahrzehnte Planungsarbeit waren notwendig, bis die Stimmbevölkerung 1999 Ja sagte und die Baumaschinen auffahren konnten. Damit der künftige Verwaltungsneubau Platz fand, mussten die bisherigen Gebäude an der Hauptstrasse weichen. Damit endete die Geschichte einer Dauer-Umnutzung. Mit dem Gemeindegesetz von 1881 hatte Reinach wie alle Baselbieter Gemeinden die weitgehende Selbstverwaltung erhalten. Spezielle Gemeinderäume existierten nicht, für Versammlungen diente das 1706 erbaute Dorfschulhaus, das spätere Gemeindehaus. Die Glocke auf seinem Dach rief zur Wahl und diente als Signal bei besonderen Anlässen.

1915 trat der erste vollamtliche Gemeindeverwalter seine Stelle an. Als Büro wies man ihm ein Zimmer in der Brauerei hinter dem Schulhaus zu. Die Gemeinde hatte Teile der Liegenschaft 1913, nach der Einstellung des Brauereibetriebes, gekauft. Das Büro des Verwalters war zugleich Sitzungszimmer des Gemeinderates. Durch den Bau des Weiermattschulhauses wurden 1942 Räume im alten Schulhaus für die Gemeindeverwaltung frei. Sie war inzwischen auf vier Personen angewachsen.

Pläne für eine Zentrale

Reinachs Wachstumsboom in der Nachkriegszeit brachte die Verwaltung an den Rand des Kollapses. 1964 musste die Bauverwaltung aus dem alten Schulhaus ausgelagert werden. Ihr folgten später die Sozialen Dienste, die Hauswirtschaftsschule sowie das Grundbuch- und Katasteramt. Die Gemeindeverwaltung nahm 1972 zusätzlich das zweite, 1895 erbaute Dorfschulhaus an der Hauptstrasse in Besitz, drohte jedoch bald erneut aus allen Nähten zu platzen. Um Entlastungsraum zu schaffen, wurde 1984 sogar eine Toilette zum Büro umgebaut.

Die ersten Pläne zur Behebung der Raumnot stammten von 1961. Vorgesehen waren eine Erweiterung des Schulhauses und der Bau von Feuerwehrmagazin und Werkhof. In einem zweiten Anlauf entwickelte die Gemeinde 1969–

Das Gemeindehaus by night

Die überfüllte Zwischenablage der Steuerakten im Keller der ehemaligen Gemeindeverwaltung

1974 die Idee eines vierstöckigen Neubaus. Noch während der Beratung wurden die Pläne aber wegen der Rezession und dringenderer Infrastrukturaufgaben schubladisiert. Ein nächster Anlauf wurde 1994 ebenfalls abgebrochen, da das vorliegende Projekt zu gross schien. Neu sollte die Möglichkeit einer gemischtwirtschaftlichen Überbauung verfolgt werden. 1998 wurde ein entsprechender Wettbewerb ausgeschrieben, und nach der Kreditbewilligung 1999 begannen die Bauarbeiten. 2002 war der Verwaltungsbau beendet.

«Gemeindeväter»

Der Gemeinderat Reinach besteht aus sieben Personen. In der Amtsperiode 2004–2008 sind es zwei Frauen und fünf Männer. Erstmals ist damit ein amtsjunges Team an der Spitze. In den letzten Jahrzehnten wiesen einzelne Gemeinderäte über 20 Dienstjahre auf. Auch das Gemeindepräsidium zeichnet sich durch Langfristigkeit aus: 1945–1963 stand Jules Blunschi (CVP), 1963–1975 Hans Gubser (CVP), 1975–1989 Hermann Haidlauf (PER) und 1990–2004 Eva Rüetschi (SP) dem Gemeinderat vor. Die Parteizugehörigkeit spielte dabei lange eine untergeordnete Rolle, der Gemeindepräsident stellte eine Art Vaterfigur dar. Jules Blunschi zum Beispiel hielt Besprechungen in seiner eigenen Wohnstube ab.

Die Leiter der beiden Abteilungen, der Allgemeinen und der Technischen Verwaltung, prägen die Arbeit massgeblich mit. Dies galt besonders für jene Beamten, welche nach 1960 ihre Dienststellen aufbauten und während Jahrzehnten führten: René Wassermann (1960–1990) in der Allgemeinen, Rolf Derrer (1968–1996) in der Technischen Abteilung. Als ihr gemeinsamer Vorgänger amtete 1926–1960 Emil Feigenwinter.

Bürokratie und Bürgernähe

Im Jahr 2005 arbeiteten knapp 200 Personen im Dienste der Gemeinde, was etwas mehr als 140 Stellen entspricht. In dieser Zahl inbegriffen sind auch jene Lehrpersonen in Schule, Kindergarten und Musikschule, welche vom Kanton entlöhnt werden. Der Sozial- und Schulbereich sowie die Technische Verwaltung beschäftigen am meisten Personal.

Das enorme Bevölkerungs- und Siedlungswachstum der letzten Jahrzehnte hat einen stetigen personellen Ausbau der Verwaltung bewirkt. 1960 wurde die Technische Verwaltung, noch Bauverwaltung genannt, als separates Ressort eingeführt. Drei Jahre später entstand die Sozialberatung unter dem damaligen Namen Fürsorgestelle. 1974 begann Reinach das Baupolizeiwesen selbst zu führen. Die Technische Verwaltung umfasste damals 37 Stellen.

Gemeindepräsident Jules Blunschi mit Gattin, Schwiegertochter und Enkelin vor dem «Blunschihaus» an der Kirchgasse (ca. 1960)

So wird Reinach regiert und verwaltet.

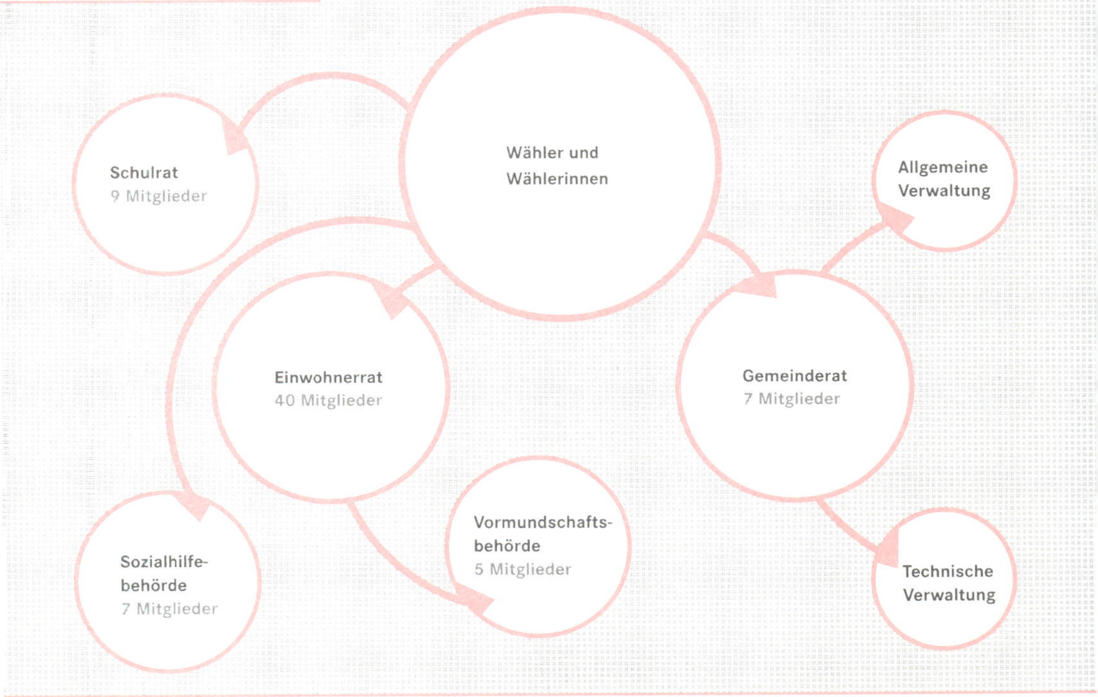

Waldputzaktion der Bürgergemeinde 2005

Nach wie vor arbeiten die Gemeinderatsmitglieder im Nebenamt. Die Arbeitsbelastung ist seit der Einführung des Einwohnerrates 1972, infolge der zunehmenden schriftlichen Kommunikation, spürbar gestiegen. Deshalb wurde 1974 versuchsweise ein Sekretär für das Gemeindepräsidium angestellt. Die Einführung der elektronischen Datenverarbeitung 1986 brachte eine gewisse Rationalisierung. Denselben Zweck verfolgten die 1995 gestarteten und bald wieder aufgegebenen Pilotprojekte New Public Management.

Steuern und Finanzen

Reinach gehört zu den vermögenderen Gemeinden des Kantons und wird im Bezirk Arlesheim punkto absoluter Steuerkraft nur noch von Binningen überragt. Der Ertrag aus der Besteuerung natürlicher Personen hat sich seit den 1970er-Jahren fast verdreifacht. Gestiegen sind allerdings auch die Ausgaben. Das rasche Wachstum seit 1960 bescherte Reinach 1973 erstmals rote Zahlen in der Jahresrechnung. In den Folgejahrzehnten schlossen die Rechnungen wiederholt mit einem Ertragsüberschuss und ausserordentlichen Abschreibungen, zum Teil in Millionenhöhe, ab. Gleichzeitig verringerte sich die Schuldenbelastung pro Kopf bis in die 1990er-Jahre.

Gemeinde der Bürger

Als man 1888 die Einwohnergemeinde einführte, blieb die Bürgergemeinde Reinach bestehen. Noch heute existieren beide Organisationsformen nebeneinander. Die Einwohnergemeinde umfasst alle in Reinach wohnhaften Personen. Zur Bürgergemeinde jedoch gehören nur jene Frauen und Männer, welche das Reinacher Ortsbürgerrecht besitzen und im Kanton Basel-Landschaft Wohnsitz haben. Zu Beginn des 21. Jahrhunderts sind dies gut elf Prozent der Einwohnerinnen und Einwohner Reinachs. Verwaltet wird die Bürgergemeinde seit 1912 von einem fünfköpfigen Bürgerrat. Die Stimmberechtigten entscheiden an der Bürgergemeindeversammlung, welche in der Regel zweimal jährlich durchgeführt wird, über Sachgeschäfte und Einbürgerungen. Im Jahr 2000 bezog die Bürgergemeinde erstmals eigene Räumlichkeiten im neu erbauten Bürgergemeindehaus an der Kirchgasse.

Bis zur Einführung der Einwohnergemeinde lag die Allmend, der allgemeine Grund und Boden, im Besitz der Bürger. Seit der Ausscheidung gehören der Bürgergemeinde etwas über 50 Hektaren Wald, fast 70 Prozent des gesamten Waldes auf Gemeindeboden. Dazu kommen rund 24 Hektaren Land. Zum Teil wird dies an Landwirte verpachtet, zum Teil an verschiedene Institutionen im Baurecht abgegeben: zum Beispiel an das Altersheim Aumatt, den Tennisclub, den Tierpark sowie den Camping- und Fussballplatz. Die Bürgergemeinde besitzt ausserdem ein Mehrfamilienhaus am Neueneichenweg und das Restaurant Häxehüsli in der Reinacherheide. Seit 1984 betreiben die Bürgerinnen und Bürger auch wieder Rebwirtschaft und lassen Bürgerwein produzieren. Grosse Erträge wirft der Grundbesitz nicht ab. Die Waldnutzung ist defizitär, und für soziale Einrichtungen gelten symbolische Zinse.

Engagements der Bürgergemeinde

Zu den wichtigsten Aufgaben der Bürgergemeinde gehört die Erteilung des Ortsbürgerrechts an Ausländer. Es bildet die Voraussetzung für das schweizerische Bürgerrecht. Von Einbürgerungswilligen wird verlangt, dass sie einen guten Leumund und keine Straf- oder Betreibungsverfahren hängig haben. Zudem gilt eine Mindestwohnsitzdauer in der Gemeinde: vier Jahre für Schweizerinnen und Schweizer, fünf für ausländische Bewerbende. Letztere haben zudem ein Eignungsgespräch über das schweizerische politische System zu führen. Die Bürgergemeinde bietet dazu Kurse an. Jährlich werden an der Bürgergemeindeversammlung von den Stimmberechtigten rund 80 Personen eingebürgert, 50 davon aus der Schweiz. Die Reinacher Praxis gilt als vergleichsweise liberal.

Das Gemeinschaftsbewusstsein und Wohlbefinden fördern, die anvertrauten Güter wirtschaftlich und sozial verträglich nutzen – dies ist das erklärte Ziel der Bürgergemeinde Reinach. Mit den Erträgen aus der Landverpachtung engagiert sie sich auf verschiedene Art. Die Räumlichkeiten im Bürgergemeinde- und im Forsthaus können für kulturelle Anlässe gemietet werden. Seit den 1960er-Jahren übernimmt die Bürgergemeinde das Patronat des Banntags. Sie organisiert am ersten Maisonntag eine Maibaumfeier mit Festwirtschaft und Rundgang. Unter ihrer Leitung findet jeweils im Frühling eine Waldputzete mit Freiwilligen statt. 1997 wurde der Waldlehrpfad im Leiwald instand gestellt. Und seit April 2005 schmückt ein Holzskulpturenweg den Wald, initiiert und finanziert von der Bürgergemeinde.

Meinungsbildung

Noch bis ins frühe 20. Jahrhundert hatte ein Wächter die amtlichen Bekanntmachungen lauthals auf der Strasse verkündet. Wie in vielen anderen Gemeinden entstand 1977 auch in Reinach eine eigene Zeitung, anfänglich Märtzytig, 1983 Dorf-Zytig und seit 1998 Reinacher Zeitung genannt. 1997 schlug der Gemeinderat vor, eine verwaltungsunabhängige Zeitung zu gründen, was aber im Einwohnerrat abgelehnt wurde. Im Jahr 2000 kaufte dann die Basler Mediengruppe, die auch die Basler Zeitung herausgibt, die Verlagsrechte an der Reinacher Zeitung auf.

Auf das Jahr 1889 geht die Gründung des Wochenblatts für das Birseck und Dorneck zurück. Es trägt seinen heutigen Namen seit 1939 und dient Reinach als amtliches Publikationsorgan. 2004 erhielt auch die Reinacher Zeitung diese Funktion.

Neben Wochenblatt, Reinacher Zeitung und Teletext (ab 1997) ist die Homepage www.reinach-bl.ch das wichtigste Informationsmedium der Gemeinde. Seit 1972 informiert zudem der jährliche Amtsbericht detailliert über Aktivitäten und Zahlen. Die Gemeindeverwaltung führt seit 1994 eine Stelle für Öffentlichkeitsarbeit. Vorläufer war der Informationsbeauftragte, der 1972 zeitgleich mit dem Einwohnerrat seine Arbeit aufnahm.

Gestaltete Landschaft

Von einer Vorstadtgemeinde wie Reinach erwartet niemand berauschende Naturerlebnisse. Dennoch lohnt sich ein genauerer Blick. Denn die ursprünglichen Kräfte von Fels und Wasser prägen auch heute noch die Siedlungsform. Während Jahrhunderten wurde die Landschaft modelliert und den wechselnden Bedürfnissen angepasst. Die Bedrohungen durch Bauboom und Verkehr sind inzwischen gebremst. Doch Ressourcenschonung und Artenvielfalt haben ihren Preis: Aufklärung, Pflege und Nutzungseinschränkung. Schliesslich befindet sich in Reinach, unmittelbar neben Schnellstrasse und Wohnzone, ein national bedeutendes Naturschutzgebiet.

Im Süden von Basel, links des Birsflusses und etwa in der Mitte zwischen Rhein und Juraketten: So lässt sich die geografische Lage Reinachs beschreiben. Umgeben ist die Gemeinde von acht Nachbarorten: Dornach, Arlesheim und Münchenstein im Osten; Münchenstein, Basel und Bottmingen im Norden; Bottmingen, Oberwil und Therwil im Westen; Aesch im Süden. Damit grenzt das basellandschaftliche Reinach zugleich an zwei Nachbarkantone, an Basel-Stadt und – bei Dornach – an Solothurn.

Der Grenzverlauf ist in den meisten Fällen alles andere als von der Natur vorgegeben. Nur gerade im Norden, beim Galgengraben und beim Fleischbach, folgt die Gemeindegrenze einem Bachlauf. Im Süden zieht sie sich mitten über den Schlatthofhügel. Im Westen ragt der Bann bis hinauf aufs Bruderholzplateau. Umgekehrt erstreckt sich dort das benachbarte Therwil bis fast hinunter in die Reinacher Talsohle. Um diese markante Einbuchtung stritten sich die beiden Gemeinden im 16. Jahrhundert lange. Die Ostgrenze wiederum liegt auf dem jenseitigen Birsufer. Mitten auf dem Nepomukbrücklein stossen dann die drei Nachbargemeinden Reinach, Aesch und Dornach aufeinander. 1971 wurde die Grenze hier geringfügig nach Norden, hinters Brückengeländer, versetzt.

Reinach liegt auf 302 Metern über Meer, gemessen im Dorfzentrum beim Rankhof. Auf tieferem Niveau fliesst die Birs, auf etwa 274 Metern, und am höchsten gelegen ist der nordwestlichste Zipfel auf dem Bruderholz mit einer Höhe von 371 Metern über Meer. Flächenmässig gehört Reinach zu den grösseren Gemeinden im Bezirk Arlesheim. Die Gesamtfläche des Gemeindebanns umfasst genau 697 Hektaren und 87 Aren.

Vom Meer zum Fluss

Wer die heutige Birs erblickt, glaubt kaum, dass dieser kleine Fluss das gesamte Birstal aus dem Felsen herausgefräst hat. Dabei bewegte er Unmengen an Gestein, mit denen er das Tal teilweise wieder auffüllte. So entstand das Birstal

< Im Osten und Westen wird Reinach von den Grünzonen der Birs und des Bruderholzes flankiert. Besonders deutlich sichtbar ist dies im Gebiet Surbaum.

Reinach und seine Nachbargemeinden

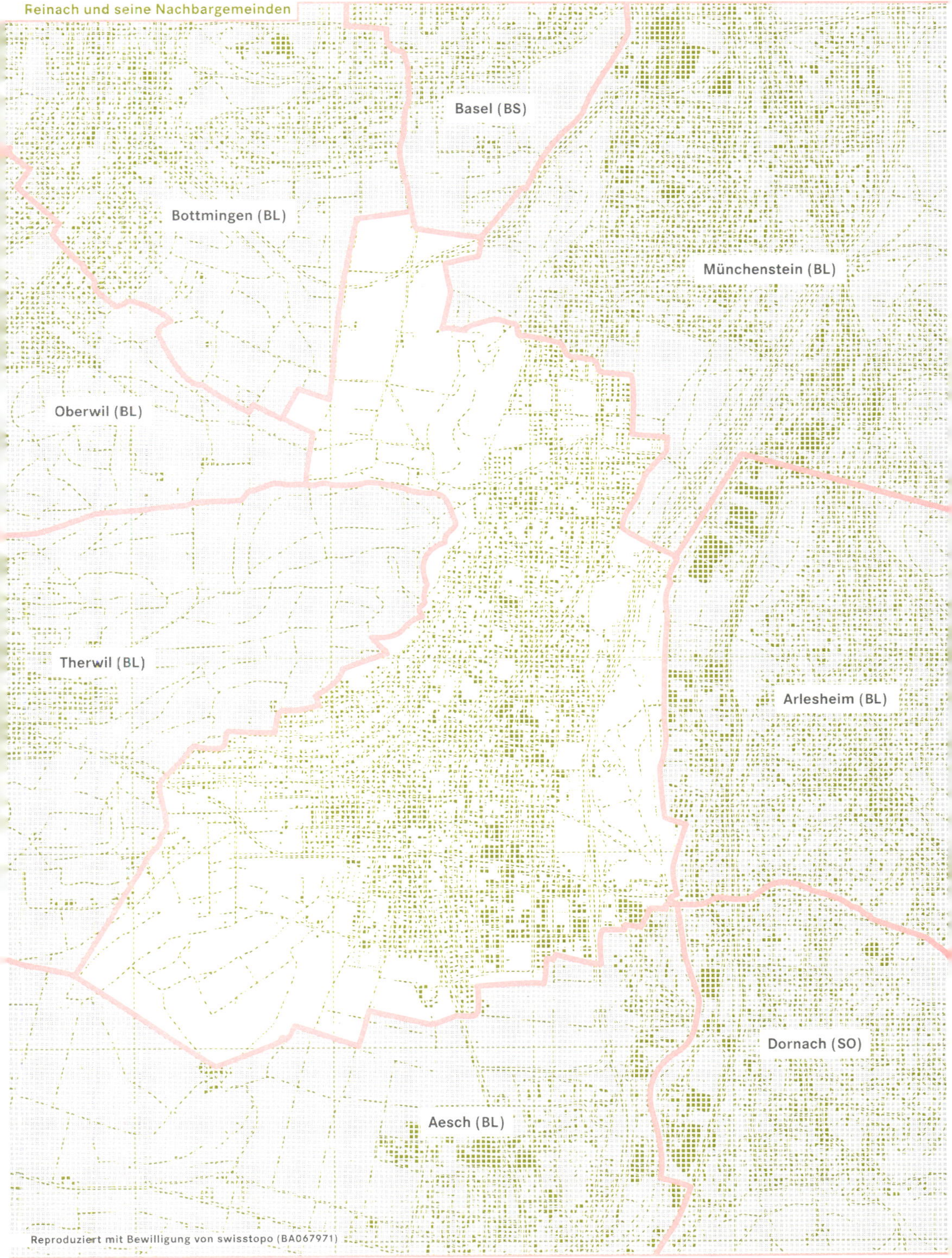

mit seinen unterschiedlichen Terrassen und Windungen. Begonnen hat alles vor ungefähr 30 Millionen Jahren. Das Gebiet Reinachs stand damals noch grossflächig unter Wasser. Infolge der Alpenfaltung war im Norden der Rheingraben entstanden. Es hatte sich ein Flachmeer respektive ein Binnengewässer gebildet, dessen Salz- langsam zu Süsswasser wurde. Zeugen dieser Veränderung sind verschiedene abgelagerte Steinschichten. Am Birsufer unterhalb Dornachbrugg findet man etwa graue Sandsteine der so genannten Oberen Elsässer Molasse. Abdrücke von Zimt- und Palmbäumen im Gestein verraten, dass damals ein warmes, subtropisches Klima herrschte.

Noch existierte die Birs nicht. Erst mit der Faltung des Juragebirges vor etwa fünf Millionen Jahren, mit dem weiteren Absinken des Rheingrabens und der Hebung von Vogesen und Schwarzwald veränderte sich die Gewässerlandschaft der heutigen Nordwestschweiz hin zur heutigen Gestalt. Es entstand eine Ur-Birs, die allerdings noch in die Aare mündete. Ungefähr anderthalb bis zwei Millionen Jahre vor unserer Zeit fand dann die Aare ihren Weg in den Rhein. Seither fliesst auch die Birs direkt in diesen Strom.

Aufschottern und Ablagern

Gut eine Million Jahre lang wechselten in der so genannten Quartär-Epoche Eiszeiten mit wärmeren Phasen oder Zwischeneiszeiten. In den Eiszeiten lösten die Gletscher, die aus dem Schwarzwald bis ins Laufner Becken reichten, Schotter aus dem Fels. Er wurde von den Gletscherabflüssen abtransportiert und lagerte sich in der Talrinne ab. Dadurch erhöhte sich das Flussbett laufend. Das Niveau der Birstalsohle stieg mit jeder Eiszeit um 20 bis 40 Meter an. Wenn die abschmelzenden Gletscher dann ungeheure Wassermassen freigaben, schwemmten diese die Geröllablagerungen in der Talsohle mit. Nur die Talränder blieben abgestuft bestehen. Tief schnitt sich die Birs jeweils in den Untergrund ein. Vor allem in der letzten Zwischeneiszeit, vor gut hunderttausend Jahren, entstand eine breite Flussrinne mit flacher Sohle und steil ansteigenden Rändern. In ihr fliesst noch heute, tief unter dem Boden, ein Grundwasserstrom.

Im Wechsel von Warm- und Kaltphasen bildeten sich so verschiedene Terrassen im Birstal aus. Die letzte Kaltzeit, die so genannte Würm-Eiszeit, hinterliess ebenfalls riesige Geschiebemassen. Der Talgrund des Birsecks wurde bis auf gut 300 Meter über Meer aufgeschottert. Dieser Niederschotterboden bildet bis heute eine durchgehende Fläche von Aesch bis in die südlichen Stadtquartiere von Basel. In der Nacheiszeit räumte die schleifenförmig mäandrierende Birs den Schotter nur noch teilweise ab. Das Reinacher Talgelände erstreckt

In der Heide erkennt man noch das Relief der früheren Flusslandschaft mit der Birsrinne und flach ansteigenden Schotterrücken.

sich deshalb über mehrere Stufen. Die Siedlung mit Zentrum und Hauptstrasse steht auf der Oberen Niederterrasse. Auf der schmalen Unteren Niederterrasse befindet sich das Schwimmbad. Noch etwas tiefer liegt die alte Flussaue, die Reinacher Heide, in welcher – wiederum eingetieft – die Birs fliesst.

Beben im Mausacker

1356 suchte ein verheerendes Erdbeben Basel und das gesamte Birseck heim. In Reinach erinnert das Erdbebenkreuz am Dornacherweg, eine moderne Plastik, daran. Graf Wallram von Thierstein hatte das ursprüngliche Kreuz als Dank für die Errettung seiner Familie gestiftet. Das Epizentrum des Bebens dürfte ungefähr bei Therwil gelegen haben. Grabungen im Reinacher Mausacker führten 2001 zur Hypothese, dass die Katastrophe durch eine Bruchzone im Untergrund ausgelöst worden sei. Diese zieht sich dem Osthang des Bruderholzplateaus entlang bis gegen Aesch.

Um 0,24 Millimeter pro Jahr, so die Hypothese, verschöben sich hier beidseitig Gesteinsformationen senkrecht gegeneinander. Das Bruderholz drücke nach oben, das Birstal sinke. Dieses Kräftemessen erzeuge eine wachsende Spannung, die sich alle paar Jahrtausende ruckartig entlade – in einem Erdbeben. 2005 bezweifelte der Basler Geologe Hans Peter Laubscher jedoch diese Hypothese. Er argumentierte, dass viel eher ein tiefer in den Untergrund reichender Ost-West-Bruch im Nordjura als Auslöser in Frage komme.

Der unterirdische Strom

Auf ihrem Weg von der Quelle im jurassischen Tavannes bis zur Einmündung in den Rhein bei Birsfelden durchquert die Birs auf 1,6 Kilometern das Gebiet von Reinach. Sie stellt nach dem Rhein den grössten Fluss der Nordwestschweiz dar. Ihre Gesamtlänge beträgt 73 Kilometer. Dank einem Einzugsgebiet von rund 222 Quadratkilometern führt die Birs ständig eine ansehnliche Wassermenge. Mit der Schneeschmelze in den Monaten März und April steigt der Wasserstand auf sein Maximum. Im Juli und August sinkt er bis auf 75 Prozent des Jahresdurchschnittes. Dies ist vor allem durch Verdunstung bedingt.

Unterhalb der sichtbaren Birs fliesst ein zweiter Fluss, der Grundwasserstrom. Hauptsächlich folgt er der Talrinne, die in den Zwischeneiszeiten in den Felsuntergrund gefressen und in der Nacheiszeit wieder mit Schotter aufgefüllt worden war. Durch Bohrungen ist der Verlauf dieser Rinne und des Grundwasserstroms ziemlich genau bekannt. Von der Angensteiner Klus an entspricht er zunächst jenem der Birs. Bei Dornachbrugg bildet er dann einen weiten Bogen nach Westen, bevor er beim Heidebrüggli die Birs unterquert und sich östlich ihres Flusslaufes fortbewegt. Wo sich die beiden Flüsse kreuzen, können sie ihre Wasserführung beeinflussen. Nördlich des Heidebrügglis zum Beispiel tritt Grundwasser in die Birs aus, oberhalb von Dornachbrugg speist die Birs den Grundwasserstrom.

Reich an Bächen

Ganze elf Bäche zählt Reinach, auch wenn die meisten heute unsichtbar im Untergrund fliessen. Aus dem Schlatthofhügel beziehen Lei- und Dorfbach ihr Wasser. Am Rande des Bruderholzplateaus entspringen Gässli-, Bodmen- und Hinterlindengraben, Schönen- und Wüestenbach (früher Pantelgraben genannt), Fleischbach, Krämerbrunnen, Tiefen- und Galgenholzgraben. Ursprünglich versickerten diese Bachläufe in der Schotterebene und erreichten die Birs nie. Bei längerer Trockenheit versiegen die meisten Bäche, ausgenommen Lei- und Dorfbach.

Während Jahrtausenden formten diese Bäche die Landschaft mit. Bei steilem Gefälle wie am Rande des Bruderholzes entstanden tiefe Einschnitte und Kerben, so genannte Graben. Beim Austritt in die flache Schotterebene bildeten die Bäche aus dem mitgeführten Lösslehm Schuttschwemmfächer. Beim

Die Bäche und der Hauptgrundstrom

Fleischbach erreichte der Schwemmfächer eine Ausdehnung von rund 300 Metern in Breite wie Länge. Früher schwollen viele Bäche nach Gewitterregen heftig an und lagerten zusätzlich Lehm, Holz und Blätter aus dem Wald ab. Der Dorfbach verwandelte das Erlenhof- und Brühlgebiet zuweilen in einen einzigen grossen See. 1751 setzte er sogar den ganzen Dorfkern unter Wasser.

Sumpfiges Land

Der Schotteruntergrund, auf dem die Siedlung Reinach steht, ist zwar stark wasserdurchlässig. An bestimmten Stellen jedoch wurde er in der Eiszeit durch angeschwemmten Lehm abgedichtet. So lag nach der letzten Eiszeit in der Senke des Erlenhofgebiets ein grosser Weiher. An seinem Ausfluss, dem heutigen Dorfbach, entstand später die Siedlung Reinach. Ähnliche Mulden und Wassertümpel liess die Birs im Gebiet der Weiermatt und am Fuss des Niederbergs entstehen, wahrscheinlich als Reste von Altläufen. Auch hier verstopfte eingeschwemmter Lehm den Kiesuntergrund.

An den Versickerungsstellen anderer Bäche bildeten sich versumpfte Areale, wo vor allem Schwarzpappeln gediehen. Von letzteren hat das Surbaum-Quartier seinen Namen, abgeleitet aus dem alten Baumnamen Sarbom.

Angenehmes Klima

Im Grossen und Ganzen gelten für Reinach ähnliche Wetterbedingungen wie auf dem stadtnahen Bruderholz. Die dortige Messstation Margarethenhügel registriert eine durchschnittliche Jahrestemperatur von ungefähr 9,7 °C. Der Tiefpunkt liegt meist im Januar mit bis zu zwölf Minusgraden. Der heisseste Tag im Juli oder August kann das Quecksilber bis auf weit über 30 °C steigen lassen. An etwa 30 Tagen im Jahr überzieht eine Schneedecke den Boden. An fast 200 Tagen herrscht in der südlichen Region von Basel Nebel oder bewölkter Himmel.

Eine Ausnahme bildet Reinach in Sachen Wind und Nebel. Das flache Becken des Birstals mit der Siedlungsterrasse ist windgeschützt. Die Hügel von Schlatthof und Bruderholz halten die mässigeren Westwinde ab, gegen die Ostwinde schirmen Gempenplateau und Eggfluh ab. Aus der Angensteiner Klus zieht zwar nachts und im Winter gerne ein kühler Wind der Birs entlang. Nachmittags dagegen dringt von der Oberrheinischen Tiefebene her warme Luft gegen den Jura. Verglichen mit Basel ist das Reinacher Klima rauer, aber nebelärmer. Die wenig bewegte Luft kühlt sich nachts stärker ab als in anderen Tallagen der Birs oder des Rheins und bildet einen Kaltluftsee. Im Frühling und Herbst treten deshalb in Reinach Spät- und Frühfröste viel häufiger auf.

Dicke Luft

Seit Beginn des 20. Jahrhunderts wird es auch in Reinach immer wärmer. Durch die Verbrennung fossiler Treibstoffe wie Öl und Benzin wird die Atmosphäre aufgeheizt und belastet. Zum so genannten Treibhauseffekt tragen vor allem Kohlendioxide, Stickoxide und Russpartikel bei. Diese Luftbelastung entsteht zur Hauptsache durch den motorisierten Verkehr. Entsprechend hoch ist sie entlang von Hauptverkehrsachsen wie der Verbindungsstrasse Basel–Birstal. Bei zu grosser Belastung führt dies zu Atemweg-Erkrankungen. Seit 1985 ist der Stickoxidausstoss praktisch halbiert worden, dank der Einführung des Katalysators. Seit 2003 ist allerdings wieder eine Zunahme messbar. Im Bereich der H18-Strasse liegt die Stickoxidbelastung über dem Grenzwert, im übrigen Siedlungsgebiet im Bereich des Grenzwerts oder gar darunter, wie am Fuss des Bruderholzplateaus.

Die Ozonbelastung nimmt langfristig ebenfalls ab. Allerdings überschreitet sie in den Sommermonaten die Grenzwerte immer noch massiv. Vorläuferschadstoffe wie Stickstoffdioxide verursachen unter Sonneneinstrahlung die vermehrte Bildung von Ozon. Die Luftqualität in Reinach wird stark vom motorisierten Verkehr beeinflusst und ist nur zum Teil von ortsgebundenen Faktoren wie Industrie oder Hausheizungen abhängig.

Der Bergrutsch

Anno Domini 1997, im Februar, geschah das lang Befürchtete: Eine Parzelle am Rebberg geriet ins Rutschen. Rund 1500 Kubikmeter Erde verschoben sich von einer unbebauten Parzelle am Hollenweg talwärts und zerstörten ein tiefer liegendes Haus. Der Sachschaden belief sich auf knapp eine Million, wie die Basellandschaftliche Gebäudeversicherung schätzte. Als Notmassnahme wurden im Rutschgelände sechs Meter lange Eisenbeton-Sporen zur Stabilisierung in den Boden gerammt.

Der Rebberg wurde erst im 20. Jahrhundert überbaut, aus früheren Zeiten sind keine ähnlichen Erdrutsche bekannt. Doch am Rebberg lebte man seit je her auf instabilem Grund. Der Boden am Osthang des Bruderholzplateaus besteht aus einer Mischung von Sand, Wasser und Lehm. Dass die unbebaute Parzelle 1997 ins Rutschen kam, hatte allerdings ausserordentliche Ursachen: Schneeschmelze auf gefrorenem Boden und etliche ungefasste Quellen im Gebiet. Bei sorgfältigem Vorgehen, so beurteilte dies ein Geotechniker, wirke eine Bebauung eher hangstabilisierend. Zur Sicherheit verlangt die Gemeinde heute bei Neubauten ein geologisches Gutachten und entsprechende Massnahmen. Dennoch ist ein neuer Bergrutsch nie auszuschliessen.

Genutzte Natur

Von den knapp sieben Quadratkilometern, die der Reinacher Gemeindebann umfasst, scheint der grösste Teil überbaut. Der Eindruck täuscht aber: Über 300 Hektaren, fast die Hälfte des Bodens, werden entweder landwirtschaftlich genutzt oder sind mit Wald bestockt. Diese Flächen befinden sich alle an den Siedlungsrändern: auf dem Bruderholzplateau, entlang der Birs, im Süden gegen Aesch und westlich gegen Therwil hin. Reinach ist von einem Grüngürtel umgeben. Nur gegen Norden hin geht das Reinacher Siedlungsgebiet fast ohne Unterbruch in jenes von Münchenstein über.

Naturgegeben ist das heutige Landschaftsbild nicht. Der grosse Wachstumsboom der Nachkriegszeit hat dazu geführt, dass vielerorts Wiesen und Äcker als Bauland umgenutzt wurden. Doch auch schon viel früher griffen die Reinacherinnen und Reinacher handfest in den Lauf der Natur ein. Sie rodeten, entsumpften, pflanzten, begradigten und gruben um. Und sie nutzten Boden und Wasser zu vielfältigen Zwecken.

Sonnenhang und Ackerterrasse

Im Laufe der Erdgeschichte haben sich im Gemeindegebiet vier Naturräume mit unterschiedlichen Voraussetzungen gebildet. Auf der nebenstehenden Karte sind sie eingezeichnet: die Talebene der Birs (**A**), die flache Mulde beim Erlenhof (**B**) und die Schwemmgebiete bei den Bachabflüssen (**C**), die Ebenen des Bruderholzplateaus und des Schlatthofhügels (**D**) sowie deren Abhänge (**E**). Jede Zone lässt sich noch feiner gliedern. Die Talebene besteht aus der Birsterrasse (**A1**) und der Niederterrasse (**A2**). Die Hügelhänge fallen entweder steil ab, wie beim nördlichen Rand des Bruderholzplateaus (**E1**), oder sie verlaufen im unteren Teil flach, im oberen steiler. Dies ist beim Ostteil des Schlatthofhügels der Fall und im Süd-/Südostteil des Bruderholzhanges, beim Rebberg (**E2**).

Entsprechend ihrer Lage und Neigung eignen sich diese Zonen für unterschiedliche Nutzungen. Ideales Wohngebiet findet sich in der Talebene, zumindest in deren höher gelegenem Teil. Seit dem 20. Jahrhundert wird auch der südliche Hangteil bewohnt. Verkehrstechnisch ist er zwar schlechter erschliessbar, dafür sonnig. An Stelle der früheren Reben stehen heute deshalb Villen. Die Böden der Schotterterrasse sind eher mager und nicht besonders gut für landwirtschaftliche Nutzung. Dazu eignen sich hingegen die Hochebenen mit ihrem tiefgründigen Boden und die Schwemmfächer der Bäche.

Relief und Naturräume

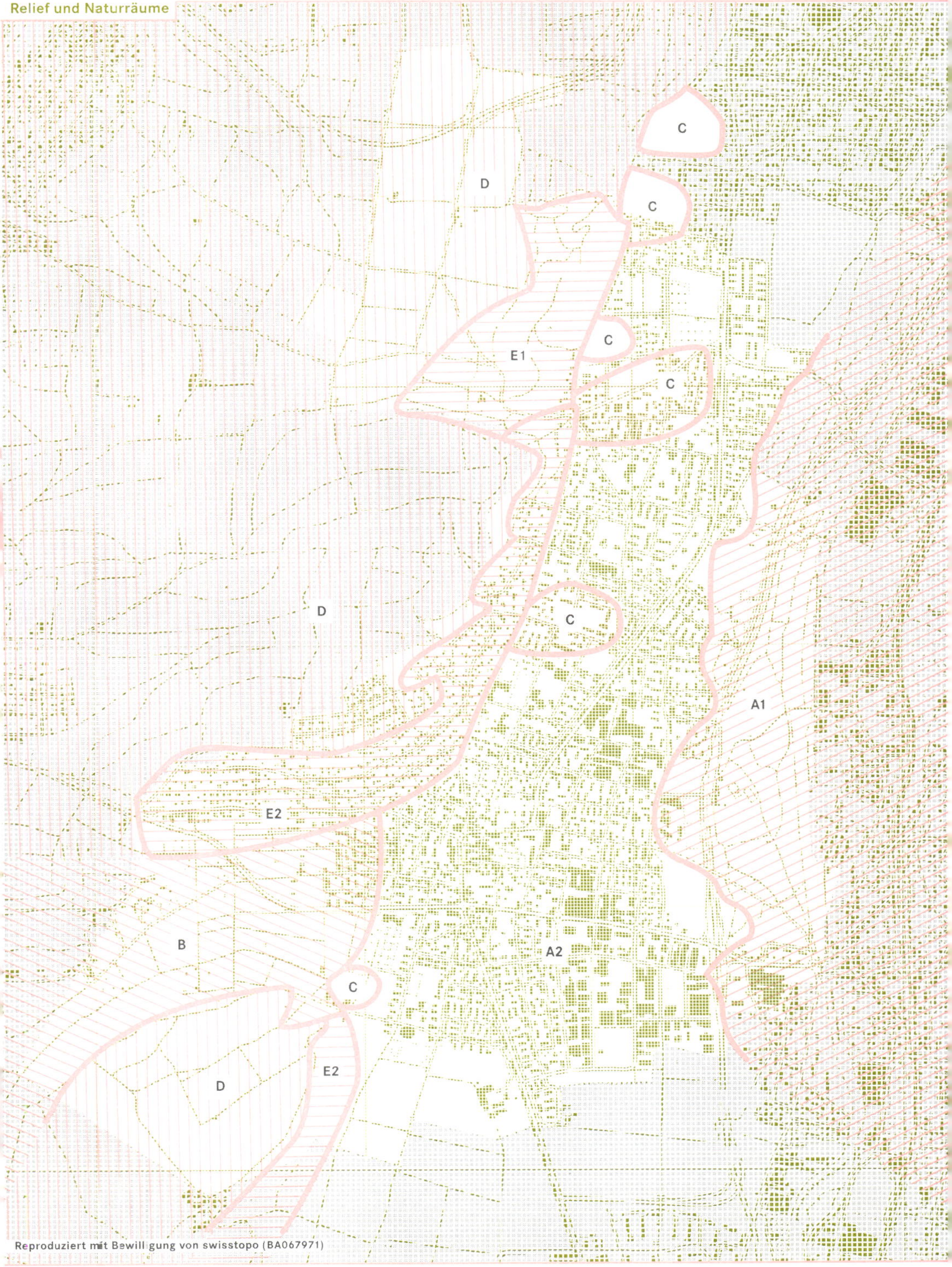

Ursprüngliche Waldlandschaft

In der Jungsteinzeit vor 4000–5000 Jahren, als bereits Menschen im Birstal lebten, zog sich der Wald noch über fast das ganze Areal hin. Auf dem Bruderholzplateau und an seinen Abhängen wuchsen Eichen und Hagebuchen, hingegen keine Nadelhölzer. Die Eiche bildete den Grundbestand. An feuchteren Stellen überwog die Stieleiche, an trockenen Standorten die Traubeneiche. Dazwischen waren Kirschbäume zu finden, Eschen und Birken; unter ihrem Dach die niedrigeren Hagebuchen, Feldahorne und Hasel. Gebüsche und Pflanzen wie Weissdorn, Pfaffenhütchen, Gemeiner Schneeball oder Faulbaum füllten den Zwischenraum bis zum Waldboden. Darauf wucherte eine reichhaltige Krautschicht: Goldhahnenfuss, Lungenkraut, Schlüsselblume, Waldfarn und viele andere.

An den vielen feuchten Stellen waren spezielle Pflanzen vorherrschend. Schwarzerlen, -pappeln und Weiden säumten die Bach- und Flussläufe. Entlang des Weihers im Erlenhofgebiet reihten sich Sumpfareale mit Schilf. Im Überschwemmungsbereich der Birs wuchsen Grauerlen, Eschen und Ulmen. Wieder andere Arten bevorzugten die höher gelegene Schotterterrasse. Hier fanden sich kalkliebende Pflanzen wie Haselwurz, Bingelkraut, Waldveilchen, Fingerkraut und Frühlingsplatterbse. Der Wald auf der Schotterterrasse setzte sich aus Eichen und Hagebuchen zusammen. Zusätzlich beherbergte er Feldahorn, Bergahorn und Waldföhren.

Entsumpfung

Reinach wurde einst auf Wasser gebaut. Dass man dies heute nicht mehr spürt, liegt an verschiedenen Eingriffen und Trockenlegungen. Schon vor einigen Jahrhunderten verschwanden die kleinen Tümpel in den Weiermatten und am Fuss des Niederbergs. Von ihrer Existenz künden Torf- und Lehmschichten im Boden von bis zu 60 Zentimetern Dicke. Beim etwas grösseren Teich in den Weiermatten dauerte der Verlandungsprozess bis in die 1950er-Jahre. Auf dem Areal waren vielerorts Pflanzen anzutreffen, die typisch für feuchte Gebiete sind. Als das Gebiet später überbaut wurde, zeigte sich in den Baugruben torfdurchsetzter schwarzer Lehm.

Im Gebiet des Erlenhofs lag bis ins 19. Jahrhundert ein Moor mit einer reichen Tier- und Pflanzenwelt. Es war aus dem ehemaligen Weiher entstanden, der zunehmend verlandet war. Die Reinacher nutzten das Moor auf verschiedene Weise. Sie stachen an einigen Stellen Torf und mähten den Sumpfrasen für ihr Vieh. 1903–1907 wurde das gesamte Erlenhofgebiet melioriert. Den Dorfbach, der aus dem Moor abfloss, legte man um 1,4 Meter tiefer. Dadurch sank auch der Grundwasserspiegel. Er hatte zuvor bis knapp unter die Oberfläche des Weihers gereicht. Dennoch füllte sich 1910 und 1915 der ehemalige Weiher für mehrere Tage wieder auf. 1938–1942 führte die Gemeinde zusätzliche Entwässerungsarbeiten aus.

Vielerorts in Reinach weist der Flurname Matten darauf hin, dass hier ehemals der kiesige Boden künstlich bewässert wurde, um den Futterertrag zu steigern. So zum Beispiel bei Mühlimatten, Aumatt, Weiermatten, Bachmatten, Baselmatten. Solche Areale nahmen im vorindustriellen Reinach relativ grosse Flächen ein. Als Matten wurden auch die vernässten Wiesen bezeichnet, welche in den Randzonen der ehemaligen Sumpfzonen entstanden.

Bachkorsette

Die Reinacher Bäche sieht man heute nur noch, wenn man ausserhalb des Siedlungsgebietes spazieren geht. Eingedolt wurden sie im 20. Jahrhundert. Bereits früher veränderten die Dorfbewohner ihren Lauf, befestigten die Ufer und bauten Dämme. Besonders der Fleischbach schwemmte nach Regenfällen viel Lehm und Holz mit und trat oft über die Ufer. Er wurde deshalb schon sehr früh zwischen Dämmen gegen den Reinacherhof hin geführt, wo man ihn in künstlich ausgehobenen Gruben versickern liess. Heute ist dieses Flussbett aufgefüllt und dient als Fleischbachstrasse. Der Bach wurde vor dem Ersten Weltkrieg eingedolt und unterirdisch zur Birs hinunter verlängert. Seit 1937 mündet er direkt in den Birslauf.

Unter dem Verkehrsstrom auf der Hauptstrasse fliesst der Dorfbach. Ursprünglich floss er vom Erlenhofgebiet her offen Richtung Dorfkern, wobei er sein Bett mit jedem Hochwasser neu schuf. In den Aumatten teilte er sich in drei Bewässerungsgräben auf und versickerte in den Wiesen. Bis ungefähr 1750 traf der Bach beim Dorfbrunnen auf die Hauptstrasse. Dann wurde bei der Brühlgasse ein Kanal ausgehoben, der weiter südlich im rechten Winkel auf die Hauptstrasse stiess und ihr folgte. Das alte Bachbett versorgte bis 1857 die umliegenden Häuser weiter mit Wasser. 1906 wurde der Bach kurz vor dem Brühlgebiet in Röhren gefasst. Seither tritt er erst unterhalb des Schwimmbades wieder an die Oberfläche, bevor er dann in die Birs mündet. Der Bachlauf in der Aumatt wurde nach 1960, infolge der Überbauungen von Altersheim, Schulhaus und Schwimmbad, ebenfalls weitgehend überdeckt.

Endgültig gebändigt sind die Bäche seit den Meliorationsarbeiten 1923–1926. Sie wurden eingedolt und direkt in die Birs abgeleitet. Damit verschwanden sämtliche Sickerstellen in der Siedlungsebene. Beim Röhreneinlauf am Hang des Bruderholzes baute man grosse Schuttfänger.

Bereits eingefasst, aber noch nicht eingedolt, fliesst der Dorfbach auf dieser Postkarte von 1900 durch die Hauptstrasse. Ihm verdankt Reinach das breite Trassee der Hauptstrasse.

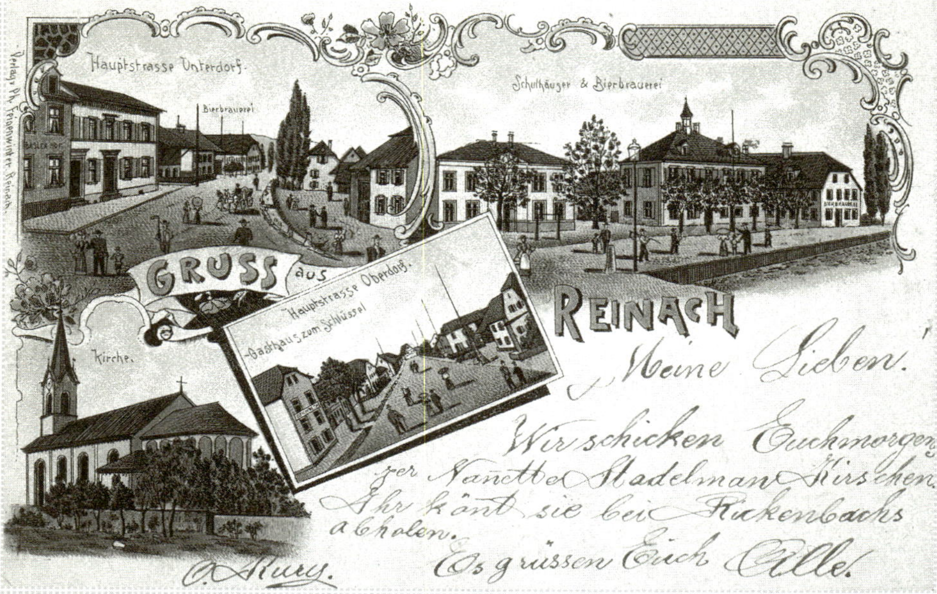

Das Gemälde von ca. 1840 zeigt die frei fliessende Birs. Reinach liegt gerade ausserhalb des rechten Bildrandes.

Zähmung der Birs

Wie eine Wasserautobahn zieht sich heute der Lauf der Birs fast schnurgerade durch das Tal. Kaum vorstellbar, dass hier früher anstelle eines gleich mehrere Flussarme lagen, Tümpel, Auen und Inseln sich abwechselten. Mit jeder Überschwemmung verlegte sich der Birslauf, neue Arme entstanden und alte wurden zu stehenden Gewässern. Zum Schutz der angrenzenden Weiden und Matten mussten die Ufer aufwändig geschützt werden. Die mäandrierende Birs schuf aber auch politische Probleme, bildete sie doch die Gemeindegrenze zwischen Reinach und Arlesheim. 1707 definierte ein Plan die Grenzverhältnisse. Schon damals lag ein Teil des Reinacher Banns am rechten Birsufer.

Die Idee zur Zähmung der Birs stammt aus dem 18. Jahrhundert. Sie war Teil der Reformbestrebungen in der Landwirtschaft. Die ersten Arbeiten begannen am unteren Birslauf 1811, im Gebiet Reinachs dauerten sie von 1847 bis 1855. Dabei wurde das Flussbett begradigt und durch so genannte Buhnen, in den Fluss hineinragende Steindämme, stabilisiert. Seit 1973, in Reaktion auf grosse Hochwasserschäden, sorgen zusätzlich Granitblöcke für eine starre Begrenzung der Ufer.

Eingriff mit Folgen

Die Birskorrektion kam Reinach teuer zu stehen. In der Gemeinde hatte man sich schon 1820 wenig erfreut über die Pläne der Regierung gezeigt. Eine Begradigung brachte vor allem für die besser geschützten Arlesheimer Matten Vorteile. Reinach hingegen nutzte die Birsufer zur Kiesgewinnung und verpachtete die Weiden. Zudem hätte die Gemeinde beidseitig der Birs für die Kosten aufkommen müssen. Aufgrund der hartnäckigen Weigerung liess der Kanton die Arbeiten ausführen und stellte sie danach der Gemeinde in Rechnung. Nach jahrelangem Rechtsstreit war Reinach dann gezwungen, zur Tilgung der aufgelaufenen Schulden sämtliches Weidenland an den Arlesheimer Fabrikanten Alioth zu verkaufen. Erst 1970 gelangten die letzten Landstücke wieder in Gemeindebesitz.

Folgenreich war der Eingriff auch für die Landschaft. Die grössere Fliessgeschwindigkeit der Birs vertiefte das Flussbett um drei bis fünf Meter. Sichtbar ist dies heute an der Böschung, welche von der Heide zum Fluss hinunterführt. Gesunken ist auch der Grundwasserspiegel. Die frühere feuchtigkeitsliebende Vegetation zog sich auf ein schmales Band entlang der Birs zurück. Im ehemaligen Überschwemmungsgebiet mit den Sand- und Schotterböden siedelten sich Trockenpflanzen an. Die Reinacher Heide in ihrer heutigen Gestalt entstand.

Klein- und Restlandwirtschaft

Im ehemaligen Bauerndorf gab es zu Beginn des 21. Jahrhunderts drei Bauernbetriebe. 1975 waren es noch sechs hauptberuflich betriebene Bauernhöfe, 1955 gar 28. Dazu kamen die einzelnen Rebbauern. Reinach hatte und hat, anders als die Nachbargemeinden, wenige und vor allem kleine bis kleinste Betriebe. 23 Teilzeitarbeitende standen 2002 neun Vollzeitbeschäftigten gegenüber. Die landwirtschaftliche Nutzfläche, also ohne Verkehrs-, Wohn- und Industrieflächen, betrug Ende des 20. Jahrhunderts gut 200 Hektaren. Das entspricht etwa 28 Prozent des gesamten Gemeindebanns. Fast 90 Prozent des Landwirtschaftsbodens bestehen aus Wiesen und Äckern. Obst- und Rebbau sind kaum vertreten.

Die Bauernbetriebe befinden sich mit einer Ausnahme an den Rändern des Gemeindebanns: Der Bottmingerhof im Nordwesten auf dem Bruderholzplateau, der Neuhof an der Südgrenze zu Aesch. Die Nutzflächen des Schlatthofs liegen zwar teilweise auf Reinacher Bann, die Gebäude selbst befinden sich aber unmittelbar hinter der Gemeindegrenze, bereits im Aescher Bann. Als letzter innerdörflicher Betrieb hält sich der Bauernhof an der Ziegelgasse, hinter der Kirche. Der Predigerhof auf dem Bruderholz ist heute ein Ausflugsrestaurant. Nur noch als Flurname und Erinnerung präsent sind Reinacherhof, Landhof, Rankhof und Sonnenhof. Der Erlenhof ist seit 1929 ein Erziehungsheim mit Grossgärtnerei.

Nutzholz

Die gesamte Waldfläche auf Reinacher Boden beträgt 82 Hektaren. Der grösste Teil davon gehört der Bürgergemeinde. Sie ist für die Pflege von 51 Hektaren zuständig. Die Bewirtschaftung erfolgt im Rahmen eines Forstreviers, an dem die Gemeinden Aesch (Leitung), Duggingen, Grellingen, Pfeffingen, Therwil und Reinach beteiligt sind. Nebst der Gewinnung von Nutzholz stehen die Jungholzpflege und die Gestaltung der Waldsäume im Vordergrund. Rentabel ist die Waldpflege nicht: Sie bringt allein der Bürgergemeinde jährlich ein Defizit von durchschnittlich 80 000 Franken.

Das Predigerholz bildet mit 32,8 Hektaren die grösste Waldfläche. Es liegt auf dem Bruderholzplateau und stösst direkt an den angrenzenden Wald auf Therwiler Boden an. Im Südwesten der Gemeinde befindet sich der Leiwald mit 20,5 Hektaren. Die restlichen Waldflächen umfassen je zwischen einer und elf Hektaren: entlang der Birs, im Einschlag zwischen Aumatt- und Kägenquartier sowie im Krummenrain zwischen dem Campingplatz und der Kläranlage.

Blick vom südöstlichen Siedlungsrand aus Richtung Rebberg in den 1970er-Jahren. Auf dem Bild ist Niklaus Leimgruber zu sehen, wie er den Acker im Kägen ein letztes Mal mit der Egge bearbeitete, bevor das Grundstück überbaut wurde.

Ursprünglich waren weit grössere Teile Reinachs mit Wald bedeckt, vor allem beim Schlatthofhügel, in der Birsaue und in der Südebene gegen Aesch. Im frühen 19. Jahrhundert wurde dort intensiv gerodet. Das gefällte Holz diente Bauzwecken und vor allem zum Verkauf. Mit dem Erlös wurde zum Beispiel die Schulhauserneuerung von 1847/1848 mitfinanziert. Die drohende Übernutzung der Wälder zwang die Reinacher zu Schutzmassnahmen. Heute legt der kantonale Waldentwicklungsplan Leimental aus dem Jahr 2003 die Bewirtschaftung fest. Der Wald dient als Rohstoffquelle, aber auch als Erholungsraum, er schützt die Siedlung und ermöglicht Artenvielfalt.

Rebberge

Seit 1975 trägt der Reinacher Rebberg seinen Namen wieder zu Recht. In den Jahren nach 1930 war eine Rebparzelle nach der anderen dem Bauboom zum Opfer gefallen, bis fast keine Traube mehr am Hang wuchs. Beim Rebberg-Reservoir liess die Gemeinde eine kleine Parzelle von 26 Aren umbrechen und neu mit Rebstöcken, Riesling Sylvaner, bepflanzen. Die Rebenarbeit und Kelterung besorgt die Familie Koellreuter vom Aescher Klushof. Auch die Bürgergemeinde Reinach betreibt seit 1984 einen eigenen Rebberg.

Als süd- und südostexponierter Abhang eignet sich der Rebberg gut zum Weinbau. Allerdings reichen nur die obersten Partien aus dem Kältesee der Ebene heraus. Trotz intensiver Besonnung kann das Reinacher Rebgut deshalb nicht mit jenem in der geschützteren Aescher Klus konkurrieren. Das Anbaugebiet lag zum Teil auch ausserhalb des Rebbergs. Darauf verweist der Flurnamen Steinreben im heutigen Wohn- und Gewerbegebiet Kägen. Im 18. Jahrhundert wurde vorübergehend neues Rebland entlang der Strasse nach Dornachbrugg geschaffen.

Wasserwirtschaft

Die Kraft des Wassers wird in Reinach kaum genutzt. Zu schwach ist die Strömung der Bäche, als damit Mühlen oder Kraftwerke gewinnbringend betrieben werden können. Anders die Birs: Das Wehr bei der Brücke nach Dornachbrugg versorgte bis 1977 die Arlesheimer Schappefabrik mit Strom und liefert seit 1996 wieder elektrische Energie. Schon im 17. Jahrhundert hatten die Dornacher hier die Wasserkraft zum Antrieb einer Mühle verwendet. Vom Heidebrüggli führte ein Kanal zu weiter nördlich gelegenen Industriearealen der Nachbargemeinde. Er wird heute als Fischbecken genutzt.

Die Reinacher bezogen für den Haushalt und die Landwirtschaft Wasser aus den Bächen. So wurden die Baselmatten mit dem Wasser des Pantelgrabens oder Wüestenbachs bewässert. Dazu grub man kleinste Rinnen und Wassergraben. Der Dorfbach diente zur Berieselung des Pfeiffengartens im Westen sowie der Aumatt und Munimatt im Osten. Auch spies er zwei Eisweiher im Dorfkern, welche an die Brauerei verpachtet wurden. Nach der Eindolung des Dorfbachs 1906 schüttete man sie zu. Am Fleischbach und am Galgengraben verlieh die Gemeinde im 19. Jahrhundert Wasserrechte an eine Brauerei und an eine Ziegelei.

Auch für Fisch- und Zierweiher nutzte man die Bäche. 1902 entstand ein Weiher bei der Gartenwirtschaft des Landhofs, am Weiherweg. Gespiesen wurde er von einer Quelle am Niederberg. Schliesslich lebte eine ganze Berufsgattung indirekt vom Wasser. Vor der Eindolung und Begradigung der Reinacher Gewässer wuchsen allerorts, vor allem am Birsufer, Weiden. Sie lieferten das Rohmaterial für die Korbmacher.

Natur in der Siedlung

Der älteste Tierpark des Kantons Basel-Landschaft steht in Reinach, an der Austrasse beim Eingang zur Reinacher Heide. Er beherbergt Dam- und Sikahirschfamilien, Goldfasane, Enten und Wildgänse, Sittiche und Papageien.

Winzerfest 1935 in Reinach

Die Bürgergemeinde stiftete 1968 das benötigte Areal und 1969 fand die Einweihung statt. Getragen wird der Park von einem Verein mit über 1000 Mitgliedern, unterstützt von Gemeinde und Lotteriefonds. Um die Administration kümmert sich der Verein kmu Reinach.

Familiengartenareale gibt es in Reinach Nord mehrere. Das Areal hinter der Primarschule Reinacherhof gehört der Stadt Basel. Der Obst- und Gartenbauverein pachtet und betreut insgesamt vier Areale. Die beiden grösseren liegen beim Friedhof Fiechten und beim Erlenhof, zwei kleinere an der Stockmatt- und an der Kleestrasse. Dazu kommen die unzähligen privaten Gärten in den Wohnquartieren.

Der Stadtwald

Bei schönem Wetter herrscht Hochbetrieb im Restaurant Predigerhof. Es liegt im nördlichsten Gemeindezipfel und ist ein beliebtes Ziel für viele Spaziergänger aus der nahen Stadt. Kaum einer von ihnen ahnt, dass sich Städter und Dorfbewohner jahrhundertelang um den benachbarten Wald, das Predigerholz, stritten. Die Reinacher hatten das Waldstück 1514 an das Predigerkloster in Basel verkauft. Bis dahin trug es den Namen Rainenwald. Mit dem Erlös wurde es möglich, einen eigenen

Pfarrer zu entlöhnen. Reinach behielt sich dabei das Weidrecht für Klein- und Grossvieh vor. Die Prediger erhielten nur ein beschränktes Holznutzungsrecht.

Im Laufe der Zeit verwischten sich die Abmachungen und niemand wusste mehr, was rechtens war. Obwohl die Reinacher nicht befugt gewesen wären, entnahmen sie dem Wald ungefragt Bauholz. Umgekehrt stellte die Stadt den Bannwart. Infolge der Kantonstrennung fiel das baslerische Predigerholz 1834 an den neuen Kanton Basel-Landschaft. An einer öffentlichen Gant kauften es die Reinacher 1837 zurück. Die Kaufschuld tilgten sie innert drei Jahren durch Holzverkäufe. Später sank der Ertrag aus dem übernutzten Wald aber stark. Heute, als grüne Grenzzone zwischen Stadt und Land und als Hintergrund des Gartenrestaurants, ist das Predigerholz vor allem von symbolischem Wert.

Natur unter Schutz

Birskorrektion, Strassenbau, Siedlungswachstum, Intensivlandwirtschaft – der natürliche Lebensraum Reinachs steht unter einem immer stärkeren Nutzungsdruck. Die meisten Feuchtgebiete sind verschwunden, und mit ihnen auch speziell angepasste Tiere und Pflanzen. Noch immer verfügt Reinach aber über eine beeindruckende Artenvielfalt. Ein wachsendes Netz von Schutzgebieten wie Biotopen ermöglicht das Überleben von Flora und Fauna.

Die Natur wird im 21. Jahrhundert nicht mehr nur als landwirtschaftlicher Produktionsraum genutzt. Für eine weitflächige Siedlung wie Reinach erfüllen die bestehenden Grünflächen eine doppelte Funktion. Sie sind zugleich Lebensraum für Pflanzen und Tiere wie auch Naherholungsraum für Menschen. Damit diese beiden Bedürfnisse sich nicht konkurrenzieren, sind Kompromisse und Aufklärung nötig.

Die Reinacher Heide

Klein aber einmalig ist die Reinacher Heide, ein Naturschutzgebiet von nationaler Bedeutung. Sie liegt in der Auenebene, wo sich die Birs bis zu ihrer Begradigung im 19. Jahrhundert hin- und herschlängelte. Die Heide bildet ein Zentrum für Pflanzen und Tiere, die Wärme und Trockenheit lieben. Nirgendwo sonst in der Nordwestschweiz findet man auf so kleiner Fläche einen derart grossen Artenreichtum. Auf 39 Hektaren zwischen Schwimmbad und Arlesheimer Industrie leben knapp 700 Gefässpflanzenarten, ebensoviele Falter- und 19 Fischarten. Dazu kommen Dutzende Schnecken-, Käfer- und Ameisenarten.

Das Schutzgebiet umfasst vier unterschiedliche Räume: die Birs mit ihrem Auenwald, Pionierflächen mit Voll-/Halbtrockenrasen, Trockenbüsche und -wald sowie Feuchtgebüsch und -wald. Der Birsauenwald ist der einzige einigermassen gut ausgebildete Auenwald am Unterlauf der Birs. Er wird bei den jährlichen Hochwassern überflutet. Flussforellen, Ringelnatter, Graureiher, Eisvogel und Wasseramsel teilen sich den Wasserraum mit Libellen und Krebsen. Auf den angrenzenden trockenen Schotterflächen stehen Lavendelweiden, Orchideen, Schwarz- und Weissdorn und Stieleichen. Das Feuchtgebiet entlang der Terrassenböschung zählt viele Robinien, Wald- und Jungfernreben sowie Eichen und Hagebuchen.

Ohne Eingriffe würden die jetzt offen liegenden Rasenflächen innert zehn bis zwanzig Jahren vollständig zuwachsen. Der Artenreichtum der Reinacher Heide beruht aber auf dem Nebeneinander unterschiedlicher Bedingungen. Die Pionierflächen aus den 1990er-Jahren werden regelmässig gemäht. Die Waldzonen werden zum Teil unberührt belassen und zum Teil gezielt gelichtet. So erhalten seltene Tierarten den zum Überleben notwendigen Raum.

Der Auenwald am Birsufer wird bei Hochwassern regelmässig überflutet. Auf dem Foto ist eine Silberweide zu sehen. Weidenruten lieferten das Material für die Reinacher Korbmacher.

Der Campingp atz im Heidegebiet 1974, noch vor dem Bau der H18

Schaffung einer Schutzzone

Seit 1974 steht die Reinacher Heide unter kantonalem Naturschutz. Vorher wurde das Gebiet jahrhundertelang ganz anders genutzt: als Weide oder für die Kies- und Schottergewinnung. Nach dem Ersten Weltkrieg erstellte ein Hundesportverein einen Übungsplatz. Teile des Areals dienten als Ackerflächen, Kiesgruben dehnten sich aus, ein Reitplatz entstand und ein Campingplatz. Später kamen das Schwimmbad hinzu und die Kläranlage. Nach der Unterschutzstellung zogen 1976 zwar die Camper aus und sechs Jahre später auch der Hundesport. Seit 1982 beschneidet aber die Hochleistungsstrasse H18 den Westrand der Heide.

Mit dem Bevölkerungswachstum nahmen auch die Freizeitaktivitäten zu. Die Heide diente als wilder Picknick- und Sportplatz. 1970 war die Magervegetation auf einen kleinen Rest im Zentrum geschrumpft. Dass sie überhaupt solange überlebt hatte, verdankte sie dem 1921 gegründeten Wasserwerk. Es bezieht sein Wasser durch Pumpstationen aus dem Boden. Seit 1932 ist die Reinacher Heide deshalb Grundwasserschutzzone und seit 1935 gilt ein Düngeverbot. Nach der Unterschutzstellung 1974 reduzierte man die Nutzung in langjährigen Verhandlungen. Ein neues Wegnetz wurde erstellt, für Hunde galt Leinenzwang. Ein allgemeines Hundeverbot wurde 2001 in einer kantonalen Abstimmung durchgesetzt. Seit 2002 betreuen Naturschutzwarte die Heide. Sie informieren die Spaziergänger über Sehenswertes und sorgen für die Einhaltung der Schutzbestimmungen.

Vernetzte Reservate

Nicht nur Spaziergänger wandern, sondern auch Frösche, Insekten und Eidechsen. Dem trägt die Gemeinde Reinach mit mehreren Reservaten Rechnung. Mit dem Hohle Gasse-Biotop sind seit 1997 die Gebiete Bruderholz, Erlenhof und Fiechten vernetzt. Alle 500 bis 1000 Meter finden geschützte Tierarten nun Zuflucht. Die grösste Anlage liegt auf Therwiler Boden, beim Froloo-Wasserreservoir. Sie gehört dem Wasserwerk Reinach und Umgebung. 1982 wurden hier je zwei Weiher und Tümpel sowie eine Aufzuchtstation für Amphibien, Reptilien und Kleinsäuger eingerichtet. Die Aufzuchtstation wurde 2003 aufgelöst.

Schon länger bestehen die beiden Weiher im Buchloch, ebenfalls auf Therwiler Boden gelegen. 1967 aus privater Initiative heraus instand gestellt, stehen sie seit 1974 unter Naturschutz. Nördlich davon, am Rande des Predigerholzes, hat die Einwohnergemeinde 1997 das Hohle Gasse-Biotop einrichten lassen. Es bietet Laichplätze für mehrere Frosch- und Krötenarten, Molche,

Libellen und Käfer. Auf den Flächen rings um die Gewässer wächst so genannte Ackerbegleitflora. Das Biotop im Leigraben, neben dem ehemaligen Kleinkaliberschiessstand, besteht seit 1993. Weiter hinten, im Leiwald, liegt eine alte Sandsteingrube. In ihr hat sich ein kleiner Tümpel, ein idealer Laichplatz für Amphibien, gebildet. Die Grube steht seit 1973 unter kantonalem Naturschutz, da Sandsteinschichten nur noch an wenigen anderen Orten im Kanton so gut sichtbar sind wie hier.

Ungeahnte Vielfalt

Wieviele Tier- und Pflanzenarten leben in der Umgebung Reinachs, die Heidelandschaft nicht mitgerechnet? Genaue Zahlen dazu gibt es nicht. Doch es müssen tausende sein: Pilze, Flechten, Moose, Blütenpflanzen und Farne, wirbellose Tierarten und Wirbeltiere. Das ergab eine Zählung am ersten schweizerischen Tag der Artenvielfalt, dem 17. Juni 2000. Das Untersuchungsgebiet umfasste das Bruderholz und den Reinacher Rebberg.

Das Spektrum reicht bei den Pilzen vom Stadtchampignon über die kopfige Gallertträne bis zur Hexenbutter. Bei den Farnen und Samengewächsen fanden die Forschenden zum Beispiel Wurmfarne, Bärlauch, Schwanenblumen, Honiggras, weissen Gänsefuss und Schwedenklee. Es flatterten Schmetterlinge wie das Seideneulchen, der Faulbaumbläuling oder der braune Mönch umher. Und neben Grau-, Grün-, Bunt-, Mittel- und Kleinspecht wurde auch der Schwarzspecht gesichtet.

Bedrohte Vielfalt

So reichhaltig diese Artenliste dem Laien erscheint: Sie widerspiegelt auch einen Verlust. Der Feldhase zum Beispiel macht sich rar. Im Süden und Südosten Reinachs, rings um den Schlatthof, nimmt der Bestand seit den 1950er-Jahren ab. Eine Erholung ist seit 1995 zwar messbar. Doch noch bleibt die Anzahl weit unter der kritischen Dichte von mindestens zehn Tieren pro Quadratkilometer. Die Hasen sind vielfältigen Bedrohungen ausgesetzt: frei laufenden Hunden, intensiver Grasland- und Obstbaumnutzung.

An andere Tierarten erinnern nur noch Namen wie etwa der Storchennestweg beim Erlenhof. Bis in die 1930er-Jahre nisteten Storchenpaare mitten im Dorf auf Fabrikkaminen oder auf dem Dachfirst des Gasthofes Schlüssel. Doch mit der Eindolung der Bäche, der Entsumpfung der Felder und dem Einsatz von Pflanzengift wurden ihre Lebensgrundlagen weitgehend zerstört. Der Rückgang der Magerwiesen bedroht die Wulstige Kornschnecke, die im Baselbiet ausser in Reinach nur noch in Bubendorf vorkommt.

Die Verarmung der Landschaft im Reinacher Süden führte auch zum Verschwinden von Vogelarten wie Wachtel, Rebhuhn oder Neuntöter. Hier gibt die Förderung ökologischer Ausgleichsflächen durch den Kanton Gegensteuer. Neue Hecken und Magerwiesen bieten heute wieder Lebensraum für Pflanzen, Insekten und Vögel. Das Schwarzkehlchen ist zurückgekehrt und die Feldlerchenbestände haben sich stark vermehrt. Der geringere Einsatz von Unkrautvertilgungsmitteln hat auch die Wiederverbreitung so genannter Getreidebauflora wie des Mohns ermöglicht.

Rücksicht bitte

Über 18 000 Menschen leben zu Beginn des 21. Jahrhunderts in Reinach. Viele nutzen die Naturgebiete für Freizeit und Sport. Das führt im Wald zu grossen Belastungen. Wildruhezonen werden verletzt, Bodenbrüter aufgeschreckt. Die Krautschicht leidet unter Fusstritten und Mountainbikereifen. Rings um Feuerstellen ist der Boden kahl, das Totholz ist verfeuert.

Eine schonende Nutzung setzt Information und Verständnis voraus. In den Naturschutzgebieten Reinachs, in der Heide und bei den Reservaten, und an weiteren Stellen weisen Tafeln die Passanten auf geltende Regeln und auf Besonderheiten hin. Der Waldlehrpfad im Leiwald informiert in Form eines Rundgangs über vorkommende Baumarten. Fest eingerichtete Picknickplätze und signalisierte Wanderwege ermöglichen Freizeitvergnügen ohne Naturzerstörung. Mit den so genannten Robidogs, Hundekot-Sammelbehältern, soll die Verschmutzung von Futterwiesen und Spazierwegen verhindert werden.

Sauberes Wasser

Baden in der Birs ist nicht unbedingt empfehlenswert. Unterhalb der Kläranlage ARA Birs 1 im Norden Reinachs gleicht der Fluss zuweilen einem Abwasserkanal. Bereits die Einleitung von gereinigtem Abwasser aus der ARA Laufental/Lüsseltal in Zwingen erhöht den Stickstoff- und Kohlenstoffgehalt im Flusswasser deutlich. Abhilfe ist geplant: In Zukunft soll Schmutzwasser nur noch in der Birsfelder Anlage verarbeitet werden, von wo aus es gereinigt direkt in den Rhein fliesst. Die Abwasserreinigungsanlage ARA Birs 1 wird aufgehoben.

Bereits 1962 wurde Alarm geschlagen, da die Birs einer stinkenden Jauchegrube gleiche, wie es der Aescher Gemeinderat formulierte. Im Birstal waren seit dem 19. Jahrhundert Industrie und Bevölkerung enorm gewachsen. Die Selbstreinigungskraft der Birs genügte nicht mehr. Zunehmend gelangten Schadstoffe ins Grundwasser: 1962 überschritt die Anzahl Bakterien die Ge-

Beim Heidebrüggli befand sich früher ein beliebter Badeplatz. Das Foto von 1920 zeigt noch das inzwischen abgebrochene Stauwehr.

2006 wurde das Bett des Wüestenbachs kurz vor dem Doleneinlauf renaturiert und nach Osten verlegt. Das Foto zeigt den neuen Bachlauf.

sundheitsgrenze um mehr als das Tausendfache. Inzwischen ist das Ausmass der Verschmutzung etwas gesunken. Dazu trugen der Bau der Kläranlage ARA Birs 1 im Jahr 1965 und die Sanierung von Industrieanlagen bei.

Renaturierung

Stück für Stück gewinnt die Birs heute ihre ursprüngliche Gestalt zurück. Seit den 1980er-Jahren werden etappenweise Uferabschnitte renaturiert. Unter tatkräftiger Mithilfe von Fischervereinen erhält die Uferböschung eine neue Form. 1992 wurde die Verbauung aus Steinquadern unterhalb Dornachbrugg in die Birs gekippt. So entstanden verschiedene Strömungszonen. Im Winter 2005 gestaltete man den rechtsufrigen Abschnitt zwischen Reinacher Heide und Heiligholzbrücke neu. Das Flussbett folgt seither einer geschwungenen Linie. Eine aufgeschüttete Insel bietet Rückzugsmöglichkeiten.

Nach 2007 sollen weitere Teile des Reinacher Birsufers renaturiert werden. Davon profitieren nicht nur Uferbewohner, zum Beispiel der Eisvogel. Längerfristig wird auch Wanderfischen wie dem Lachs die Rückkehr in die Birs ermöglicht. Im Auenwald der Reinacher Heide könnte auch der Biber wieder heimisch werden, auf seinem Weg vom Rhein her birsaufwärts.

Trinkwasser unter Kontrolle

Die Quellen am Käppeli und in den Etzmatten würden nur für die Versorgung von rund 1500 Einwohnern ausreichen. Als im Sommer 1959 der Regen ausblieb, vermochte das Wasserwerk Reinach den Bedarf nicht mehr zu decken. Erst seit der Inbetriebnahme des Froloo-Reservoirs 1974 ist die Wasserversorgung gesichert. Heute werden vom Wasserwerk rund 51 000 Menschen versorgt.

Das Reinacher Trinkwasser stammt vorwiegend aus dem Grundwasser, teilweise auch aus dem Birswasser. Dieses wird in Aesch abgeleitet und versickert dort in der Anlage Kuhweid ins Grundwasser. Auf der zwei Kilometer langen Strecke zu den Pumpstationen in der Reinacher Heide werden im Schotteruntergrund organische Substanzen, Bakterien und Keime durch natürliche Prozesse abgebaut.

Der Regionale Entwässerungsplan Birs von 2002 setzte sich unter anderem zum Ziel, ausreichendes Grundwasser von guter Qualität zu sichern. Verschiedene Untersuchungen ergaben, dass das in das Grundwasser infiltrierende Birswasser keine Qualitätseinbussen verursacht.

Während Jahrhunderten lebten die Reinacherinnen und Reinacher in einem Bauerndorf. Die Besiedlungsspuren reichen weit zurück. Es begann mit dem Lagerplatz einiger Jäger. Allmählich entwickelte sich die Siedlung zum Bachzeilendorf. Trotz der günstigen Verkehrslage blieb das Dorf bis ins 20. Jahrhundert klein. Alles drehte sich um den Boden: Macht, Einkommen, Überleben. Nur dank der Trambahn verpasste Reinach den Anschluss an das aufkommende Industriezeitalter nicht ganz. Diese Geschichte hat sich tief in den Boden eingeschrieben. Die wichtigsten Erkenntnisse zu Reinachs Ursprüngen liefert die Archäologie.

Es ist paradox: Je mehr Reinach über- und umgebaut wird, je stärker die Siedlung ihr Gesicht verändert, desto mehr gibt sie gleichzeitig von ihrer Geschichte preis. Noch vor wenigen Jahrzehnten schlummerten die Informationen über Reinachs frühe Geschichte buchstäblich im Untergrund. Seit 1989 aber entwickelt sich die Gemeinde zum Archäologen-Mekka.

Es begann damit, dass einem Trampassagier ungewöhnliche Verfärbungen in einer Baugrube auffielen. Gleichzeitig meldete auch der lokale Gewährsmann der Kantonsarchäologie, bei der Baustelle Alte Brauerei seien Urnengräber aufgetaucht. Kurz darauf wurden bei Grossbaustellen im Dorfkern und im Norden der Gemeinde weitere Entdeckungen gemacht. Heute gehört Reinach zu den europaweit wichtigsten Fundstellen, wo sich die mittelalterliche Vergangenheit einer ländlichen Siedlung offenbart. So kann anhand der archäologischen Befunde die Siedlungsentwicklung Reinachs weit zurück verfolgt werden, am genauesten vom frühmittelalterlichen Dorf um 600 n. Chr. an.

Oft finden sich auf wenigen Quadratmetern Zeugnisse aus mehreren Epochen der Menschheitsgeschichte, von jungsteinzeitlichen Pfeilspitzen bis zu römischen Brandgräbern. Noch sind längst nicht alle archäologischen Funde ausgewertet und entschlüsselt. Eines aber belegen sie klar: Auf dem Gebiet Reinachs leben seit der Steinzeit durchgehend Menschen.

Erste Spuren

Die ältesten Zeugnisse menschlichen Lebens in Reinach datieren aus der Mittleren Steinzeit (9000–5500 v. Chr.). Es sind dreieckige Pfeileinsätze und Klingen aus Feuerstein. Scharfkantige Splitter am Fundort beweisen, dass diese Instrumente dort, an der heutigen Fleischbachstrasse, gefertigt worden sind. Wahrscheinlich befand sich an dieser Stelle ein Lagerplatz, der über längere Zeit benutzt wurde. Zu jener Zeit lebten die Menschen im Birstal noch vorwiegend als Jäger und Sammler. Ihre Rastplätze waren in frei liegendem Gebiet, gelegentlich auch in Höhlen oder unter überhängenden Felsen.

< Lange konnte man in Reinach noch Alltagsszenen beobachten, die an das frühere Bauerndorf erinnerten. Das Foto stammt von 1967.

So könnte im 6. Jahrtausend v. Chr. eine Siedlung südlich Reinachs ausgesehen haben. Die Rodungsfläche war mit Langhäusern bebaut, in der Umgebung wurden Getreidefelder angelegt.

Fundort Mausacker: ein regelrechter Scherbenteppich mit bis zu zwölf Lagen, aus der älteren Eisenzeit (800–600 v. Chr.). Denkbar ist, dass hier Häuser – gewaltsam oder durch ein Naturereignis – zerstört wurden.

Gegen Ende der Mittleren Steinzeit begann die Nutzung von Kulturpflanzen, die Menschen wurden sesshafter. Es ist durchaus denkbar, dass damals auch im Gebiet von Reinach Siedlungen mit Langhäusern entstanden. Entsprechende eindeutige Spuren sind bisher allerdings nicht nachgewiesen. Fundstellen aus der Jungsteinzeit liegen über ganz Reinach verstreut. An der Fleischbachstrasse wurden Silexwerkzeuge aus der Zeit um 4000 v. Chr. gefunden, neben Teilen einer Lochaxt aus geschliffenem Felsgestein, durchbohrten Röhrenperlen aus Kalk und Werkgruben. Aus der jüngeren Epoche der so genannten Horgener Kultur (3200–2800 v. Chr.) stammen Pfostengruben am Langrüttiweg. Sie verraten, dass hier ein Holzhaus gestanden haben muss. Am selben Fundort lagen auch Scherben von groben, zylindrischen Töpfen, wie sie für diese Kultur charakteristisch sind.

Weitere, schon länger bekannte Fundstellen befinden sich auf dem Bruderholzplateau. Es könnte sich um Freilandstationen handeln, in offenem Gelände liegende Aufenthaltsorte, die nur kurz oder temporär bewohnt waren. Das lässt sich aus den verhältnismässig spärlichen Funden schliessen. Dazu gehören für diese Zeit typische Objekte wie Klingenkratzer, Messer, Pfeilspitzen, Steinbeile und Feuersteinbohrer. Im Bereich des heutigen Dorfkerns und der Birsigtalstrasse wurden ebenfalls Funde gemacht, zum Beispiel stammt ein so genannter Schuhleistenkeil aus der frühen Jungsteinzeit. Diese steinerne Beilklinge brachten die Grabungen im Stadthofareal 1998 zu Tage.

Wandel in der Bronzezeit

Auch in den Folgeepochen, in der Bronze- und in der Eisenzeit (2200 v. Chr. bis Christi Geburt), war das Gebiet um Reinach besiedelt. Hinweise darauf geben einzelne Keramikfunde aus der Frühbronzezeit. Besonders aussagekräftig sind die Urnengräber bei der Alten Brauerei, die 1989 entdeckt wurden. Sie stammen aus der Zeit um 1250 v. Chr. Eine grosse Urne enthielt die Überreste zweier Kinder im Alter von zwölf und acht Jahren, nachweisbar Geschwister. Im Grab daneben war ein fünfjähriges Kind bestattet worden. Offenbar lagen hier drei Kinder einer Familie, die wohl an einer Infektionskrankheit gestorben waren. Reiche Grabbeigaben wie bronzene Schmucknadeln, Armringe und vier Bernsteinperlen legen nahe, dass die Familie wohlhabend war.

Solche Gräber verweisen auf den Wandel, den der neue Werkstoff Metall mit sich brachte: Handel mit Rohstoffen und gesellschaftlicher Aufstieg bestimmter Gruppen. Fachleute, die sich auf die Metallverarbeitung verstanden, und Handelsleute bildeten eine wohlhabende Bevölkerungsschicht. Von ihnen stammen wohl auch die gefundenen Reste – die ärmere Bevölkerung hinterliess kaum Spuren ihrer Behausungen oder Bestattungen.

Weitere Grab- und Siedlungsspuren brachte der Bau des neuen Gemeindehauses 2000/2001 ans Tageslicht. Zum Beispiel mehrere rechteckige Gruben mit brandgeröteten Wänden, ausgelegt mit grossen Steinen. Dabei dürfte es sich um Gargruben handeln, in denen bei grossen Festen auf den erhitzten Steinen Speisen zubereitet wurden. Beim Rankhof sind Reste von Gräbern zum Vorschein gekommen. Aus dem 12. Jahrhundert v. Chr. stammen die Abfallgruben an der Brunngasse, während im Mausacker-Quartier zahlreiche Einzelfunde aus dem 12. bis 9. Jahrhundert v. Chr. gemacht wurden.

Spärlicher dokumentiert ist die Epoche der älteren Eisenzeit – dafür spektakulär: mit einem regelrechten Scherbenteppich, einer Unmenge von Keramikresten. Sie wurden an Ort und Stelle zerbrochen. Wahrscheinlich standen hier im Mausacker zwischen 800 und 600 v. Chr. Hütten, die mitsamt ihrem Hausrat durch ein plötzliches Ereignis zerstört wurden. Aus der Zeit um 600 v. Chr. datiert eine bronzene, verzierte Armspange mit Kugelenden. Gefunden wurde sie an der Steinrebenstrasse. Solche Schmuckformen sind im südlichen Oberrheingebiet beheimatet.

Zeit der Kelten

Von den Kelten oder Galliern sind vergleichsweise wenig Überreste vorhanden. Grabungen im Mausacker ergaben 2004/2005 gut erhaltene Hausgrundrisse einer Keltensiedlung aus den Jahrzehnten vor Christi Geburt. Die Rauriker oder Rauracher lebten in der Region Basel in den letzten Jahrhunderten v. Chr. Nach ihnen wurde die Colonia Raurica bei Augst benannt. Eine bedeutende keltische Siedlung befand sich im 2. und 1. Jahrhundert v. Chr. in Basel bei der ehemaligen Gasfabrik und anschliessend auf dem Münsterhügel. Bei der Gasfabrik konnte auch ein Friedhof mit über 100 Bestattungen nachgewiesen werden.

Die Siedlungsgeschichte der vorchristlichen Jahrhunderte zeigt, dass das Birstal seit der Bronzezeit immer bewohnt war, wenn auch wohl unterschiedlich dicht. Vermutlich handelte es sich dabei vorwiegend um Talsiedlungen in der Nähe von fruchtbaren Fluss- und Bachniederungen. Später kamen erste grössere, stadtähnliche Niederlassungen wie in Basel oder Sissach hinzu. Aus Reinach sind neben der Keltensiedlung im Mausacker noch verschiedene Grabfunde bekannt. Beim Bau des Egertenschulhauses 1957 wurden drei Gräber entdeckt, zwei davon Frauengräber, mit Beigaben wie eine Armspange, Ringe und Bronzefibeln. Auch ein Fund im Norden Reinachs zeugt davon, dass sehr wohlhabende Menschen hier lebten. Es handelt sich um einen massiven Ring für das Joch eines Pferdewagens, ein regelrechtes Prunkstück. Zahlreiche Amphorenreste verraten, dass Wein aus dem Gebiet des heutigen Italien importiert worden war.

Römische Villen

Mit Caesar und dem Gallischen Krieg begann für die Region Basel eine neue Zeit. Um etwa 15 v. Chr. wurde die befestigte Siedlung Colonia Raurica, heute unter dem Namen Römerstadt Augusta Raurica bekannt, aufgebaut. Die Römer betraten kein Niemandsland: Verstreut über das Land lagen kleine vorrömische Siedlungen, zum Teil nur einzelne Gehöfte. Aus solchen Keltensiedlungen, wie man eine auch im Reinacher Mausacker-Quartier nachwies, entstanden später römische Gutshöfe.

Im Birstal existierten verschiedene dieser Gutshöfe oder Villen: in Arlesheim, Dornach und Aesch etwa. Die Villa bildete im Hinterland von Augusta Raurica eine Grundeinheit der gesellschaftlichen und wirtschaftlichen Organisation. Sie bestand aus einem Gehöft mit dazugehörigem Boden und beruhte auf Landwirtschaft. Was aber aus dem Bauernbetrieb erst eigentlich eine Villa machte, war der gehobene Lebensstandard und der Export des Produktionsüberschusses auf den Markt einer nahen Stadt.

In Reinach lagen wahrscheinlich gleich zwei derartige Gutshöfe, im Gebiet zwischen Ortskern und Brühl sowie im Norden der Gemeinde. Das legen verschiedene Grab- und Einzelfunde nahe. Mauerwerk kam bisher allerdings nur bei der Überbauung Reinacherhof zum Vorschein. Alle anderen Gebäudereste scheinen während der folgenden, jahrhundertelangen landwirtschaftlichen Nutzung des Bodens zerstört worden zu sein. Spektakulär sind die Funde am Mausackerweg. Sie stammen aus der Zeit zwischen 70 und 150 n. Chr. Als Urnen wurden hier nicht die üblichen Keramikgefässe gewählt, sondern kostbare Glasgefässe. Nachweisen liessen sich auch Nahrungsreste von Walnuss, Weintrauben, Schweine- und Hühnerfleisch. Gutshof und Bestattungsplatz liegen an einer wichtigen Römerstrasse, die von Basel her dem westlichen Talrand entlang das Birstal hoch führte. Die günstige Verkehrslage und gutes Wirtschaftsland dürften den Wohlstand der Gutsbesitzer begründet haben.

Die Neugründung

Als im Winter 401/402 n. Chr. die römischen Truppen vom Hochrhein abzogen, hinterliessen sie eine schutzloser gewordene Gesellschaft. Während der folgenden Jahrhunderte lebte die bisherige gallorömische Bevölkerung weiter hier,

Solche Glasurnen, wie sie 1998 in Reinach Nord gefunden wurden, waren seltene Luxusgefässe. Sie stammen aus dem 1./2. Jahrhundert n. Chr. Die kostbaren Gläser lagen in genagelten Holzkisten oder waren durch massgefertigte Gruben geschützt, so dass sie nahezu vollständig erhalten blieben.

erst ab dem 6. Jahrhundert sind Einfluss und Einwanderung neuer Stämme wie der Franken und Alamannen belegt. Reinach war in dieser Zeit wahrscheinlich weniger dicht besiedelt, aber auch nicht völlig verlassen. Darauf verweisen die spärlichen spätrömischen Funde, die zum Teil aus dem beginnenden 5. Jahrhundert stammen. Und der Ortsname selbst: Rinachum, wie die lateinische Form im Mittelalter lautete, leitet sich wahrscheinlich von fundus Riniusacum ab. Das heisst soviel wie Gut oder Gutshof des Rinius oder Renius.

Aus der Zeit nach dem 6. Jahrhundert hingegen sind viele Bodenfunde ausgegraben worden. Spätestens nach den Ausgrabungen beim neuen Gemeindehaus 2000/2001 lässt sich ein relativ klares Bild vom frühmittelalterlichen Reinach zeichnen. Die Siedlung entstand nach 550 n. Chr. sozusagen neu. Aber nicht einfach auf der grünen Wiese, sondern vermutlich auf dem Wirtschaftsareal der ehemaligen römischen Villa beim heutigen Dorfkern.

Der Aufschwung geht zu einem guten Teil auf fränkische Einwanderer zurück, die aus dem südlichen Elsass kamen. Darauf verweisen die gefundenen Keramikreste. Sie bestehen für diese Zeit aus altrömischen Scherben und rauhwandiger Ware. Ungewöhnlich sind daneben die beträchtlichen Mengen von Gefässresten, die gemäss Materialanalyse im Umkreis des elsässischen Münstertales hergestellt worden sind. Das von dort mitgebrachte Geschirr wurde am neuen Ort aber rasch zugunsten lokaler Ware aufgegeben, wie Funde aus folgenden Epochen zeigen.

Gruben und Gräber

Von den früh- und hochmittelalterlichen Gebäuden in Reinach sind praktisch nur Gruben und Pfostenlöcher erhalten geblieben. Die Gruben waren einst so genannte Grubenhäuser: kleine, halb in den Boden vertiefte Nebengebäude, die als Web- und Vorratskeller dienten. Ihre Fläche betrug ungefähr 2,5 auf 3 Meter. Von den ebenerdigen Hauptgebäuden sind nur noch wenige vollständige Grundrisse vorhanden. Da der ehemalige Bodenhorizont im Verlauf der Jahrhunderte abgetragen wurde, fehlen auch Kleinfunde, Herdstellen oder sonstige Reste von Inneneinrichtungen.

Auskunft über die damaligen Bewohner Reinachs geben hingegen verschiedene Grabfunde. Beim Rankhof befand sich ein Gräberfeld aus dem späten 6. bis 7. Jahrhundert n. Chr. Es dürfte weit mehr als die 20 erhaltenen Gräber umfasst haben. Die meisten Bestattungen erfolgten mit Beigaben. Bei Menschen aus einfacheren Verhältnissen waren dies zum Beispiel bronzene Münzen und ein beinerner Kamm. Ein anderes Grab wies eine vollständige kriegerische Ausstattung mit Waffen, Schild und Wehrgehänge auf. Ein aussergewöhnlich reiches Frauengrab barg verschiedene Schmuckstücke und metallene Trachtteile sowie die Schale einer Tigerschnecke, ein Fruchtbarkeitsamulett. Die Bestattungssitten gleichen jenen fränkischer Gräber, wie man sie in Basel am Bernerring fand.

Ein Töpferdorf

Grab- wie Keramikfunde belegen die Annahme, dass die Wiederbesiedlung Reinachs vom 6. Jahrhundert an mit der Ausbreitung fränkischer Siedler vom Oberrheingebiet zusammenhing. Ein Hinweis darauf ist auch die Veränderung der Keramikproduktion im 7. Jahrhundert. Zahlreiche Funde aus dem Hinterland von Basel zeigen, dass sich damals die Produktion zu zentralisieren begann. Die traditionelle Keramik verschwand innert weniger Jahrzehnte, neu dominierte in Reinach wie in Oberwil und Therwil eine sandige Drehscheibenware.

Ähnliche Entwicklungen sind aus anderen Regionen bekannt. Dahinter stand wahrscheinlich der Einfluss der neu aufkommenden Grundherrschaft. Für die Herstellung einer einheitlichen Ware bedurfte es spezialisierter Töpfer. Sie produzierten längst nicht mehr nur für den Eigenbedarf. Produkte aus der Töpfereiregion rings um Reinach fanden ihren Weg nach Südbaden, in die Ajoie und ins Fricktal. Bisher sind 13 solcher Töpferöfen aus dem 7./8. Jahrhundert bekannt, vier davon standen in Reinach. Gefunden wurden sie an der Hauptstrasse, bei der Alten Brauerei und beim Gemeindehaus.

Bei Bach und Strasse

1665 wurde das Dorf Reinach erstmals auf einem Plan abgebildet. Über seine frühere Gestalt lassen sich nur Vermutungen anstellen. Sie stützen sich auf archäologische Befunde, vom späten Mittelalter an auch auf schriftliche und baugeschichtliche Belege. Wie die Grabungen der letzten Jahre zeigen, war das frühmittelalterliche Reinach erstaunlich gross. Es könnte sich rings um den heutigen Dorfkern auf einer Fläche von sechs bis sieben Hektaren ausgebreitet haben. Wahrscheinlich dehnte es sich der römerzeitlichen Birstalstrasse entlang in nord-südlicher Richtung aus. Im Hochmittelalter verlagerte sich der Schwerpunkt nach Süden in Richtung des heutigen Stadthofs, das Dorf dürfte auch kleiner geworden sein.

Für den Standort waren sicher auch topographische Faktoren ausschlaggebend. Reinach entstand nicht zufällig am Unterlauf des Dorfbaches, der damals östlich der Hauptstrasse im Schotteruntergrund versickerte. Im Westen ragte der Abhang des Bruderholzplateaus empor, im Südwesten und Osten

1980 stiessen Bauarbeiter an der Austrasse beim Rankhof auf ein Steinplattengrab aus dem 6./7. Jahrhundert n. Chr.

Das frühmittelalterliche Reinach, wie es im 7./8. Jahrhundert n. Chr. vielleicht aussah: eine Ansammlung von Gehöften mit Wohnhaus, Nebengebäuden und Sodbrunnen.

befanden sich die versumpften und überschwemmten Gebiete des Erlenhofs und der Birsaue. Nördlich der Dorfkirche floss der Bach durch eine flache Senke, was ihm für eine kurze Strecke einen relativ geradlinigen Lauf verlieh. Hier bot sich ein Siedlungsplatz an, der nahe am Wasser und doch auf verhältnismässig stabilem Grund und Boden lag.

Neben der Kirche

Das hoch- und spätmittelalterliche Reinach glich einem Bachzeilendorf, das sich lange vor allem in südlicher Richtung entwickelte. Westlich, also bachaufwärts, verhinderte die Überschwemmungsgefahr eine Ausbreitung, und in nördlicher und östlicher Richtung wurde das Bachwasser immer knapper. Einen ersten Hinweis auf Wachstum bildet die 1322 erbaute Kapelle. Sie stand auf einer schwachen Anhöhe, dort wo heute die St. Nikolaus-Kirche steht. Dass Reinach 1511 zu einer eigenen Pfarrei kam, darf ebenfalls als Wachstumsfolge interpretiert werden.

Um die Mitte des 18. Jahrhunderts wurde der Dorfbach im Bereich des Brühl kanalisiert, nach Süden verschoben und rechtwinklig in die Hauptstrasse eingeleitet. In der Folge wurde dieses Gebiet westlich der Hauptstrasse besiedelt. Vom alten Dorfkern im Unterdorf aus erweiterte sich Reinach nach Westen, Süden und Osten. Damit trat auch die Kirchgasse ihre bisherige Bedeutung als zentrale Verkehrsader an die Hauptstrasse ab.

Über die Grösse des Dorfes gibt es erst aus dem Jahr 1581 genauere Anhaltspunkte. Damals zählte Reinach 45 Häuser, was etwa einer Wohnbevölkerung von 200 bis 250 Personen entsprechen mag. Das bebaute Gebiet erstreckte sich mindestens bis zur Ettingerstrasse 7. Dort steht heute das älteste erhaltene Haus. Dieses Taunerhaus wurde wahrscheinlich 1510 erbaut und um 1700 erweitert. Östlich davon, an der Hauptstrasse, befindet sich der Gasthof Schlüssel aus dem Jahr 1562. Bis im 18. Jahrhundert erweiterte sich dieses Siedlungsgebiet nur unwesentlich, wie ein Plan von 1761 zeigt.

Heiliger Abfall

Im 9. Jahrhundert v. Chr. müssen die Menschen im Gebiet von Reinach bewegte Zeiten erlebt haben. Davon zeugt eine Abfallgrube am Langrüttiweg. Eine archäologische Grabung ergab 1993, dass die Wände mit Lehm ausgestrichen und gebrannt worden waren. Darin lagen Keramikgefässe, zerbrochen, aber sorgfältig am Grubenboden deponiert. Es sind höchstwahrscheinlich Gefässe, die für religiöse Zwecke verwendet wurden: ein Objekt in Form eines Firstziegels und ein Gefäss, das aus drei mit Röhren verbundenen Töpfchen besteht.

Der Dorfkern im Jahr 1761

1 Kirchgasse
2 Therwilerstrasse
3 Brunngasse
4 Rebgasse
5 Ziegelgasse
6 Ettingerstrasse
7 Brühlgasse

† Kirche
P Pfarrhaus
S Schulhaus
B Bischöfliche Schaffnei
K Kornschütte (Getreidemagazin)
Sa Salzmagazin
T Trotte
W Wachhäuschen
GS Gasthaus Schlüssel
G Gasthaus Ochsen
D Dorfbrunnen
SW Wohnhaus des Schaffners nach ca. 1770 (Kury-Haus)

Ziergarten
Haus mit Walmdach
Dorfetter
Dorfbach
Strassennetz

Kultische Gefässe wurden schon früher nach Gebrauch zertrümmert. Das beweisen Brandopferfelder in anderen Regionen. Auch die Reinacher Funde waren nicht einfach weggeworfen, sondern bewusst entsorgt worden. In dieser Epoche, der so genannten Urnenfelderzeit, tauchen plötzlich gehäuft spezielle Sakralgeräte auf. Das liegt vermutlich am sozialen Umbruch. Die Bevölkerung wuchs seit dem 12. Jahrhundert v. Chr., innerhalb der Gesellschaft nahmen Hierarchie und Organisation zu. Das Statusdenken fand seinen Ausdruck zum Beispiel in den reichen metallenen Grabbeigaben. Zudem sind starke kulturelle Einflüsse aus dem Donauraum feststellbar, gerade auch bei Sakralriten und -geräten.

Religion, so lässt sich vermuten, wurde in dieser Zeit auch zum symbolischen Kapital. Der heilige Abfall vom Langrüttiweg zeugt davon, wie Menschen damals intensiv in Religion investierten.

Auf der Postkarte von ca. 1900 ist gut zu erkennen, wie der Dorfkern noch klare Konturen hat. Fast alle Häuser stehen innerhalb des Dorfetters, des ehemaligen Grenzzauns zwischen Wohn- und Ackerland.

Leben vom Boden

Munimatte, Eichacker, Chirsibäum, In den Weiden und Steinreben: So lauten nur einige der vielen ursprünglichen Bezeichnungen für Reinacher Grundstücke. Heute sind sie zu Strassennamen geworden oder überleben noch in Dokumentationen und Erinnerungen. Für Interessierte sind die alten Flurnamen wie ein offenes Geschichtsbuch. Denn sie verraten, wie man früher den Grund und Boden nutzte. Auf der Munimatte zum Beispiel weidete der Zuchtstier des Dorfes. Und in den Weiden am Birsufer wuchsen eben die Weiden, begehrter Rohstoff für die Korbmacher.

Noch in der ersten Hälfte des 20. Jahrhunderts war Reinach ein Bauerndorf. Natürlich gab es schon Telefon, Automobile, kleine Industrien und Direktorenvillen. Doch noch wurde der meiste Boden rings ums Dorf für Land-, Forst- und Rebwirtschaft genutzt. Wie stark sich die Produktionsbedingungen verändert hatten, zeigt ein Vergleich mit früheren Jahrhunderten. Damals gehörte ein beträchtlicher Teil des Bodens, die so genannte Allmend, der Allgemeinheit. Der Rest musste nach gemeinsamer Absprache bewirtschaftet werden.

Organisierte Nutzung

Wer nur die heutige Intensivlandwirtschaft kennt, kann sich kaum vorstellen, wie die Kulturlandschaft vor über 200 Jahren aussah. Im Zentrum stand das

Dorf mit den Häusern. Unmittelbar daran anschliessend lagen die Baum- und Krautgärten. Diese Privatgrundstücke dienten zum Anbau von Gemüse und Obst und spielten eine wichtige Rolle für den Familienhaushalt. Rings um die Gärten schloss der so genannte Etter die Siedlung ab: Das konnte ein Holzzaun sein, oft bestand er aus einem Lebhag. Der Etter markierte auch den Rechtsbereich der Dorfgemeinschaft.

Auf dem Land ausserhalb des Etters wurde vor allem Getreidewirtschaft betrieben. Hier lagen die Äcker, daneben Weiden und Matten für das Vieh. Der Wald, wo Holz geschlagen wurde und ebenfalls Vieh weidete, befand sich am Rand des Gemeindebanns. Beim Ackerbau dominierte seit dem Mittelalter die Dreizelgenwirtschaft: Sämtlicher Ackerboden auf Gemeindebann war in drei ungefähr gleich grosse, meist zusammenhängende Flächen oder Zelgen eingeteilt. Diese wurden im dreijährigen Rhythmus wechselnd bebaut. Pflanzte man zum Beispiel im Herbst Dinkel auf einer Zelge, so diente sie im Folgesommer nach der Ernte als Weide. Darauf folgte Haferanbau, wiederum Weidenutzung im Herbst und im letzten Jahr lag die Zelge brach, ruhte also.

Frühe Reformen

Die nebenstehende Karte zeigt, wie die Zelgen auf Reinacher Gebiet im 18. Jahrhundert ungefähr verteilt waren. Jede Zelge bestand aus vielen schmalen Parzellen, die unterschiedlichen Besitzern gehörten. Feldwege gab es wenige. Damit die Felder nicht zertrampelt wurden, mussten die Arbeiten miteinander abgesprochen werden. Auch galt es, bebaute und beweidete Zelgen voneinander abzugrenzen. Ein ganzes Netz von Hecken und Zäunen durchzog so die Landschaft. Daran erinnern Flur- und Strassennamen wie Langer Hag oder Habshag.

Nicht sichtbar sind auf der Karte die so genannten Einschläge. Dies waren Parzellen, die aus den Zelgen ausgegliedert und nach Belieben bepflanzt wurden. Zum Wandel der Kulturlandschaft trug auch die Reform der Landwirtschaft bei. Im 18. Jahrhundert wuchs die Bevölkerung stark und entsprechend musste der Ertrag steigen. Schon früher begannen die Reinacher damit, ihre Matten zu wässern: im Pfeiffengarten westlich des Dorfes sowie in den Boden-, Au- und Baselmatten im Norden. Vermehrt wurde auf Viehhaltung im Stall umgestellt, was wiederum den Anbau von Futterklee bedingte. Die Einführung der Kartoffel nach 1750 verbesserte die Nahrungsversorgung ebenfalls. 1820 wurde die gesetzliche Pflicht zur Dreizelgenwirtschaft aufgehoben.

Die Wirtschaftsareale im 18. Jahrhundert
Reben
Matten (sumpfige oder bewässerte Wiesen)
Allmend: Wald
Allmend: Weide
Ackerland
Dorfetter
Gemeinsame Allmend von Reinach und Münchenstein
Art der Nutzung unbekannt
1 Dorf mit Gärten
2 Niedere Zelg
3 Mittlere Zelg
4 Obere Zelg
Bäche
2
2
3
3
1
3
4
4

Boden als Kapital

Im alten Reinach war Grundbesitz der entscheidende Faktor. Viele Bauern trieben im Nebenerwerb noch ein Handwerk. Doch die Bodenerträge füllten nicht nur den Magen der Bauern. Auf ihnen baute auch ein ganzes System von Abgaben und Steuern auf. Die wenigsten Reinacher nannten den Boden, den sie bebauten, ihr Eigen. Sie nutzten ihn als Erblehen und mussten dafür dem Eigentümer jährlich zu Martini, am 11. November, Bodenzinsen entrichten. Eigentümer waren oft Klöster, die zusammen Hunderte von Grundstücken und Dutzende von Häusern in Reinach besassen. Dazu gehörten zum Beispiel das Kloster Beinwil, das Basler Spital oder die Kleinbasler Kartäuser. Nach der Reformation fielen die städtischen Klosterrechte an die weltliche Obrigkeit. Diese führte sie oft unter dem alten Klosternamen weiter. Als grösste weltliche Besitzer von Reinacher Boden traten die von Blarer in Aesch sowie die Wilde, Iselin und Wettstein aus Basel auf.

Neben den Bodenzinsen bezogen vor allem kirchliche Institutionen den Zehnten, eine Abgabe auf dem landwirtschaftlichen Jahresertrag. Fürstbischof und Domkapitel waren die wichtigsten Empfänger, gefolgt von Pfarrherren und städtischen Institutionen. Auch die indirekten Steuern beruhten auf der Landwirtschaft: etwa das Ohm- oder Umgeld, eine Weinverkaufssteuer, und die 1659 neu eingeführte Akzise, eine Lebensmittelsteuer. Daneben gab es im fürstbischöflichen Reinach auch direkte und regelmässige Geldsteuern. Erst die Französische Revolution brachte 1792 die Abschaffung der Zehnten. Die Bodenzinsen konnten mit einem einmaligen Loskauf beglichen werden. An die Stelle dieser Abgaben trat im 19. Jahrhundert dann die staatliche Grundsteuer.

Der Boden in Reinach war vermutlich wie in anderen Gemeinden höchst ungleich verteilt. Die grosse Mehrheit der Menschen besass wenig Land, einzelne Grundbesitzer verfügten über grosse Flächen. Weil nur Bauern einen genügend grossen Hof hatten, um sich und ihre Familie zu ernähren, mussten Kleinstbauern oder so genannte Tauner zusätzlich Taglöhnerarbeit verrichten. Sie besassen auch eingeschränkte Weiderechte. Einen grossen Teil ihres Taglohnes bezogen die Tauner von den Bauern in Form von Nahrungsmitteln.

Weniger Vieh, weniger Bauern

In den letzten 200 Jahren beschleunigten sich die Veränderungen in der Landwirtschaft zusehends. Der erste Schub kam mit der Aufhebung der Dreizelgenwirtschaft 1820. Jetzt durfte jeder Bauer pflanzen, was und wann er wollte. Grosse Schwierigkeiten gab es, weil viele Parzellen nicht an Wege grenzten.

Die Reinacher mussten deshalb grösstenteils in Fronarbeit, also unentgeltlich, die nötigen Feldwege erstellen. 1841 wurde dann der allgemeine Weidgang aufgehoben. Bis dahin waren im Winter sämtliche, auch private, Grundstücke zur Beweidung frei gegeben gewesen. Nun durften die Bauern ihr Vieh nur noch auf eigenem Land oder auf der Allmend laufen lassen.

Viehhaltung und Graswirtschaft verdrängten im 19. Jahrhundert den Ackerbau immer mehr. Die Viehzählung 1851 ergab einen Bestand von 211 Rindern und Kühen, fast ebenso vielen Schafen (202), 77 Schweinen, 42 Ziegen und 27 Pferden. Die Ziegen gehörten vermutlich meist zu Kleinhöfen, deren Eigentümer einem anderen Haupterwerb nachgingen. Die hohe Anzahl Schafe belegt, dass grosse Teile des Allmendlands, darunter die Reinacher Heide, als Schafweide genutzt wurden.

Im 20. Jahrhundert blieb der Viehbestand lange hoch. Auch die Ackerflächen nahmen vorerst nicht ab. Die Milchproduktion hingegen sank seit 1939, trotz erhöhter Produktivität. Und auch die Wiesenflächen sind seither im Schrumpfen begriffen. Massiv gestiegen ist seit 1851 die Zahl der Schweine und Hühner, eine Folge der zunehmenden Mast-Grossbetriebe.

Milchfabrik und Grossgärtnerei

Die Modernisierung der Landwirtschaft veränderte das Gesicht der Landschaft nachhaltig. Die kleinräumige Struktur der Dreizelgenwirtschaft machte im 19. und 20. Jahrhundert breitflächigen und intensiv genutzten Feldern Platz. Feuchte Gebiete wurden entwässert und in mehreren Schritten wurden die verstreuten und zerstückelten Parzellen neu verteilt. Diese so genannten Flurbereinigungen fanden 1904–1911 im Erlenhof- und Brühlgebiet, 1921–1928 zwischen Rebberg–Aumatt–Surbaum, 1936–1940 im Kägen und 1950–1953 auf dem Bruderholz statt.

Zeugen dieses Wandels sind die Bauernhöfe Reinachs. Die meisten sind heute nur noch als Flurnamen vorhanden. Aus der Zeit vor 1800 stammt nachweisbar nur der Schlatthof, der genau jenseits der Gemeindegrenze auf Aescher Boden liegt. Im Modernisierungsaufschwung entstanden dann ausserhalb des Dorfkerns der Neuhof (1851 erbaut), Bannhof (1855), Reinacherhof (1856), Sternenhof (1881), Weidenhof (1896), Landhof (1903), Predigerhof (1906) und Erlenhof (1908).

Bezeichnenderweise existiert mit dem Neuhof heute noch ein Bauernhof, welcher bereits früh zum modernen Grossbetrieb umfunktioniert worden war. Der Besitzer des Neuhofs erwarb um die Wende vom 19. zum 20. Jahrhundert grosse Areale und erstellte neue Ökonomiegebäude. Die Molkerei lieferte eigene Milchflaschen bis nach Basel. Der Nachfolger zog dann nach 1914 im Neuhof eine Grossmetzgerei mit Viehhandel auf. Der Weidenhof wurde 1945 abgerissen, da die Heide zur Grundwasserschutzzone erklärt worden war. Der Sternenhof musste seinen Betrieb 1982 infolge des Baus der H 18 aufgeben.

Auch die Statistik zeigt klar einen Wandel vom Klein- zum Grossbetrieb. Die Zahl der landwirtschaftlichen Betriebe nahm stark ab: von 110 im Jahr 1929 auf gerade noch vier im 21. Jahrhundert. Bestanden aber 1929 noch 90 Prozent aller Betriebe aus kleinen und mittleren Höfen mit bis zu zehn Hektaren, so kehrte sich dieses Verhältnis in der Folge praktisch um. Die verbliebene Landwirtschaft in Reinach ist heute eine Angelegenheit von Grossbetrieben.

Ende der Rebwirtschaft

Bis ins 19. Jahrhundert war Reinach auch ein bedeutendes Weinbaudorf. Rebbau ist seit dem Jahr 1290 belegt. Der gesamte Rebberg war bepflanzt, daneben zwei kleine Landstücke am Hinterlindenweg und im Rebgarten. Im 18. Jahrhundert kamen Parzellen im Gebiet des Kägen dazu. Damals betrug der Jahresertrag in Reinach bis zu 200' 000 Liter Rot- und Weisswein. Er musste zum grossen Teil an die Grundeigentümer – Klöster, Fürstbischof und Domkapitel – abgeliefert werden. Der gekelterte Landwein diente als Alltagsgetränk, oft mit Wasser und Zucker vermischt. In den Tavernen und Gasthöfen wurde importierter Wein aus dem Elsass oder dem Badischen ausgeschenkt.

Reich wurden die Reinacher mit der Rebwirtschaft nicht. Rebbauer war man im Nebenerwerb. Gegen 1900 geriet der Weinbau zudem in eine tiefe Krise. Der Boden war ausgelaugt, die Reblaus befiel die Kulturen grossflächig und billiger Importwein drückte auf den Absatz. Viele Rebstöcke wurden ausgerissen. Erst in den 1920er-Jahren wagte man einen Neuanfang mit anderen Rebsorten. 1927 wurde der Weinbauverein Reinach gegründet. Rekordernten 1934/1935 und das Baselbieter Winzerfest 1935 markierten einen Höhepunkt. Die Rebenfläche nahm bis 1945 jährlich zu, erreichte aber nie mehr das frühere Ausmass. Infolge mangelnder Rentabilität, Frost und Überbauung des Rebbergs verschwanden die Trauben dann.

Drehscheibe im Birseck

Reinach besass ähnlich wie Arlesheim zentrale Funktionen im Birseck. Seit 1585 bildete die Gemeindegrenze mit Münchenstein zugleich die Nordgrenze des Fürstbistums mit Basel. Dadurch wurde Reinach zur wichtigen Zollstation und 1747 gar zur Hauptzollstelle der nördlichen Vogteien. An der Therwiler-

Der ehemalige Bauern- und Restaurantbetrieb Reinacherhof (im Volksmund früher nach seinem Besitzer auch Kuenzehof oder Chutzehof genannt) um 1870. Ende des 20. Jahrhunderts entstand hier eine Überbauung, an die Stelle des Restaurants trat das Hotel Reinacherhof.

Der Gemeinderat beim Herbsten im gemeindeeigenen Rebberg (1979)

Das fürstbischöfliche Salzmagazin – hier die beiden Giebelseiten – war im bäuerlichen Reinach eines der wenigen herausragenden Gebäude. Es stand unmittelbar östlich des heutigen Gemeindehauses.

strasse befand sich die bischöfliche Trotte, wo die Trauben gepresst werden mussten. Von hier aus gelangte der Wein zu den jeweiligen Besitzern. 1724 verlegte der Bischof das Salzmagazin von der Grenze in Allschwil nach Reinach, von wo aus das Salz in das ganze Gebiet des Fürstbistums bis ins Mittelland weiter verteilt wurde. Auch das Getreidemagazin der Vogtei Birseck, wo die Zehntabgaben für den Bischof gesammelt wurden, lag in Reinach.

So entstand hier eine Drehscheibe des Handels mit und der Verwaltung von Naturalien. Dazu trug auch die Lage Reinachs, im Schnittpunkt zweier wichtiger Strassen, bei. Von Basel führte die Birstalstrasse in den Jura, von Arlesheim nach Therwil verlief die Verbindungsstrasse zwischen Birs- und Leimental. Reinach bildete eine Zwischenstation auf der Postroute Basel–Pruntrut und eine Verteilstation für das Birseck. Reinach verlor seine zentralörtliche Bedeutung mit dem Zusammenbruch des fürstbischöflichen Staates 1792. Im neuen Kanton Basel-Landschaft war Reinach ein Bauerndorf wie andere auch. Die Bezirksverwaltung lag nun in Arlesheim, Therwil erhielt die Bezirksschule. Hauptpostbüro wurde Liestal, für Reinach blieb die kleinräumige Verteilung. Entsprechend kam der im 18. Jahrhundert begonnene Aufschwung wieder zum Erliegen.

Das tägliche Brot

Noch sind sie nicht ganz aus dem Ortsbild verschwunden, die ehemaligen Bauerngärten. Doch sie stellen genau wie die heutigen Familiengärten längst nicht mehr die Selbstversorgung einer Familie sicher. An ihre Stelle sind im 20. Jahrhundert Grossverteiler und Einkaufszentren getreten. Und die Krämer mit ihrem Warenangebot wichen bereits im späten 19. Jahrhundert den so genannten Handlungen oder Spezereiläden. Hier erhielt man, was nicht selbst hergestellt wurde: Nähwaren, Textilien, Brennstoffe und bestimmte Lebensmittel. Dazu gehörte auch das Salz. Lange konnte es nur im Salzlädeli neben dem Dorfbrunnen, im Konsum Konkordia, bezogen werden. Dort wurden auch andere Waren des täglichen Bedarfs wie Nudeln, Trockenerbsen, Öl und Zigaretten verkauft.

In den 1940er-Jahren zählte Reinach eine ganze Reihe kleiner Geschäfte: die Bäcker Dutoit und De Stefani, den Grellingerbegg, den Dahlerbegg, den Metzger Ritter, den Rössliwirt/-metzger, den Lebensmittel- und Salzladen Borer, das Milchhüsli und etliche mehr. Als nach 1970 die Grossverteiler Coop und Migros eigene Einkaufszentren bauten, verschwanden diese kleinen Geschäfte fast vollständig. Das erste Migros-Geschäft in Reinach, ein Pavillon, stand an der Ecke Baselstrasse-Maienweg.

Für das späte 19. Jahrhundert, genauer zwischen 1882 und 1891, sind auch Markttage in Reinach belegt. Die Märkte, vermutlich eine Mischung aus Waren- und Viehmarkt, fanden damals dreimal jährlich statt. In den 1970er-Jahren wurde die Markttradition wiederbelebt.

Lokales Handwerk

Handwerker lebten in Reinach vergleichsweise wenige. 1738 etwa wirkten im Dorf ein Wagner, zwei Kürschner, ein Schmied und ein Schuhmacher. Zudem befand sich an der Ziegelgasse eine Ziegelei. Die Gesamtbevölkerung zählte damals etwas mehr als 300 Personen. Genauere Auskunft gibt eine Statistik von 1815. Verglichen mit den übrigen Birsecker Gemeinden wies Reinach auffallend viele Bauern und Tauner auf, 66 Prozent der Haushaltsvorstände. In Arlesheim etwa waren es insgesamt nur 23 Prozent, im Birseck 54 Prozent. Handwerker gab es in Reinach gerade 38, was etwa einem Viertel der Haushaltsvorstände entspricht. Nur gerade in Pfeffingen und Schönenbuch gab es weniger Handwerker.

Die Gewerbetreibenden verteilten sich 1815 auf folgende Zweige: ein Spengler, zwei Krämer, zwei Wirte, ein Ziegler, vier Küfer, drei Schneider, ein Wagner, zwei Schuhmacher, vier Zimmerleute, drei Schmiede, vier Seidenweber, ein Metzger, sechs Korber, ein Gärtner und drei Maurer. Der Grossteil unter ihnen gehörte zu den Gemeindebürgern. In anderen Gemeinden hingegen stellten meist die zugezogenen Hintersassen die Handwerker. Typisch für Reinach waren die mit der Rebwirtschaft verbundenen Küfer und die Korber. Die Weiden in den Birsauen und im Moorgebiet entlang der Ettingerstrasse lieferten den Korbern den benötigten Rohstoff.

Kaum Grossgewerbe

Der Schlüssel, erbaut 1562, oder der Ochsen zählen zu den ältesten Wirtschaften in Reinach. Im 19. Jahrhundert kamen der Reinacherhof (nach 1856) und die Brauerei (nach 1837), im 20. Jahrhundert der Landhof (1903), der Birseckerhof (1910) und der Predigerhof (1919) hinzu. Zudem gab es nach jeder Weinlese verschiedene Strausswirtschaften, wo die Rebbauern ihren eigenen Wein ausschenken durften. Als einziger grösserer Gewerbebetrieb wurde 1837 eine Brauerei mit Gewölbekellern errichtet. 1847–1863 wurde sie als Armenanstalt des Bezirks genutzt, dann unter verschiedenen Besitzern 1872–1912 wieder als Braubetrieb.

Der Name der Ziegelgasse zeugt von der alten Tradition der Lehmverarbeitung. Im 19. Jahrhundert entstand daraus für kurze Zeit sogar eine Industrie. Lehmgruben befanden sich beim Leiwald und Predigerholz, Ziegelhütten an Ziegelgasse und Juraweg. Nach 1870 wurden an verschiedenen Standorten neue Öfen und zum Teil moderne Produktionsanlagen gebaut: im Pfeiffengarten (1873), am Leiweg (ca. 1894) sowie am Amselweg (1898). Gegen die Konkurrenz der benachbarten Grossbetriebe in Allschwil oder Laufen blieben die Reinacher Familienunternehmen chancenlos. 1907 wurde die Ziegelei am Juraweg abgebrochen, 1917 ging jene am Amselweg Konkurs.

Wahrscheinlich vor allem für den lokalen Bedarf wurden die zahlreichen Kiesvorkommen genutzt. Steingruben befanden sich in der Reinacher Heide, beim Landhof, an der Bruggstrasse, im Surbaum und beim Habshag. Sandstein gewann man in der Grube im Leiwald und unterhalb des Wasserfalls an der Birs. Reinach blieb bis ins beginnende 20. Jahrhundert hinein ohne eigene Industrie und ohne dauerhaftes Grossgewerbe.

Strassen für Fuhrwerke

Durch das Birstal führt seit Jahrhunderten eine regionale Hauptverkehrsachse. Zur Römerzeit lag sie am westlichen Rand der Niederterrasse, wie die jüngsten archäologischen Ausgrabungen vermuten lassen. Später verlief sie, bis etwa 1585, östlich des Dorfkerns. 1730–1740 liess der Fürstbischof die Ver-

Die Korberei-Ausstellung im Heimatmuseum verdeutlicht den Stellenwert, den dieses Gewerbe in Reinach hatte.
Die Korber wurden auch «Wydlimechaniker» genannt.

Die Ziegelei Reinach AG im Jahr 1912

bindung Allschwil–Therwil–Reinach–Aesch ausbauen. Seitdem folgt die Talstrasse dem heutigen Lauf. Zur gleichen Zeit wurde auch die Querverbindung Dornachbrugg–Reinach–Therwil ausgebaut, wie ein Plan von 1761 zeigt. Sie führte nun nicht mehr vom Birsübergang her durch das Hinterkirch-Gebiet, sondern entlang der Brugg- zur Hauptstrasse und dann auf der Ettingerstrasse weiter westwärts.

Daneben existierten zahlreiche örtliche Verbindungswege und -strassen. Zum Beispiel die Bruderholzstrasse oder die Brunngasse, welche auf das Bruderholzplateau und von dort nach Oberwil oder Basel führten. Mit dem Siedlungswachstum im 20. Jahrhundert wurden neue Quartierstrassen nötig. Zum Teil entstanden sie aus bestehenden Feldwegen, zum Teil wurden sie neu angelegt. Man benannte sie nach alten Flurnamen, nach umliegenden Ortschaften oder nach Blumen, Tieren und Planeten.

Einen Teerbelag erhielten die wichtigsten Durchgangsstrassen im frühen 20. Jahrhundert. Die Hauptstrasse wurde 1925 neu gewalzt und bald darauf geteert. Noch verkehrten erst wenig Motorfahrzeuge auf Reinachs Strassen. Einer der ersten Autobesitzer war der Gutsherr im Neuhof um 1899. Motorräder folgten 1925–1930.

Brücken und Brunnen

Bis zu seiner Eindolung 1906 floss der Dorfbach offen durch die Hauptstrasse. Da er kaum Strömung hatte und selten viel Wasser führte, konnte er überall durchquert und mit Fuhrwerken durchfahren werden. Nur bei der Einbiegung des Baches von der Ettinger- in die Hauptstrasse wurde schon 1751 ein steinernes Brücklein errichtet. Ein anderes lag ausserhalb des Dorfes, nahe der westlichen Gemeindegrenze in den Etzmatten. Über die anderen Bäche führten meist einfache hölzerne Stege. Mit dem verbesserten Strassenunterhalt stieg im späten 18. Jahrhundert das Bachbord laufend an. Deshalb erstellten Einwohner nach 1824 im Dorfkern mehrere Brücklein. Holz und Steine dazu stellte Basel zur Verfügung.

In dieselbe Zeit fiel auch die Neuerrichtung des Dorfbrunnens. Er stand mitten im Dorf, gegenüber vom Wirtshaus Schlüssel. Brunnentrog und -leitungen bestanden aus Holz. 1828/1829 wurde der Brunnen neu aus Stein errichtet und zugleich um drei Meter nach Westen versetzt. So entstand neben der Hauptstrasse ein Dorfplatz, der 1867 gepflästert wurde. Heute wird der Dorfbrunnen nicht mehr mit Bach-, sondern mit Leitungswasser gespiesen.

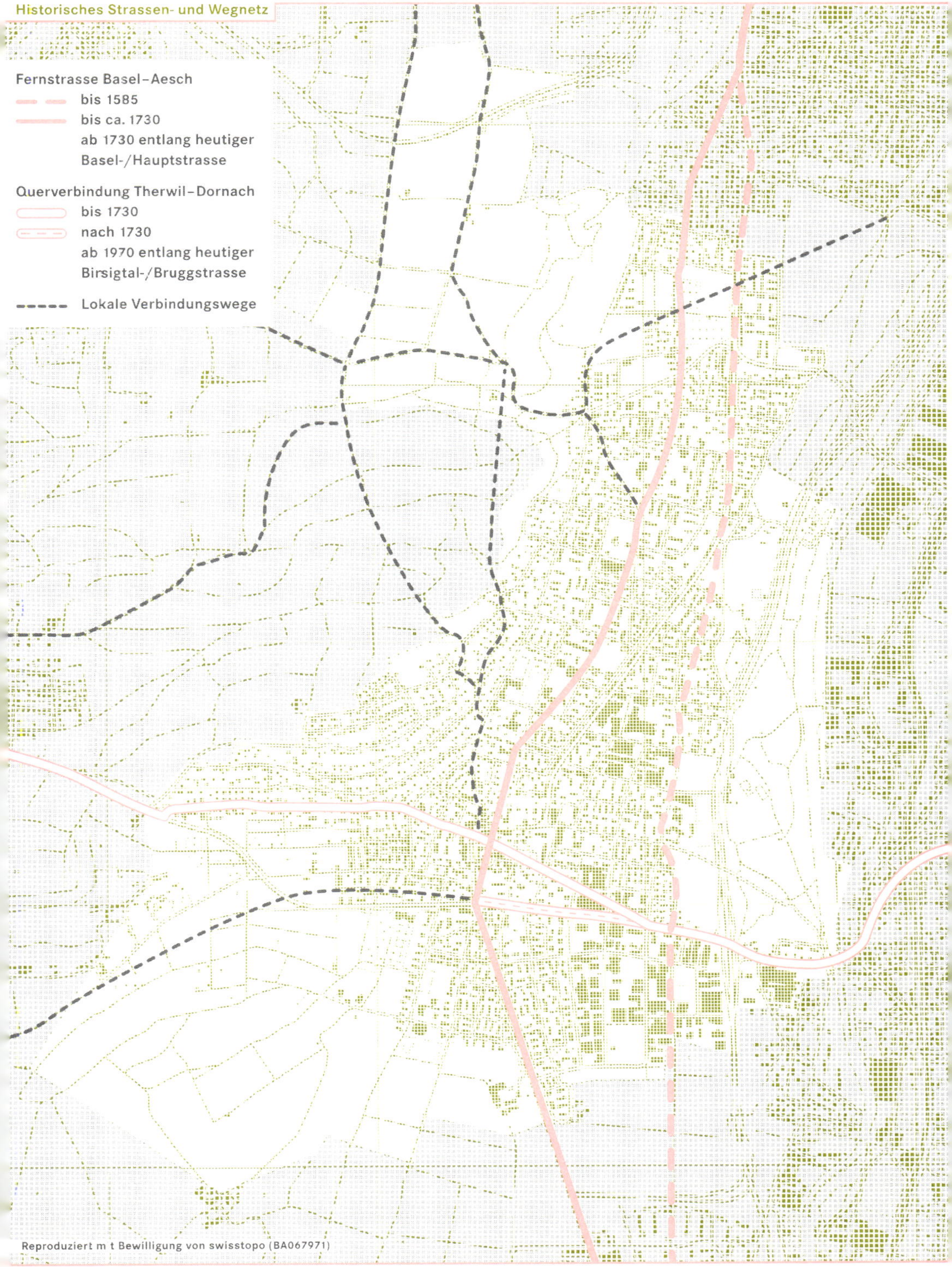

Historisches Strassen- und Wegnetz
Fernstrasse Basel–Aesch
bis 1585
bis ca. 1730
ab 1730 entlang heutiger
Basel-/Hauptstrasse
Querverbindung Therwil–Dornach
bis 1730
nach 1730
ab 1970 entlang heutiger
Birsigtal-/Bruggstrasse
Lokale Verbindungswege

Eine Wegmacherequipe mit Spritzwagen und Walze zum Teeren der Strasse (1925)

Das Tram im Oberdorf 1910 mit dem doppelspurigen Kreuzungsabschnitt

Abseits der Eisenbahn

Die Eisenbahnlinie Basel–Biel folgt ab Münchenstein dem rechten Birsufer und kommt nie in die Nähe Reinachs. Das liegt nicht am Gelände, sondern an den Macht- und Einflussverhältnissen im 19. Jahrhundert. Die links- wie die rechtsufrigen Gemeinden im Birstal wollten die Bahn jeweils auf ihrer Flussseite. Denn die Eisenbahn sicherte den Anschluss an die ferneren Absatzmärkte. Münchenstein, Arlesheim und Dornach, auf deren Gemeindegebiet schon Fabriken lagen, besassen in diesem Kräftemessen die besseren Karten.

Bereits 1856 hatte Reinach beim basellandschaftlichen Regierungsrat ein Konzessionsgesuch für den Bau einer Eisenbahnlinie Aesch–Basel eingereicht. Offenbar blieb es unbeantwortet. 1872 richteten die Einwohner von Aesch, Pfeffingen und Reinach gemeinsam ein Gesuch für eine linksufrige Linienführung an den Landrat und den Bundesrat. Die Reinacher wären auch bereit gewesen, das nötige Land für diese Jurabahn gratis abzutreten. Doch das Angebot blieb unerhört. Die Eröffnung der Jurabahn 1875 brachte den Anstössergemeinden den erwünschten industriellen Aufschwung. Reinach aber blieb ein Bauerndorf und die Reinacher Arbeitssuchenden mussten zu den Industriestandorten Basel, Münchenstein und Arlesheim pendeln.

Mit dem Tram nach Basel

Eine Schmalspurbahn von Therwil über Reinach nach Arlesheim wurde 1908 vom Kanton nur als Planspiel skizziert. 1907 war bereits eine weit wichtigere Verbindung eröffnet worden, die Strassenbahn Basel–Aesch. Im ausgehenden 19. Jahrhundert hatten verschiedene Projekte für Schmalspurbahnen im Birseck zur Diskussion gestanden. Der Arlesheimer Fabrikant Alioth setzte sich für eine rechtsufrige Linie ein. Die Reinacher reagierten unverzüglich. Sie gründeten 1898 ein Aktionskomitee und erhielten 1903 vom Bund die Konzession für Bau und Betrieb. Kurz wurde auch über die Einrichtung einer Autobus-Linie diskutiert, doch man zog das Tram vor.

Noch blieben die finanziellen Mittel aufzutreiben. 1905 wurde zur Aktienzeichnung für die Trambahngesellschaft Basel-Aesch (TBA) eingeladen. Den Hauptanteil übernahmen die Einwohner- und Bürgergemeinden von Reinach, Aesch und Pfeffingen, daneben Private und der Kanton. Die Tramlinie sollte den Birstalern die Fahrt zu den städtischen Arbeitsorten erleichtern und den Warenfluss zwischen Stadt und Land verstärken. Zudem erhoffte man sich Siedlungswachstum und steigende Bodenpreise.

Ursprünglich war die gesamte Strecke ab Ruchfeld einspurig. Ausweichgeleise gab es nur im Heiligholz und in Reinach Dorf. Im Surbaum wurde 1925 eine zusätzliche Haltestelle gebaut. Von 1926 an fuhren die Trams zwischen Heiligholz und Bruggstrasse doppelspurig, ab 1956 zwischen Surbaum und Landhof sowie ab 1958 bis nach Aesch. Betrieben wurde die Tramlinie von Beginn an durch die baselstädtischen Verkehrsbetriebe. Seit 1974 ist die Basel-land Transport AG (BLT) Besitzerin und Betreiberin des 11er-Trams.

Der Flurenpolizist

Einen Bannwart gibt es in Reinach heute noch. So hiess jener Gemeindeangestellte, welcher früher als eine Art Polizist die Felder beaufsichtigte. Neben dem allgemeinen Bannwart war in Reinach auch ein Rebbannwart tätig. Diese Beamten sollten verhindern, dass Reben und Äcker beschädigt oder bestohlen wurden. Der so genannte Feldfrevel war ein häufiges Vergehen zu einer Zeit, als alle vom Boden lebten und nur wenige Weglein über die Felder führten.

Im 20. Jahrhundert wurde dieses Amt aufgehoben. 1978 jedoch richtete eine Einwohnerin ein Gesuch um Wiedereinführung an die Gemeinde. Sie begründete es mit einem Anstieg der Diebstähle und Schäden. Der Gemeinderat lehnte das Begehren ab. Es sei effizienter, wenn Patrouillen der Ortspolizei während der Erntezeit vermehrt aufpassten. Ein Teilzeitbeamter wie der frühere Bannwart könne bei der aktuellen Gemeindegrösse nicht mehr genügend Abhilfe schaffen.

1982 stand das Thema nochmals zur Diskussion. Auf Feldern und Rebbergen hatte der Diebstahl zugenommen. Als aber die Stelle eines Bannwartes ausgeschrieben wurde, meldete sich kein Bewerber. Der vorletzte Anlauf stammt von 1998. Versuchsweise wurde erneut ein Bannwart beauftragt, aber mit mässigem Erfolg. Seit 2002 ist nun ein Bannwart als freier Mitarbeiter der Gemeinde im Einsatz. Er achtet darauf, dass keine Feldfrüchte gestohlen werden, kein Abfall in der Natur deponiert wird und die geltenden Regeln für Hunde eingehalten werden.

LU
2585
FR
57330
SO
R
666
BE
97795

Reinach ist die grösste Baselbieter Gemeinde, kein Dorf mehr und dennoch erst auf dem Papier eine Stadt. Spürbar sind die Folgen des raschen Wachstums nach 1950. Das Gemeindegebiet rings um die bestehende Siedlung wurde flächendeckend überbaut. Im historischen Dorfkern hingegen stockte die geplante Modernisierung auf halbem Weg. Die heutige Streusiedlung zeugt von früheren Visionen und Korrekturversuchen. Reinach ist Teil des vorstädtischen Agglomerationsgürtels und doch lebt man hier noch wie auf dem Lande: mit vielen Zuzügern, wenigen Nicht-Schweizern und immer mehr älteren Einwohnern.

Seit dem 23. Juni 1965 ist Reinach eine Stadt. An diesem Tag wurde in einem Basler Spital der 10000. Einwohner, Martin Vogler, geboren. Es war Zufall und doch bezeichnend: Der erste Städter stammte nicht aus einer alteingesessenen, sondern aus einer neu zugezogenen Familie. Und er war sozusagen – wie viele Zuzüger damals – Reinacher auf Zeit: Familie Vogler verliess die Gemeinde schon nach wenigen Jahren wieder. Die Stadtwerdung verdankte Reinach hauptsächlich Menschen wie Voglers, die sich in nie zuvor gekanntem Ausmass auf dem Gemeindegebiet niederliessen.

Die junge Stadt und ihr erster Bürger erlebten in den Jahrzehnten nach 1965 gemeinsam ein stürmisches Wachstum. Als Martin Vogler 1985 volljährig wurde, hatte auch Reinach seine Pubertät hinter sich und zu wachsen aufgehört. Über 7000 Personen hatten sich innerhalb von 20 Jahren im ehemaligen Bauerndorf niedergelassen. In den nächsten 20 Jahren kamen nur noch gut 1000 dazu. Reinach zählte Ende 2005 18 765 Einwohnerinnen und Einwohner.

Frühere Geschlechter

Von Ali Abdusi bis Anthony Zwemmer reicht das Spektrum der Familiennamen in Reinach heute. Das verrät der Blick ins Telefonbuch von 2005. Nähme man ein Verzeichnis aus dem frühen 20. Jahrhundert, fände man zwar auch eine grosse Vielfalt. Doch vor 1950 stachen bestimmte Namen unübersehbar heraus, jene der Reinacher Stammgeschlechter. 136 Familien mit dem Namen Wenger zählte ein Ahnenforscher seit deren erstem Auftauchen 1630. Bei den Feigenwinter-Namenträgern sind es 123, bei Meyers 108. Einige dieser Geschlechter sind seit dem 15. Jahrhundert in Reinach ansässig: Dollinger, Kunz, Glaser, Grellinger und Meyer seit 1408; Kury, Rüetschlin, Schweizer seit 1434; Feigenwinter seit 1463.

Diese Familien gehören zu den alteingesessenen Bürgergeschlechtern, jenem Teil der Gemeindebevölkerung, der im vordemokratischen Reinach das

< Das Foto vom Stadtfest 800 Jahre Reinach 1974 zeigt eine junge Stadt in Bewegung. In den Boomjahren nach 1950 wanderten viele junge Menschen und Familien zu.

Die Geburt des ersten Reinacher Stadtbürgers war 1965 ein Medienereignis. Verschiedene Zeitungen, wie hier die Basler Nachrichten, brachten ein Bild von Mutter und Sohn Vogler.

…istisch, ja sogar pessimistisch beurteilen.

…fgeschlossener für Industrie und Fremdenverkehr

…Während man etwa die Meinung vertreten hört, man

BASELLAND

Sternenfeld auf der Birsfelder Traktandenliste

…b. Wegen Bauens ohne Bewilligung ist ein Bauherr …der Sternenfeldstrasse in Birsfelden durch die Bau…ktion Baselland verzeigt worden. — Auf dem …al des neuen Sportplatzes «Sternenfeld» hat der …neinderat das Mitführen von Hunden verboten. — …Feuerpolizei des Kantons Baselland hat an die Er…lung der Wasserleitungen im Sternenfeld einen …chbeitrag von 18 Prozent zugesichert. — Nachdem …der letzten Gemeindeversammlung den Strassen…nen endgültig zugestimmt worden ist, kann die Er…lung der Strassen und der Kanalisation im Sternen… vergeben werden. — Schliesslich hat der Ge…nderat vom Offenen Brief der Reformierten Kir…npflege Birsfelden zur Sportplatzeinweihung Kennt…genommen. Dass bei der Programmgestaltung auf …Gottesdienste ausnahmsweise keine Rücksicht ge…nmen wurde, wird bedauert.

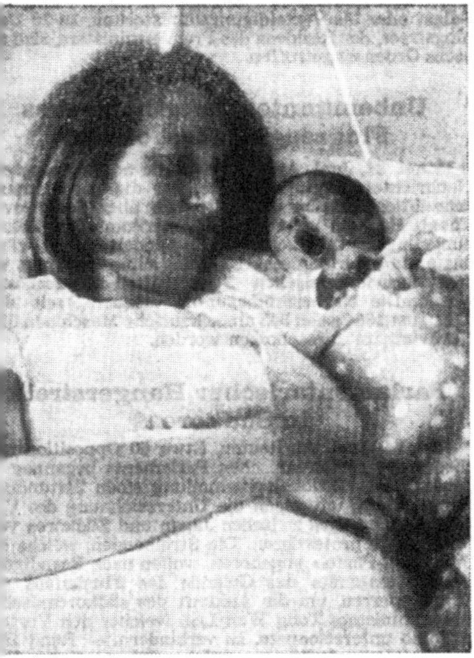

Der erste Reinacher Städter

…t der Geburt von Martin Vogler ist Reinach, wie im …orgenblatt gemeldet, Stadt geworden und der jüng… Einwohner der Gemeinde zugleich der erste Rei…cher Städter. Viel Eindruck scheint die Ehre, die die …atistik dem 10 000. Einwohner widerfahren lässt, …f den wackeren kleinen Martin allerdings nicht zu …achen. (Photo: P. Armbruster)

…n der …h die Vorlage über die finanzielle Sanierung der Verkehrsbetriebe (VBZ) mit 32 056 gegen 23 907 Stimmen abgelehnt. Es war im wesentlichen folgendes beantragt worden: Erlass einer neuen Taxordnung mit einem Zweistufentarif; Uebernahme der Fehlbeträge der Jahre 1963 und 1964 durch die Stadt; Ausrichtung eines jährlichen Beitrages von 500 000 Franken zur Abgeltung unternehmensfremder Lasten.

Taxerhöhung und Ueberbrückungskredit

Weil das Defizit der VBZ, das Ende 1964 bereits 7,44 Millionen Franken erreicht hatte, unaufhörlich weiter stieg, hatte der Stadtrat in Eile einen Kompromissvorschlag auszuarbeiten, dem der Zürcher Gemeinderat nun zustimmte. Den Wünschen der Sozialdemokraten Rechnung tragend, hatte der Stadtrat eine mildere Taxerhöhung als in der ersten Vorlage vorgeschlagen. Anstelle der heute geltenden Billette zu 30, 40 und 50 Rappen wird es in Zukunft nur noch ein Kurzstreckenbillet zu 40 Rappen für eine Reichweite von bis zu fünf Haltestellen und ein Netzbillet zu 50 Rappen geben, dazu entsprechende Abonnements zu fünf Franken für sechzehn, beziehungsweise zwölf Fahrten. Die verschiedenen Sichtkarten bleiben unverändert. Dieses Taxsystem bildet die Voraussetzung für die Einführung des kondukteurlosen Betriebes. Vorläufig wird der Jahresabschluss der VBZ allerdings weiter negative Zahlen zeigen. Bis der letzte Kondukteur durch Billettautomaten und Fahrscheinentwerter ersetzt sein wird, dauert es mehrere Jahre. Für die Jahre 1966 bis 1968 wird den Verkehrsbetrieben daher ein einmaliger Ueberbrückungsbeitrag von sieben Millionen Franken aus der Stadtkasse ausgerichtet, die auch die Defizite der Jahre 1963 bis 1965 zu übernehmen hat.

Besänftigung der Bürgerlichen

Dass der Zustupf der Stadt ausdrücklich «Ueberbrückungsbeitrag» genannt wird, dient der Besänfti…

gung der bü… nicht mit e… kehrsbetrieb… Gemeindera… dene Frakti… in wenigen … reden müsse…

Höhere …

Neue We… hat ein Inte… geschlagen. … ternehmung … Benützungs… schläge wu… grössten Te… liche Unter… stellt werde… rechtliche G… überhaupt … brächten w… Stadt Züric… ihrer Baute…

Der Stad… Bund und K… ten zu erhal… an den Einn… gebühren be… Ansätze die… sen angepas… rich einen … der Bund d… leistet. Sch… für das nä… Grunde. Di… nichts dara… wichtigsten … könnten.

Junger Schnellfahrer als …

Von unserem Bundesgerichtskorres…

In der Gerichtspraxis zeigt sich bereits, dass das neue Strassenverkehrsgesetz (SVG) stellenweise missverständlich redigiert wurde. Einen solchen Fall bildet Artikel 90, Ziffer 2, Absatz 1 SVG. Er lautet:

> «Wer durch grobe Verletzung der Verkehrsregeln eine ernstliche Gefahr für die Sicherheit anderer hervorruft oder in Kauf nimmt, wird mit Gefängnis oder mit Busse bestraft.»

Es herrschen Zweifel darüber, ob dieser Straftatbestand auch fahrlässig, also in pflichtwidriger Unvorsichtigkeit, oder aber nur mit Vorsatz, das heisst, mit Wissen und Willen, begangen werden könne. Der Kassationshof des Bundesgerichtes hat sich nun aus höchstrichterlicher Sicht zu dieser Streitfrage geäussert. Er musste dabei von Artikel 100, Ziffer 1, Absatz 1 SVG ausgehen. Hier heisst es: «Bestimmt es dieses Gesetz nicht ausdrücklich anders, so ist auch die fahrlässige Handlung strafbar.» Das Bundesgericht konnte denn auch feststellen, dass im SVG da, wo nur der Vorsatz die Strafe herbeiführen soll, regelmässig die Wendung verwendet wird: «wer vorsätzlich …» (das und das begeht). In Artikel 90 SVG kommt diese Wendung nirgends vor. Doch stehen in Ziffer 2, Absatz 1 die Worte «oder in Kauf nimmt». Diese haben dazu geführt, dass in der Rechtsliteratur die Meinung vertreten wird, diese Bestimmung sei auf fahrlässige Täter nicht anwendbar.

Drei Arten von Vorsatz

Der Grund für diese Ansicht dürfte darin liegen, dass derjenige, der gewisse Folgen seines Vehaltens in Kauf

nehmen wil… Art von Vo… werden näm… die Absicht, … weil dieser … einfache V… wendige Be… Ziele ist, u… der Täter … dieser Erfo… verbunden … also beiläuf… die bewuss… Gefahr eine… versicht ha… Davon wied… lässigkeit, … sein Verha… könnte.

Mit 100 k…

Der Sach… Entscheide … Jahre alten … Surbtalstra… Nachdem e… anderen Pe… der linken … obschon die… war, um g… Der jugendl…

Bürgerrechte der Reinacher Wohnbevölkerung

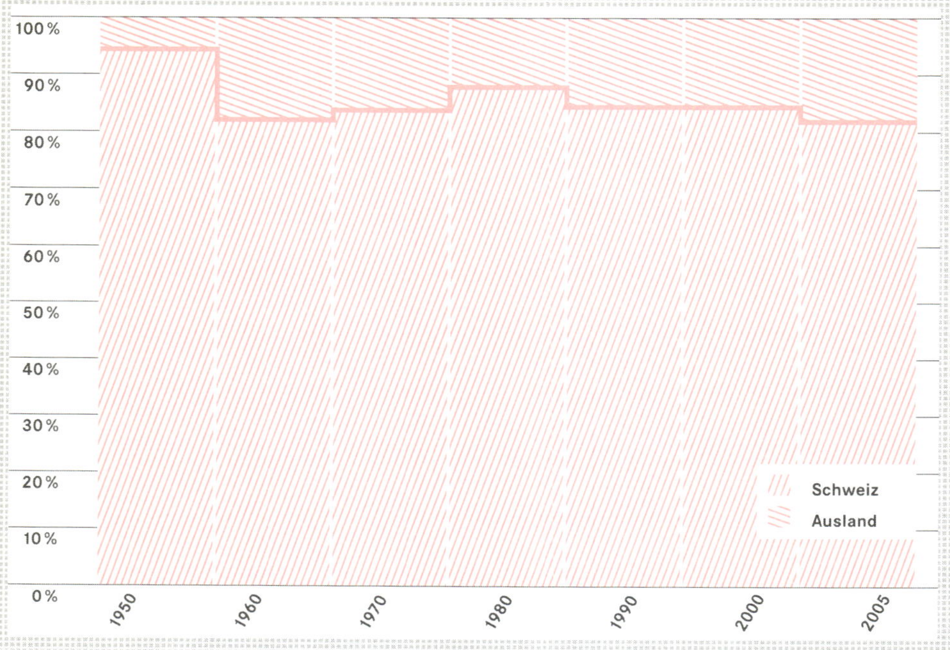

Quelle: Statistisches Amt BL

Keine andere basellandschaftliche Gemeinde erlebte nach 1950 ein derart starkes Wachstum wie Reinach.

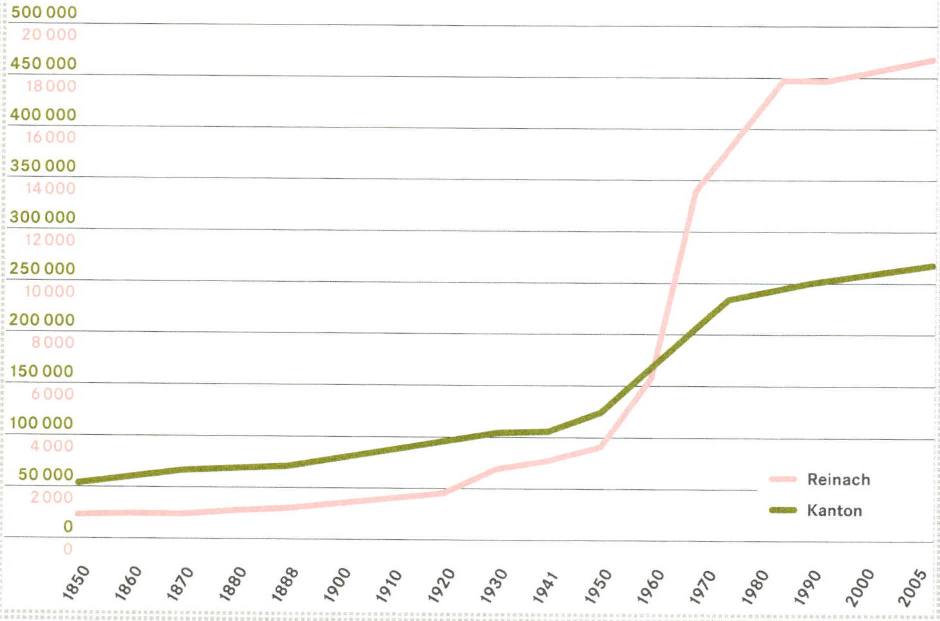

Quelle: Statistisches Amt BL

Sagen hatte. Daneben gab es die Hinter- oder Einsassen, zugezogene Personen. Sie besassen nur eingeschränkte Rechte an der Weide- und Allmendnutzung. Im Laufe der Jahrhunderte bürgerten sich neue Familien ein. So kamen nach 1800 zum Beispiel die Familien Schmid, Lochbrunner und Berlinger dazu. Da es in Reinach viele Personen mit gleichem Vor- und Nachnamen gab, waren Übernamen gängig. Sie bezogen sich auf die Verwandtschaft, den Beruf, die Wohngegend und besondere Merkmale. Der Dorfname Metzgerspitz-Miggel zum Beispiel stammt vom Beruf des Metzgers her. Er verweist darauf, dass der Träger Emil hiess und mit dem Metzger, einer spitzen Gestalt, verwandt war.

Im Stichjahr 2005 bilden Einwohnerinnen und Einwohner mit Reinacher Bürgerrecht eine Minderheit von elf Prozent in der Gemeinde. 1837 waren noch 92 Prozent der Reinacher Dorfbevölkerung zugleich Bürgerinnen und Bürger, 1970 noch sechs Prozent. Seither nimmt die Bürgergemeinde anteilmässig und in absoluten Zahlen wieder zu, dank der seit 1965 erleichterten Einbürgerungspraxis.

Wachstumsschübe

Reinachs Bevölkerung ist in drei grossen Schüben gewachsen. Jedesmal ging das Bevölkerungswachstum einher mit einer beschleunigten wirtschaftlichen Entwicklung. Die erste Bevölkerungszunahme verdankte Reinach der Niederlassung zentraler fürstbischöflicher Verwaltungszweige nach 1730. Zwischen 1722 und 1753 wuchs die Anzahl Einwohnerinnen und Einwohner um über 50 Prozent auf 406 Personen an. Von da an nahm sie zwar ununterbrochen weiter zu, aber in viel bescheidenerem Ausmass.

Bereits nach 1900 stieg die Wachstumskurve Reinachs zeitweilig an. Allerdings viel weniger dramatisch: Pro Jahrzehnt waren es damals nur einige Hundert Menschen, die sich neu niederliessen. Andere Gemeinden, wie zum Beispiel Arlesheim, wuchsen schon seit dem späten 19. Jahrhundert und in stärkerem Ausmass. Reinach aber verfügte über keine lokale Industrie, welche Arbeitskräfte angezogen hätte. Mit der Eröffnung der Tramlinie 1907 wurde die Gemeinde dann als stadtnaher Wohnort beliebt. Zahlreiche Städterinnen und Städter liessen sich in der Folge hier nieder und pendelten zur Arbeit. Diesem Wachstumsschub setzte die Wirtschaftskrise der 1930er-Jahre ein vorläufiges Ende.

Die jüngste Phase begann etwa 1950 und verlangsamte sich nach 1980 wieder. Seither liegt der jährliche Bevölkerungszuwachs im Schnitt bei zwei bis drei Prozent. 1950–1980 hingegen schnellte die Wachstumsrate empor, mit Spitzenwerten in der Phase 1960–1970. Innerhalb einer Generation verfünffachte sich die Reinacher Bevölkerung beinahe, von knapp 4000 im Jahr 1950 auf fast 18 000 Menschen im Jahr 1980. Keine andere basellandschaftliche Gemeinde erlebte in der Nachkriegszeit eine derart starke Zunahme. Und der Kanton Basel-Landschaft ragte in jenen Jahren in Sachen Bevölkerungswachstum unter den Schweizer Kantonen hoch heraus.

Neben bescheidenem und sprunghaftem Wachstum infolge Zuwanderung gab es auch Phasen der Auswanderung. So entflohen zum Beispiel 1937 ein gutes Dutzend Familien der Arbeitslosigkeit, indem sie nach Südfrankreich emigrierten. Aus dem 19. Jahrhundert sind zahlreiche Amerika-Auswanderer, einzeln oder mit Familie, bekannt.

Stadt der Jungen und Alten

Die Boomphase nach 1950 war nicht nur ein Resultat von Zuwanderung. Der Geburtenüberschuss betrug in den 1960er-Jahren im Schnitt 20 Prozent. Das heisst: Auf fünf Todesfälle kamen 25 Geburten. Im Durchschnitt des Kantons Basel-Landschaft lag dieses Verhältnis bloss bei sieben zu 13. So jung wie damals war Reinach noch nie. 1970 zählte über ein Drittel der Bevölkerung, 36 Prozent, keine 20 Jahre. 2000 hingegen betrug der Anteil der unter 20-Jährigen noch 19 Prozent. Das zeigt deutlich: In den Boomjahren wanderten viele Menschen im heirats- und geburtsfähigen Alter zu und gründeten Familien. So verdreifachten sich zwischen 1960 und 1980 auch die Schülerzahlen.

Umgekehrt ist seither in Reinach der Anteil der älteren Personen auf 17 Prozent gestiegen. 1970 machte die Gruppe der über 65-Jährigen erst fünf Prozent der Einwohnerschaft aus. Hier zeigen sich die Auswirkungen der Jahre nach dem Zweiten Weltkrieg. Die damaligen Eltern sind inzwischen Rentnerinnen und Rentner, die damaligen Kinder erwachsen und oft wieder weggezogen. Entsprechend stark abgenommen hat die Zahl der Schulkinder. Der einst überdurchschnittliche Geburtenüberschuss ist auf ein Normalmass zurückgegangen. Seit 2000 verzeichnet Reinach mehr Todesfälle als Geburten. Das anhaltende Bevölkerungswachstum ergibt sich heute allein aus dem Wanderungsgewinn. Nach wie vor ziehen mehr Personen nach Reinach als von hier wegziehen.

Die Altersstruktur der Bevölkerung wirkt sich direkt auf das gesellschaftliche und wirtschaftliche Leben der Gemeinde aus. Die Kosten für Ausbildung und Schulwesen belasteten das Gemeindebudget während Jahrzehnten massiv. Mit der Alterung der Bevölkerung sinkt nun der Anteil der Erwerbstätigen und das Steuereinkommen. Und es steigt die Nachfrage nach altersgerechten Wohnformen, Tagesstrukturen, Pflege- und Freizeitangeboten.

Die Eröffnung des ersten Reinacher Markts 1976 durch Gemeindepräsident Hermann Haidlauf. Das Bild symbolisiert die Aufbruchsstimmung der jungen Stadt.

Willkommen in Reinach! Die Familie Maxamed, aus Somalia gebürtig, freut sich über ihr 2005 neu erworbenes Reinacher Bürgerrecht.

Deutsch, Italienisch, Englisch

Deutsch oder Schweizerdeutsch ist in Reinach die mit grossem Abstand am häufigsten gesprochene Sprache, heute wie früher. Daran hat auch die starke Zuwanderung nach 1950 nichts geändert, im Gegenteil: Der Anteil der Deutsch-Sprachigen an der Gesamtbevölkerung hat sich zur Jahrtausendwende auf fast 90 Prozent gesteigert. Unter den übrigen Sprachen haben sich aber die Anteile verschoben. Nicht einmal zwei Prozent der Bevölkerung sprachen im Reinach der 1950er-Jahre italienisch. 1960 waren es bereits gut sieben Prozent und damit mehr als die Französisch-Sprachigen. Beide Sprachgruppen schrumpften in der Folgezeit konstant, sowohl in absoluten wie in relativen Zahlen. Italienisch ist aber bis heute die zweithäufigste Muttersprache in Reinach. Rätoromanisch-Sprachige wohnten 2000 in der Gemeinde annähernd ein Dutzend.

Die ursprüngliche Zunahme der italienisch-sprachigen Wohnbevölkerung ging auf die Einwanderung ausländischer Arbeitskräfte zurück. 1970 stammten elf von zwölf Italienisch-Sprachigen aus dem Ausland. Unter jenen Einwohnerinnen und Einwohnern, die keine der vier Schweizer Landessprachen zur Muttersprache haben, verschoben sich die Verhältnisse ebenfalls. Ihr Anteil hat einerseits leicht zugenommen, von etwa vier auf ungefähr acht Prozent. Zu den Vertretern europäischer Sprachen kamen andererseits nach 1980 immer mehr Menschen aus anderen Sprach- und Kulturräumen. Heute wird in Reinach auch afghanisch, chinesisch, holländisch und russisch gesprochen.

Migration

Unter den basellandschaftlichen Gemeinden zeichnet sich Reinach durch zwei Besonderheiten aus. Keine andere Gemeinde wies einen so hohen und schnellen Zuzug auf – und gleichzeitig einen so geringen Anteil nicht-schweizerischer Bevölkerung. 15 Prozent der Einwohnerschaft Reinachs waren im Jahr 2000 ausländischer Herkunft. Das entspricht in etwa dem Kantonsdurchschnitt, liegt aber tiefer als in Aesch oder Münchenstein. Die ausländische Wohnbevölkerung wächst dabei im selben Mass wie die schweizerische. Zwischen 1950 und 1960 vergrösserte sich der Anteil der ausländischen Reinacherinnen und Reinacher zwar sprunghaft. In den Folgejahrzehnten blieb er aber stabil.

Im Jahr 2005 sind neben Schweizer Bürgerinnen und Bürgern 2943 Menschen aus insgesamt 79 Nationen, von Aethiopien bis Vietnam, in Reinach wohnhaft. Die grössten Gruppen stammen aus Italien (832 Personen), Deutschland (487), der Türkei (375), Grossbritannien (165), Spanien (132) und Serbien-

Montenegro (87). Konfliktfrei verläuft das Zusammenleben unterschiedlicher Kulturen auch in Reinach nicht. Im April 1993 wurde ein Brandanschlag auf einen türkischen Laden, 1994 einer auf das kurdische Kulturzentrum verübt. Als Schulkinder 2001 einen Kalender mit dem Thema Fremd in Reinach verkauften, stiessen sie auf teilweise heftige Ablehnung. Als Gegenmassnahme startete die Gemeinde daraufhin eine Sensibilisierungskampagne, die Aktionstage gegen Fremdenfeindlichkeit.

Binnenwanderung

Die massive Zuwanderung nach Reinach kam vorwiegend aus der Schweiz. Genauer gesagt vor allem aus der Stadt Basel und ihrer Agglomeration. Aus diesem Gebiet stammten fast 70 Prozent aller Menschen, die zwischen 1960 und 1970 nach Reinach zogen. Allgemein stieg in der zweiten Hälfte des Jahrhunderts der Anteil von ausserkantonalen Zuzügern, und jener von basellandschaftlichen Zuzügern sank. Eine Verschiebung lässt sich auch innerhalb der ausländischen Wohnbevölkerung beobachten. 95 Prozent stammten 1970 aus der Europäischen Union – 2000 waren es noch 62 Prozent. Dabei hat vor allem die Zuwanderung aus den am Rand der EU liegenden Staaten zugenommen.

Das Wachstum Reinachs geht nicht auf ortseigene Arbeitsplätze zurück. Das erklärt den geringen Zustrom ausländischer Arbeiter nach 1960. Vielmehr sind es bis heute vorwiegend Zuzüger, die in Reinach wohnen, ihren Arbeitsplatz aber in der Region Basel haben. Die Mobilität ist hoch: Im Jahr 2000 zogen zum Beispiel 1507 Personen nach Reinach und 1208 weg. In anderen vorstädtischen Gemeinden der Nachbarschaft war und ist die Zahl der Wegzüger jedoch erheblich höher. Ein möglicher Grund liegt in der Baustruktur Reinachs: Ein grosser Teil des nach 1950 neu erstellten Wohnraums entfällt auf Einfamilienhäuser, die weniger rasch gewechselt werden als Mietwohnungen.

Grenzen des Wachstums

Seit der Jahrtausendwende hat Reinachs Bevölkerung jene von Allschwil überholt und Reinach bildet die grösste Gemeinde im Kanton. Sie wächst im 21. Jahrhundert noch immer, allerdings stark gebremst. Der 2005 genehmigte Richtplan zur künftigen Entwicklung rechnet dagegen kaum mehr mit einem Bevölkerungswachstum. Längerfristig soll die Bevölkerungszahl Reinachs unverändert bleiben. Noch bestehen zwar Baulandreserven und für die bebauten Zonen sollen massvolle Nutzungserhöhungen wie Dachausbauten möglich werden. Doch nach der Wachstumseuphorie der 1970er-Jahre fällt die Bilanz

Kein Platz mehr? Blick hinauf zum Rebberg. Im Vordergrund das alte Gemeindehaus (Aufnahme 1999)

heute gemischt aus. Die Folgekosten für den Infrastrukturausbau der Siedlung – Kanalisation, Strassen, Schulhäuser etc. – bleiben hoch. Die Alterung der Bevölkerung macht ein Ansteigen der Geburten unwahrscheinlich.

Mit Prognosen ist es allerdings so eine Sache. Im 20. Jahrhundert versuchten Ortsplaner wiederholt, die Bevölkerungsentwicklung abzuschätzen. Das Planungsbüro Aegerter und Bosshardt zum Beispiel rechnete 1948 damit, dass sich die Einwohnerschaft in den folgenden drei Jahrzehnten auf 6600 Menschen verdoppeln würde. In den 1960er-Jahren, unter dem Eindruck des anlaufenden Wachstumbooms, stieg die theoretische Zahl für den Endausbau Reinachs auf 38 000 Personen. Wenige Jahre später bewirkte die weltweite Ölkrise, dass diese Zahl nach unten korrigiert wurde, auf 25 000–28 000 Personen.

Villen am Rebberg

Über 800 Franken pro Quadratmeter beträgt der durchschnittliche Landpreis in Reinach. Am Rebberg allerdings liegt er einiges höher. Derart begehrt ist die Hanglage mit Blick auf Birstal, Gempen und Blauen. Hier stehen nicht nur die Villen wohlhabender Firmenbesitzerinnen, Chemiedirektoren oder Fussballstars. Kennzeichnend für den Rebberg ist oft auch ein besonderer architektonischer Gestaltungswille. Die Zuzüger, viele davon aus der Stadt Basel, liessen fast ausnahmslos Einfamilienhäuser bauen. Bauten von namhaften Architekten der Moderne finden sich ausschliesslich in diesem Quartier. So steht zum Beispiel am Unteren Rebbergweg 107 das einzige von Paul Artaria in Reinach gebaute Haus. Er erstellte das Holzgebäude mit Pultdach 1936 für ein kinderloses Ehepaar aus Basel.

Inzwischen allerdings zieren auch anspruchslose Einfamilienhäuser den Hang. Und in naher Zukunft dürften erstmals Doppel- oder Reihenhäuser auftauchen. Bei vielen Gebäuden, die nach 1960 entstanden, kommt es zu einem Generationenwechsel der Besitzer. Die Parzellen sind am Rebberg besonders gross. Nicht selten übernimmt eine Immobilienfirma das Grundstück und bebaut es flächendeckend. Der Rebberg könnte sich so je länger desto mehr vom einstigen Villenquartier zur immer noch teuren, aber durchmischteren Wohnlage wandeln.

Langsame Verdichtung

Wäre da nicht das Ortsschild Reinach BL, würde niemand merken, wo die Siedlung im Norden beginnt. Vor einem Jahrhundert besass die heutige Vorstadt eine klare, konzentrierte Form. Massgebend war um 1900 noch immer der Etter, der ehemalige Zaun, der im alten Bauerndorf jahrhundertelang das Wohngebiet vom Acker- und Weidgebiet abgegrenzt hatte. Die Häuser gruppierten sich um einen Kern entlang der Hauptstrasse und der grossen Nebenstrassen sowie rings um die Kirche.

Ausserhalb dieses Kerns existierten damals nur wenige Bauten: Einzelhöfe wie der Reinacherhof oder die Häuserzeile an der Bruggstrasse, nahe der Birsbrücke bei Dornachbrugg. Der Rebberg war fast vollständig Rebland und zwischen Dorfkern und Münchenstein erstreckten sich weitläufige Landwirtschaftsgebiete. Die Wege und Strassen bildeten um 1900 ein lokales Netz, das gerade die benachbarten Dörfer verband.

Ein halbes Jahrhundert später, zu Beginn der Nachkriegszeit, zeigt die Landeskarte ein deutlich verändertes Bild. Der ehemals kompakte Siedlungskern ist in allen vier Himmelsrichtungen über den Etter hinaus gewachsen. Weit ausserhalb liegen einzelne Gebäude und Häusergruppen, zum Teil entlang der Tramlinie, zum Teil an neuen Strassen. Und das frühere Ackerland ist auf der Karte durchzogen mit zahlreichen geplanten Quartierstrassen. In dieser Zeit zwischen 1900 und 1950 begann das Dorf sich auszubreiten.

Dem Tram entlang

Ausgelöst wurde das Wachstum durch die neue Tramverbindung Aesch–Basel von 1907. Sie brachte allerdings keinen unmittelbaren Zustrom von Einwohnerinnen und Einwohnern. Werktags beförderte die Trambahn vor allem Pendler nach Basel und am Wochenende die erholungssuchenden Stadtmenschen aufs Land. Dennoch bildete die neue Verkehrsverbindung vorerst die Leitplanke der baulichen Entwicklung. Die Besiedlung ausserhalb des Dorfkerns folgte nämlich deutlich der Logik des Verkehrs.

In den Jahrzehnten zwischen 1910 und 1930 lag der Schwerpunkt der Entwicklung im Norden des alten Dorfes. Direkt an der Grenze zu Münchenstein wuchsen nach 1900 kleine Häusergruppen, im Bereich von Marsweg und Jupiterstrasse. Andere lagen weiter südlich am Bärenweg, im Surbaum, an der Stockackerstrasse. Einzelbauten entstanden beim Landhof. Die Siedlungsgruppen orientierten sich an der Nähe zu den Tramhaltestellen Heiligholz und Surbaum (seit 1925) und zu Münchenstein.

Bereits etwas früher waren einzelne Bauten rings um den Dorfkern entstanden: die Landhauskolonie im Bereich der Landererstrasse und vier villen-

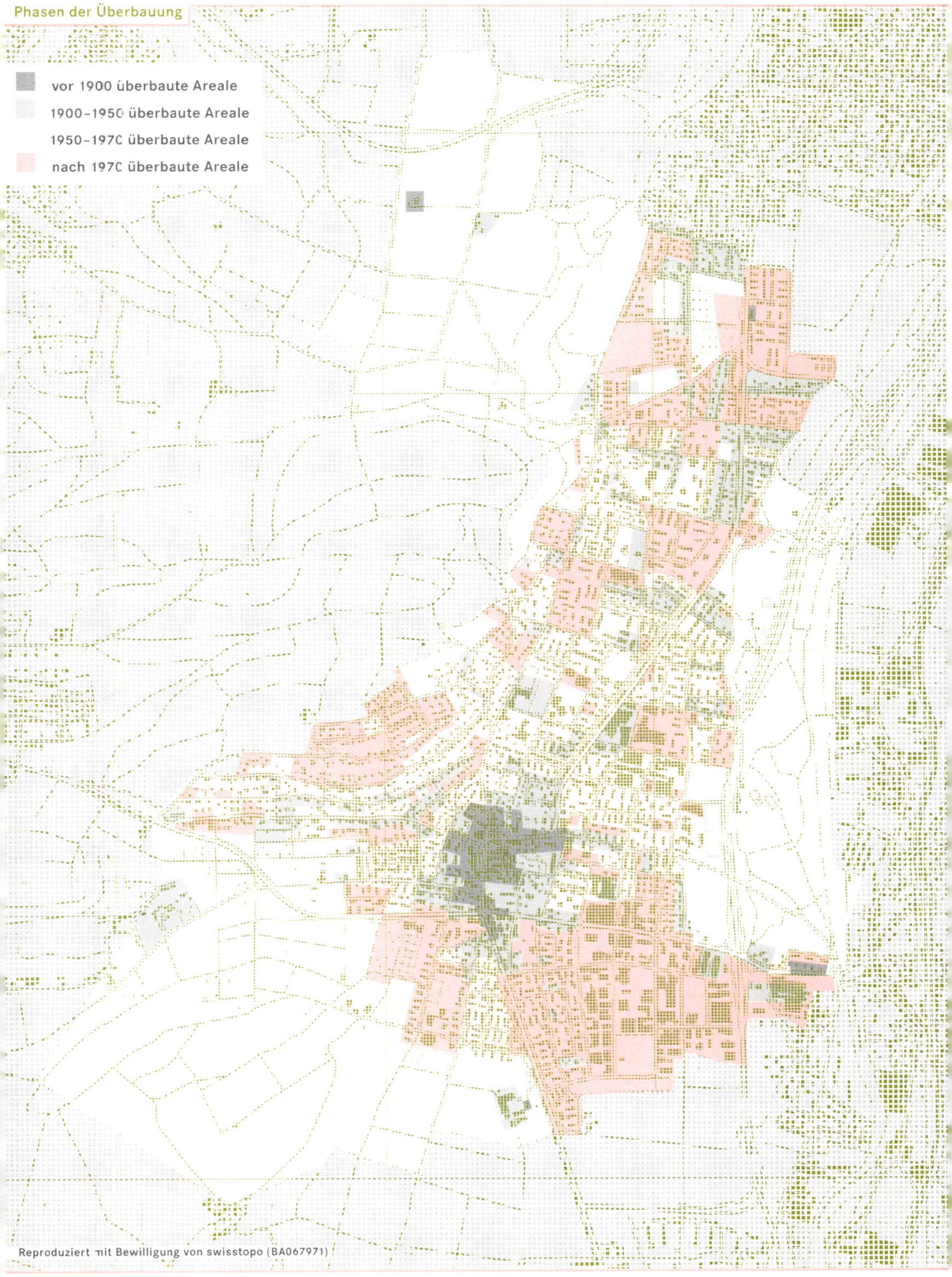
Phasen der Überbauung
vor 1900 überbaute Areale
1900–1950 überbaute Areale
1950–1970 überbaute Areale
nach 1970 überbaute Areale
Reproduziert mit Bewilligung von swisstopo (BA067971)

artige Einfamilienhäuser im Süden entlang der Bruggstrasse. Ansonsten beschränkte sich die Bautätigkeit in Reinach aber meist auf Umbauten.

Lückenfüller

Die Überbauung des Gemeindegebiets vollzog sich in fünf grossen Etappen. Bis um 1920 entstanden neue Bauten rings um den alten Dorfkern und ganz im Norden Reinachs. In einer nächsten Phase verdichtete sich das Baugebiet an der Grenze zu Münchenstein, nachdem 1925 die Tramhaltestelle Surbaum errichtet worden war. Zudem wuchsen in der Ebene und am Rebberg verstreut Einzelbauten empor. Damit begann die Streubauweise sich durchzusetzen. Mit der Nachkriegszeit setzte ein eigentlicher Bauboom ein, der vor allem nach 1960 die Überbauung des Rebbergs und die Verdichtung der Talfläche bewirkte. Ein nächster Schub geschah in den Jahrzehnten nach 1970: Damals wurde das Kägenquartier, das zuvor praktisch leer gewesen war, bebaut und bestehende Wohngebiete beim Einschlag, Krummenrainweg oder im Fiechten wurden aufgefüllt. 1970–1990 nahm die Wohnbautätigkeit allerdings stark ab, gemessen an den vorangehenden Jahrzehnten. In der bisher letzten Bauphase nach 1990 kam es wieder zu einem Aufschwung. Auf den letzten grossen Brachen im Mausacker, beim Fleischbach und beim Reinacherhof entstanden Überbauungen.

Reinach wurde so im frühen 20. Jahrhundert an die ausgreifende Vorstadt Münchenstein angebunden. Erst nach 1960 verdichteten sich die verstreuten Einzelbauten im Zwischenraum zu einer Siedlungsfläche. Das zeigt sich auch in der Statistik. Von diesem Zeitpunkt an nahm die Bevölkerungsdichte in Reinach sprunghaft zu und erreichte bis 1980 fast das Fünffache des Kantonsdurchschnitts. Verdichtet wurde auch die Wohnfläche. Dominierten bis 1950 noch die Einfamilienhäuser, entstanden in der Folge immer häufiger Wohnblöcke. Die ersten kamen 1950 an der Alemannenstrasse zu stehen. Nach 1960 stieg der Anteil der Einfamilienhäuser am Gesamtwohnungsbestand nur noch langsam. Durch ihren hohen Flächenbedarf nehmen sie aber weiterhin einen grossen Raum im Siedlungsbild ein.

Kleine Parzellen

Streubauweise – lockere, unzusammenhängende Bauweise also – dominierte die Entwicklung Reinachs. Sie wurde durch das Bau- und Kanalisationsreglement, das 1925 von der Gemeindeversammlung beschlossen wurde, verstärkt. Der grösste Teil des Gemeindegebietes wurde so für die Überbauung freigegeben, offiziell festgelegt im Baulinienplan 1932.

Die Flugaufnahme von 1964 lässt die einzelnen Siedlungskerne und die noch unüberbauten Zwischenräume gut erkennen. Der historische Dorfkern liegt links oben.

Die Freigabe des ehemaligen Landwirtschaftsgebietes ohne weitere raumplanerische Vorgaben barg ungeahnte Probleme. Als Folge der alten Dreizelgenwirtschaft und der jahrhundertelangen Erbteilung war der Boden meist in sehr lange und schmale Parzellen aufgeteilt. Benachbarte Grundstücke gehörten unterschiedlichen Besitzern. Erschlossen waren solche Parzellen nur an den Stirnseiten, wo sie an einen Feldweg stiessen. Wer Bauland kaufte, musste deshalb an der Langseite einen zusätzlichen Zugangsweg erstellen. So wiesen die neu bebauten Flächen oft eine kleinteilige Struktur auf.

Nicht überall aber blieb die historische Parzellenstruktur prägend. Problematisch wurde dies, weil die Besitzverhältnisse oft unkoordiniert bereinigt und die Flächen schlecht genutzt wurden. Im Bereich Ziegelgasse–Juraweg zum Beispiel wurden Parzellen zusammengelegt und neu in besser verwertbare Grundstücke gegliedert. Man erstellte die einzelnen Neubauten aber ohne räumlichen Bezug zueinander, was komplizierte Zufahrtswege für die innerhalb liegenden Bauten erforderte.

Blick aus dem Weekend-Häuschen der Familie Morf im Rebberg (1928)

Umzug aufs Land

Die Neubauten in der ersten Hälfte des 20. Jahrhunderts bilden eine Mischung zwischen städtischer und ländlicher Wohnform. Am Bärenweg 14 liess zum Beispiel der Kaufmann Rudolf Stohler aus Basel 1919 ein eher vornehm wirkendes Einfamilienhaus erstellen. Es verfügte über einen repräsentativen Eingang gegen die Baselstrasse hin, ein Badzimmer und ein separates WC, vermutlich sogar über eine Zentralheizung. Daneben baute er aber gleichzeitig ein Ökonomiegebäude mit Schopf, Ziegen- und Schweinestall. Solche Selbstversorger waren nicht die Ausnahme. Die meisten Gärten in jenen Jahren wurden als Pflanz- und nicht als Ziergärten angelegt. Das Nebeneinander von Kleinlandwirtschaft und Wohnflächen sorgte zuweilen auch für Konflikte.

Viele Städter verlegten ihren Wohnsitz sozusagen etappenweise aufs Land, indem sie in Reinach Garten- und Wochenendhäuser erstellten. Der beliebteste Standort war der Rebberg. Von den 70 Garten-, Wochenend- und Gerätehäusern, welche 1907–1945 bewilligt wurden, gehörten 47 städtischen Besitzern und nur 13 Reinachern. Dies widerspiegelt einerseits die wirtschaftlichen Krisenzeiten, anderseits auch die Attraktivität Reinachs als Erholungs- und Pflanzgarten. Die Gemeinde versuchte diese Entwicklung 1938 mit einem generellen Verbot von Wochenendhäusern zu stoppen, welches 1939 aber vom Bundesgericht aufgehoben wurde.

Freie Sicht

Die Überbauung des Rebbergs vollzog sich in mehreren Phasen. In den 1920er-Jahren entstanden erste Wohnbauten: 1921 ein Chalet am Hinterlindenweg, am Rande des Rebbergs, und 1929 das erste Gebäude, ebenfalls ein Holzchalet, mitten im Rebberg. Teile des Rebbergs wurden bereits damals nicht mehr mit Reben bepflanzt, sondern als Gemüse- und Obstgarten genutzt. Erste Bauvorschriften diskutierte der Gemeinderat 1928.

Der Bebauungsplan von 1936 definierte den gesamten Rebberg als Baugebiet. Unterbrochen durch den Zweiten Weltkrieg nahm die Überbauung zu. Die Mehrheit der Bauten entstand erst nach 1960. Der typische Werdegang einer Parzelle sah etwa so aus wie jener der Nr. 1239: Bis 1917 wurde sie als Rebland gekauft, geerbt und genutzt. 1933 kaufte ein Basler das Grundstück und errichtete darauf ein Wochenendhaus. 1955 wechselte der Besitzer, neben das alte Gebäude kam ein Einfamilienhaus zu stehen. Und 2002 stand es erneut zum Verkauf. Beide Bauten wurden abgebrochen und ein neues Einfamilienhaus entstand.

Erleichtert wurde die Bebauung des Rebbergs durch dessen Parzellen- und Wegstruktur. Jedes der langen und schmalen Grundstücke stiess an den Stirnseiten an einen der parallel dem Hang folgenden Wege. Der Hollenweg bildete im östlichen Teil die natürliche Grenze zwischen Rebland und Wald. Bereits der Zonenplan von 1951 sah vor, die Bebauungslinie unterhalb des beliebten Spazierwegs und Aussichtspunktes zu legen. Mit dem überarbeiteten Zonenplan von 1966 wurde dann direkt unterhalb des Hollenwegs die so genannte Aussichtszone geschaffen. Hier ist zur Sicherung der Aussicht nur eine Bebauung unterhalb des Strassenniveaus erlaubt.

Steuerzahler gesucht

Im Norden des historischen Dorfkerns liessen sich zu Beginn des 20. Jahrhunderts vor allem Zuzüger aus dem städtischen Klein- und Mittelbürgertum nieder: Handwerker, Gewerbetreibende, Kaufleute und Arbeiter. Zur selben Zeit entstanden in Reinach auch gezielt Siedlungen für wohlhabendere Zuzüger. Der Basler Architekt Emil Dettwiler plante 1909 eine Überbauung, die er im Prospekt als Landhauskolonie anpries. Als Vorbild diente ihm ein Villenquartier in München. Das von ihm aus der Konkursmasse der ehemaligen Brauerei aufgekaufte Areal erstreckte sich von der Rankhofkurve bis zur Gartenstrasse.

Die geplante Landhauskolonie im Gebiet der Landererstrasse, wie sie 1911 im Prospekt präsentiert wurde.

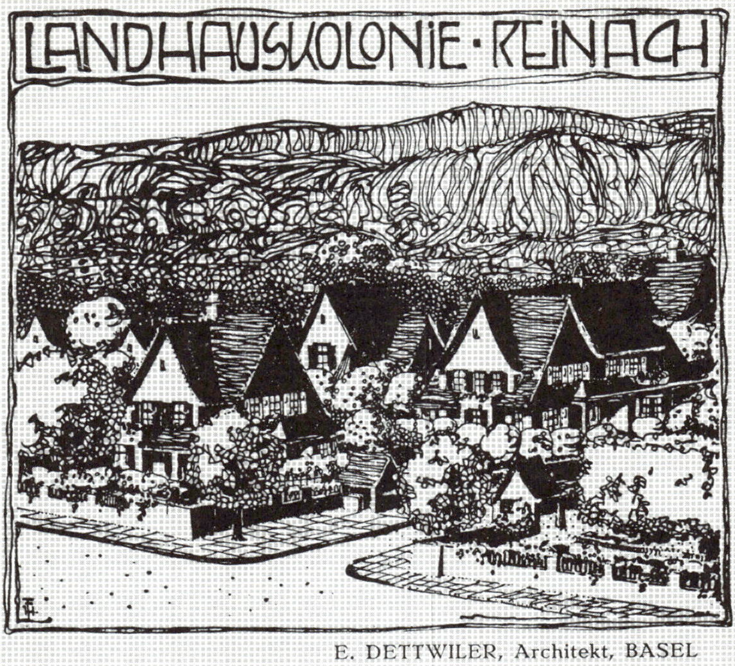

Heute steht hier, an der Ecke Hauptstrasse/Brunngasse, das «Badewännliturm» oder «Bluetige Duume» genannte Hochhaus. Es wurde 1979 erbaut.

Realisiert wurden 1910 schliesslich vier eingeschossige Häuser im Heimatstil an der Landererstrasse. 1918 kamen an der Gartenstrasse Doppeleinfamilienhäuser dazu. Schon bald verwendete man in Reinach für das Quartier den Übernamen Villa. Für eine ähnliche Zielgruppe erstellte Karl Grellinger 1921/1922 vier villenartige Einfamilienhäuser im Süden entlang der Bruggstrasse.

In der ersten Hälfte des 20. Jahrhunderts begann sich so der Charakter Reinachs langsam aber stetig zu wandeln. Noch immer wurden landwirtschaftliche Bauten errichtet oder erweitert. Doch ungleich stärker nahm der Bau von Einfamilienhäusern zu. Und – seit den 1920er-Jahren – der Bau von Autogaragen. Auch darin zeigt sich der Umbau Reinachs vom Bauerndorf mit einer wenig vermögenden Bevölkerung in eine Mittelstands-Wohnsiedlung. In der Zonenplanung 1951 wurde das Gebiet für zweigeschossige Bauten verhältnismässig gross definiert. Damit wollte man den Bau von Einfamilienhäusern fördern – deren Besitzer, so die Überlegung, würden steuerkräftiger sein als die Mieter in Mehrfamilienhäusern. Die Rechnung schien aufzugehen. Bei den aktuellen Bodenpreisen könne sich kein Arbeiter mehr ein Haus bauen, klagte 1961 der reformierte Pfarrer, nur noch der begüterte Mittelstand.

Schulcampus

Was das langgestreckte Siedlungsbild von Reinach gliedert, sind die beiden Strassenachsen, die sich südlich des Dorfkerns kreuzen. Und die vier Schulareale: im Norden die International School Basel (ISB) mit der Primarschule Reinacherhof; in der Mitte die Handelsschule des Kaufmännischen Verbandes (KV), die Primar- und Sekundarschule an der Egerten-/Lochackerstrasse; im Süden der Gemeinde die Primarschule Fiechten und ganz am östlichen Rand die Primarschule Aumatten. Mit ihrem grossen begrünten Umschwung bilden diese Schulareale Oasen und Marksteine im Siedlungsgewirr.

Die grösste und zugleich erste Anlage bildet das heutige Schulzentrum Weiermatt. Das erste Gebäude, das Weiermattschulhaus, wurde 1939–1941 erbaut, mitten im freien Feld. 1952 bereits wurde es erweitert. Daran anstossend entstanden in den Folgejahrzehnten drei weitere Schulbauten: im Süden 1954 die heutige Handelsschule KV Baselland, damals noch Realschulhaus; 1968 im Osten das Sekundarschulhaus Bachmatten und 1974 nördlich davon das Sekundarschulhaus Lochacker.

Subzentrum Surbaum

Der ungesteuerte Wachstumsboom der Nachkriegszeit verhinderte auch, dass neue Zentren in Ergänzung zum historischen Dorfkern entstanden. Ansätze dazu bestanden zwar. Die 1925 errichtete Tramhaltestelle Surbaum bildete einen potentiellen Kristallisationspunkt. Auf sie bezog sich zum Beispiel die 1931 vom Basler Bauunternehmer P. Corti erbaute Kleinsiedlung zwischen Surbaum- und Baselstrasse. In mehreren Etappen entstanden insgesamt elf Einfamilienhäuser. Die Gebäude waren ein- oder zweigeschossig, für unterschiedliche Ansprüche eingerichtet und bildeten mit dem am nördlichen Ende gelegenen Ladengebäude eine Einheit. Auf der Ostseite der Baselstrasse, am Waldweg, wuchs im selben Jahrzehnt ebenfalls eine ganze Strassenzeile, deren Gebäude sich auf die Haltestelle hin orientierten. 1948 erhielt die Haltestelle ein Gebäude mit Wartehalle, Kiosk und Telefonkabine. Der Warteraum diente zugleich als zweites Wahllokal der Gemeinde. Die 1957 diskutierte Idee, im Surbaum ein neues Ladenzentrum zu bauen, wurde aber nicht realisiert. Erst 1964 eröffnete Coop hier eine Filiale. 1965 folgte das Primarschulhaus Surbaum.

Eine ergänzende Funktion als zweiter Bezugspunkt in Nähe des Surbaums erfüllte das reformierte Kirchgemeindehaus im Mischeli. 1929–1930 auf freiem Feld erstellt, hielt es eine grosse Reservefläche für den späteren Kirchenbau frei. Hier wurde 1946 auch ein reformierter Kindergarten eingerichtet. In den 1960er-Jahren entstanden im Umfeld in rascher Folge verschiedene Bauten mit Zentrumsfunktion: 1959 die Atriumsiedlung In den Gartenhöfen, 1963 die reformierte Kirche und 1971 das Mischeli-Zentrum.

Überbauungen mit Dorfcharakter

Nicht alle Bauten in Reinach wurden isoliert und einzeln errichtet. Die Landhauskolonie im Villenquartier von 1910 bildete einen frühen Anlauf zu einer zusammenhängenden Überbauung. Aus der Zeit um 1960 datieren die nächsten Versuche. Die so genannten Teppichsiedlungen In den Gartenhöfen von 1959 und Im Pfeiffengarten von 1960 zeichnen sich aus durch eine verdichtete Baustruktur. Über 30 Flachdachgebäude bilden in beiden Siedlungen aufeinander ausgerichtete Zweier- bis Dreiereinheiten. Der Eindruck eines selbständigen Kleindorfes wird durch einen zentralen Platz mit Brunnen verstärkt.

Die weithin sichtbaren Hochhäuser im Surbaum sind Teil einer benachbarten Überbauung. Sie besteht aus zwei 14-geschossigen Hochhäusern, den ersten in Reinach, und einem so genannten Scheibenhaus mit sechs Stockwerken. 1964–1965 wurden diese ersten Reinacher Hochhäuser fertiggestellt. Möglich wurden sie durch die Erarbeitung eines Teilzonenplans Surbaum – der bestehende Zonenplan sah für dieses Gebiet nur Reihenhäuser oder zweigeschossige Mehrfamilienhäuser vor.

Vorher und nachher: Der ehemalige Rankhof 1967 und das Coop-Zentrum 1970

Widerstandslos vollzog sich der Umbau des alten Dorfkerns nicht. 1981 protestierten Jugendliche gegen den Abbruch der Gebäude an der Hauptstrasse 13–15. Ohne Erfolg: Auf dem Areal entstand die Geschäftshausüberbauung des Bankvereins.

Aus derselben Zeit stammt die Überbauung Aumatten zwischen Eremitage- und Aumattstrasse. Sie wurde 1962 gesamthaft als neues Quartier geplant und ausgeführt. Die Baukörper in unterschiedlicher Höhe orientieren sich auf die gemeinsame Grünfläche im Zentrum. 80% des Areals blieben dabei als Freifläche bestehen. Frühe wie spätere Gesamtüberbauungen wurden als geschlossene, von ihrer Umgebung klar abgegrenzte Komplexe angelegt. Sie bildeten gestaltete Siedlungselemente mit überlegter Raumnutzung und hoher Wohnqualität. Am unstrukturierten Gesamtbild der Siedlung Reinach änderten sie wenig.

Einkaufen und Wohnen

Nach 1970 entstanden zudem neue Gebäudetypen, grosse Wohnungsblöcke mit Ladengeschäften. Am Rande des Dorfkerns beim Rankhof erstellte Coop 1970 einen Supermarkt mit Restaurant und Wohnetagen. Das erste eigentliche Einkaufszentrum in Reinach und im Kanton überhaupt wurde im Jahr darauf neben der reformierten Kirche im Mischeli gebaut. Der Komplex umfasste einen Migros-Markt, acht Detailhandelsgeschäfte und darüber einen ganzen Block mit Wohnungen, Büros und Arztpraxen.

Auch die späteren gemischtwirtschaftlichen Überbauungen entstanden im und um den historischen Siedlungskern herum. An der Angensteinerstrasse wurde 1988 das Einkaufszentrum Im Zentrum eröffnet. Und 1998 folgte der Stadthof an der Hauptstrasse mit Gewerbe- und Wohnteil. Der Neubau des Gemeindehauses 2002 umschloss zwar auch Läden, Büro- und Wohnräume, aber in getrennten Gebäuden.

An der Strasse

Das frühe Siedlungswachstum orientierte sich klar an der Strassen- und Tramlinie. Die Bauten aus dem Beginn des 20. Jahrhunderts, etwa jene im Villenquartier oder an der Grenze zu Münchenstein, präsentierten ihre Vorderfront der Strasse. Bei der Überbauung der Strassenzeile im Surbaum 1931 kamen die besser ausgestatteten Einfamilienhäuser mit dem Eingangsbereich direkt an die Baselstrasse zu liegen. In der hinteren Linie standen dann die Behausungen von Arbeitern und Handwerkern.

Mit der zunehmenden Massenmotorisierung wurde die Strassennähe aber eher gemieden. Das Siedlungswachstum der Nachkriegszeit spielte sich in grösserer Distanz zu den Verkehrs- und Lärmachsen ab. Der Wohnungsbau der 1950er-Jahre bevorzugte zurückgesetzte Lagen, zum Beispiel im Bereich der Talacker- oder der Niederbergstrasse. Erst nach 1960/1970 wurden – wie am Rosenweg – die verbleibenden Areale mit direktem Anstoss an die Hauptstrasse überbaut. Am deutlichsten kommt die veränderte Einstellung bei der Überbauung im Reinacherhof-Ost aus der Jahrtausendwende zum Ausdruck: Die Wohnhäuser sind gegen die Strasse hin durch hohe Lärmschutzwände abgegrenzt und abgedichtet.

Fabriken im Wohnviertel

Die Siedlungsfläche Reinachs lässt sich – abgesehen vom Spezialfall Kägen – grob in drei Funktionstypen gliedern. Am Rebberg, im Südwesten und Nordwesten des historischen Kerns bis zur Gemeindegrenze dominiert eine reine Wohnzone mit nur vereinzelten Gewerbebauten. Das alte Dorfzentrum bildet eine Mischzone, in der sich Einkaufsmöglichkeiten und Wohngelegenheiten konzentrieren. Und östlich der Baselstrasse bis etwa zur Höhe des Landhofs liegen in den Quartieren Hinterkirch und Aumatten Industrie, Gewerbe und Wohnen kreuz und quer durch- und nebeneinander.

Die Ursache dieser Vermischung ist in der verzögerten wirtschaftlichen Entwicklung Reinachs und im Fehlen siedlungsplanerischer Vorgaben zu suchen. Vor dem Zweiten Weltkrieg gab es in der Gemeinde nur wenige und kleine Gewerbebetriebe. Die ersten grösseren Unternehmen wie die Bacher AG an der Baselstrasse oder die Obrist AG im Hinterkirch liessen sich auf unbebautem Feld nieder. Mangels planerischer Vorgaben entstand dort in der Folge keine Ballung von Fabrikbetrieben wie später im Kägen. Rasch füllte sich nach 1960 der leere Baugrund gleichzeitig mit Mehrfamilienhäusern, Büro-, Wohn- und Gewerbeblöcken.

Auslagerung

Einen Spezialfall stellt das Kägenquartier dar. Ausser im nordwestlichen Zipfel, wo es an den historischen Dorfkern stösst, blieb es bis 1970 unbebaut. 1951 war es im Zonenplan nicht als Baugebiet ausgeschieden, mit Ausnahme der Parzellen zwischen Steinreben- und Hauptstrasse. Infolge des ungestümen Wachstums erwiesen sich aber in den Folgejahren die vorgesehenen Industrie- und Gewerbeareale als zu knapp bemessen. Der Zonenplan von 1951 rechnete für die kommenden Jahre mit neun bis zehn Fabrikbetrieben, bei einer Maximalbevölkerung von 10000 Personen. 1966 wurde deshalb eine neue Kägenplanung entworfen, die eine gezielte Ansiedlung von Unternehmen vorsah.

Neben den Wohnbauten im westlichen Teil entstanden so nach 1970 zahlreiche Industriebauten. Vorläufig reichte das bebaute Gebiet im Osten nur bis zur Kägenstrasse. Der anstossende Boden gehörte zum Bauernbetrieb Sternenhof und lag im Eigentum der Christoph Merian Stiftung aus Basel. Nach dem Bau der Schnellstrasse H 18 1982 wurde eine längerfristige landwirtschaftliche Nutzung des Areals aber unrealistisch. Die Christoph Merian Stiftung trat das Land im Baurecht ab. Bereits 1990 war es grossflächig überbaut.

Ausgelagert wurde 1982 auch der Friedhof. Der bestehende Dorffriedhof neben der Kirche war bereits 1960 erweitert worden. Die Ortskernplanung 1966 sah dann keinen weiteren Ausbau, sondern die langfristige Umwandlung in einen Stadtpark vor. Entsprechend wurde ein neuer Friedhof-Standort gesucht und schliesslich am Südrand Reinachs im Fiechtenquartier gefunden.

Strassenbau

Reinachs Strassen entstanden in zwei Schüben. Bei der Feldregulierung 1904–1911 legte man die bisherigen schmalen Parzellen zu grösseren Flächen zusammen, um sie rationeller bewirtschaften zu können. Zur besseren Erschliessung mussten in der Folge auch neue Feldwege angelegt werden. Sie bestanden aus einer einfachen, eingewalzten Lehm- und Mergeldecke. Aus diesen Feldwegen wurden im Zuge der Besiedlung dann Quartierstrassen. Zuerst verbesserte man sie durch das Einwalzen von Kies. In der Nachkriegszeit kam ein

Um die Linienführung der 1982 eröffneten Hochleistungsstrasse H 18, hier noch im Bau, stritt man sich jahrelang.

Teer-Splitter-Belag darauf. Erst wenn ein Quartier dichter besiedelt war, wurden die Strassen verbreitert, manchmal mit einem Trottoir versehen und dauerhaft geteert.

Viele der heutigen Quartierstrassen wurden erst im 20. Jahrhundert geschaffen und getauft. Neben die historischen Flurbezeichnungen traten immer mehr die Namen von benachbarten Gemeinden, Bäumen und Tieren etc. Das planlose Bauen erzwang stete Neuanpassungen. War auf dem Gemeindeplan von 1971 zwischen Bären- und Loogweg noch eine parallel und geradlinig verlaufende Eichenstrasse vorgesehen, wanden sich dort 1980 ein Igel- und ein Dachsweg durch die Siedlung. Systematischer ging es 1980/1981 bei der Benennung der Verbindungswege am Rebberg und in anderen Teilen der Gemeinde zu.

Mehr Verkehr

Mit der Motorisierung des Verkehrs erfolgte im 20. Jahrhundert auch ein Ausbau der Durchgangsstrassen Basel–Aesch und Therwil–Dornachbrugg. Nach 1900 wurde die Hauptstrasse im Süden des Dorfes verbreitert, 1925 neu gewalzt und wenige Jahre später geteert. Wie die übrigen Agglomerationsgemeinden wies Reinachs Bevölkerung bereits 1937 einen überdurchschnittlich hohen Motorisierungsgrad auf. Die Verkehrszählung an der Baselstrasse belegt zudem, wie die Verkehrsentwicklung auf der Birstalachse nach 1960 massiv zunahm. Für eine Beschleunigung sorgten 1954 die Korrektur des Strassenstückes Reinach-Aesch, welches betoniert und modernisiert wurde, sowie die Erstellung der neuen Birsbrücke bei Dornachbrugg 1957. Mit dem Bau der Birsigtalstrasse 1971 wurde der West-Ost-Verkehr nicht mehr durch die Therwilerstrasse, sondern südlich am historischen Dorfkern vorbei geführt. 1978 wurde zudem die bestehende Buslinie 62 von Bottmingen nach Biel-Benken verlängert. Fortan führte sie als Linie 64 weiter nach Therwil, Reinach und Arlesheim.

Eine Entlastungsstrasse für das Birstal in Nord-Süd-Richtung war schon in den 1940er-Jahren vom Schweizerischen Autostrassen-Verein gefordert worden. In der Reinacher Ortsplanung von 1951 wurde diese Idee einer Ortsumfahrung aufgenommen. Auf der Höhe der Reichensteinerstrasse sollte die neue Autostrasse dem Rand des Baugebiets und der Siedlungsterrasse entlang bis zum Einschlag führen und weiter linksufrig der Birs, bis sie bei Angenstein wieder in die bestehende Talstrasse einmünden würde. Zwei weitere Planungsvarianten des Kantons sahen 1959 den Ausbau des Teilstücks Münchenstein–Reinach und 1963 den Ausbau der gesamten Strecke Basel–Reinach zu einer Expressstrasse vor. Nach einer Überarbeitung 1965 sollte die damals noch T 18 genannte Strasse neu auf ein separates Trassee gelegt werden.

Planungszwänge

Der Bau der Talstrasse T 18 – heute H 18 – führte die Probleme des Agglomerationswachstums drastisch vor Augen. Die Strassenbauphilosophie der 1960er-Jahre wollte den wachsenden Verkehr ausserhalb der Bauzonen kanalisieren. Dies schien im Birstal ideal lösbar. Zum Konflikt kam es, weil die vom kantonalen Parlament 1971 genehmigte linksufrige Strassenlinie mitten durch den Auwald führte. Die Strasse an sich blieb unumstritten, doch um die rechts- oder linksufrige Variante kämpfte man bis vor Bundesgericht. 1978 reichte ein Reinacher Komitee eine Initiative ein: Die T 18 sollte auf dem rechten Birsufer geführt werden und nördlich von Münchenstein nur noch zwei Spuren enthalten. Die Initiative wurde von der gesamten Baselbieter Bevölkerung deutlich verworfen, in Reinach und Münchenstein hingegen deutlich angenommen. 1982 wurde die fertig gebaute Strasse eröffnet.

Reinach hatte 1979 durchsetzen können, dass die H 18 beim Schwimmbad durch einen Tunnel geführt wurde. Dennoch trennte die Strasse das Siedlungsgebiet unwiderruflich von der Birsaue ab. Der Landwirtschaftsbetrieb Sternenhof lag nun unmittelbar an einer Schnellstrasse. Der Durchgangsverkehr auf der Baselstrasse nahm zwar nach 1982 kurzfristig ab, steigerte sich aber im Lauf der Jahre wieder auf das vorherige Niveau.

Sudeten und andere

Die Einwohnerinnen und Einwohner nördlich vom Mischeli wurden von Alteingesessenen lange als «Sudeten» oder «Sudeten-Reinacher» bezeichnet. Dieser Name bezog sich auf die so genannten Sudetendeutschen, die nach dem Ende des Zweiten Weltkrieges aus der Slowakei vertrieben wurden und sich in Deutschland niederliessen. «Sudeten» nannte man damals viele neu angesiedelte Flüchtlinge, mit negativem Unterton.

Vielleicht stand der Übername einfach als Synonym für das Fremde, Zugezogene schlechthin? Der Zuzug in den Reinacher Norden begann ungefähr zur selben Zeit, als die Sudetenfrage aufbrach. Wer sich hier niederliess, stammte meist aus Basel oder den städtischen Vororten, richtete sein Leben nicht nach Reinach, sondern nach Münchenstein und Basel aus. Oft waren es auch Reformierte, die von den bereits ansässigen Katholiken im Dorfkern schief angesehen wurden.

Auch andere Gemeindeteile tragen Übernamen. Die Brühlgasse wurde Heilige Gasse genannt, weil dort Sigrist und Ordensschwestern wohnten. Und das Gebiet zwischen Juraweg, Brugg- und Scheltenstrasse hiess Scherbenviertel. Dort befand sich früher ein Grienloch, das als Abfallgrube diente. Wegen der wohlhabenderen Bewohner nennen manche Reinacher den Rebberg Goldhügel. Der Reinacher Norden wurde auch spöttisch Slum oder Güllelöchli genannt, da der Kanalisationsanschluss dort erst in der zweiten Hälfte des 20. Jahrhunderts erfolgte.

Visionen und Korrekturen

Das Siedlungswachstum Reinachs im 20. Jahrhundert glich einem Wettlauf zwischen Igel und Hase, zwischen realer Bautätigkeit und planerischen Steuerungsbemühungen. Auch in anderen basellandschaftlichen Gemeinden hinkten die gesetzlichen Vorgaben den bereits geschaffenen Tatsachen lange hinten nach. Doch in Reinach sind die Folgen deutlicher als anderswo: Die Streubauweise hat die historische Siedlungs- und Baustruktur aufgelöst und auf Einzelreste reduziert, ohne dem Ganzen ein neues Profil zu verleihen.

Denn Reinach ist im 20. Jahrhundert nicht nur in die Breite gewachsen. Gleichzeitig wurde auch im ursprünglichen Dorfkern rings um Kirche und Gemeindeverwaltung Altes abgerissen und Neues oft rücksichtslos platziert. Wie im übrigen Siedlungsgebiet, nur mit viel augenfälligerer Wirkung, stehen heute im historischen Zentrum Bauten aus verschiedenen Epochen beziehungslos nebeneinander. Weder kann Reinach ein erkennbares Altstadt-Bild vorweisen wie Muttenz noch ist der Kern konsequent umgebaut worden. Es scheint, als hätten sich weder heimatschützerische noch modernisierungsfreundliche Kräfte durchsetzen können.

Dabei zeigen die ortsplanerischen Entwürfe für Reinach – von 1936, 1951 und 1966/1967 – durchaus Ansätze zu einer Neuorientierung. Im Nachhinein betrachtet unter- oder überschätzten sie jedoch die Entwicklungsdynamik stark. Und es erwies sich als immer schwieriger, die ursprünglichen Irrtümer zu korrigieren.

Fatale Vorgaben

Die Planungsprobleme Reinachs begannen 1925. Der Gemeinderat liess ein Bau- und Kanalisationsreglement erarbeiten, das im September des Jahres von der Gemeindeversammlung genehmigt wurde. Gleichzeitig wurde ein Baulinienplan beschlossen. Er schloss den grössten Teil des Gemeindebanns mit ein. Der ausgeführte Plan lag allerdings erst 1936 vor. Er definierte das Strassennetz, eine Ortskernzone, zwei verschiedene Wohn- und eine Gewerbezone. Noch war damit keine Feinerschliessung und keine detaillierte Parzellenstruktur vorhanden.

Mit Reglement und Bebauungsplan verfügte die Gemeinde erstmals über ein Planungsinstrument – das gleichzeitig aber kaum mehr Steuerungsmöglichkeiten bot. Wahrscheinlich ahnte niemand, was für Konsequenzen diese grosszügige Definition der Bauzonen haben würde. Denkbar wäre ja auch eine Konzentration auf die Siedlungskerne an der Nordgrenze und im historischen Dorfzentrum gewesen. Doch der Entscheid von 1925 schuf ideale Grundlagen für die kommende zusammenhangslose Überbauungsart.

Korrekturversuche

Ob Gewinnhoffnung oder optimistische Wachstumsvisionen zu diesem Planungsentscheid führten – korrigiert wurde er jedenfalls nicht mehr. Bei der folgenden Ortsplanung 1948–1951 beharrten verschiedene Gemeinderäte auf dem Recht der Landbesitzer. Unbestritten war, dass das Baugebiet zu gross sei. Das Planungsbüro rechnete bei günstiger Entwicklung mit einer Bevölkerungszahl von knapp 7000 Personen bis Ende der 1970er-Jahre. Um der bereits spürbaren Streubauweise Einhalt zu gebieten, sollten die Gebiete etappenweise überbaut oder fertig bebaut werden.

Zur ersten Etappe zählte man 1948 die Gebiete zwischen Surbaum–Mischeli, im Pantel, im mittleren Rebberg, zwischen Schönenbachstrasse und Dorfkern sowie Aumatten und Hinterkirch. Letztlich blieb dieser Etappenplan aber Papier. Um Bauten zu verhindern, hätte man das Baugebiet verkleinern respektive rückzonen müssen. Dies war praktisch jedoch nicht mehr möglich, da 1948 schon fast überall ein Häuschen auf dem freien Feld stand.

Städtisches Zentrum

1961–1966 liess die Gemeinde eine Sonderplanung für den historischen Ortskern erstellen und 1966–1967 den Zonenplan für das gesamte Gemeindegebiet überarbeiten. Viele Privatparzellen im Ortskern waren schlecht oder gar nicht bebaut. Deshalb sah die Planung eine vollständig neue Gestaltung des gesamten Kernareals vor. Anstelle der bisherigen Bauten sollten überall mehrgeschossige Wohnhäuser, entlang der Hauptstrasse eingeschossige Gewerbehäuser entstehen. Das Gebiet zwischen Kirche und Bölchenstrasse war als Grünpark vorgesehen.

Den Planern schwebte ein modernes, rational genutztes und verdichtetes Wohn- und Geschäftszentrum mit städtischem Charakter vor. Denn in den 1960er-Jahren ging man davon aus, dass Reinach einst bis zu 38 000 Einwohnerinnen und Einwohner umfassen werde. Der erstellte Richtplan setzte allerdings immer die Zustimmung der jeweiligen Grundbesitzer voraus. Die projektierten Bauten überschritten fast ausnahmslos die bisherigen Parzellengrenzen. Darin liegt sicher ein Grund, weshalb der Plan weitgehend Papier blieb. Die erhoffte Verdichtung fand nicht statt, nur vereinzelte Hochbauten entlang der Hauptstrasse wurden errichtet. 1987 brachten neue Zonenvorschriften für den Ortskern eine Abkehr von den Vorstellungen der 1960er-Jahre.

Auch die 1966 vorgesehenen Flächen für die Öffentlichkeit, Gemeindeverwaltung und Stadtpark, blieben bis ins 21. Jahrhundert uneingelöste Visionen.

Ein modernes Geschäfts- und Wohnzentrum an Stelle des historischen Ortskerns wollten die Planer in den 1960er-Jahren schaffen, wie das Modell der Ortskernplanung zeigt.

Die hauseigene Kläranlage beim Erlenhof, hier noch im Bau (1953), entlastete den Dorfbach von grossen Mengen Schmutzwasser.

Erst mit dem Bau des Gemeindehauses gelang es, zumindest die planerische Idee des städtebaulichen Akzentes zu verwirklichen.

Erschliessungsprobleme

Die extreme Streubauweise bescherte Reinach nicht nur ein unschönes Siedlungsbild, sondern auch langfristige Probleme mit hohen Kosten- und Umweltfolgen. Die Folgen dieser «Hüslipest», wie sie ein moderner Architekturkritiker nennt: unverhältnismässig viele, lange Wasser- und Stromleitungen sowie Erschliessungsstrassen. Um die isoliert liegenden Häuser anzuschliessen, musste die Gemeinde ständig auf Vorschuss investieren.

Die fehlende Kanalisation stellte ein Hauptproblem dar. 1948 existierten erst der Hauptkanal im Dorfkern sowie einzelne Teilstücke in der Umgebung. Von den Neubauten wurde zu dieser Zeit bloss die Hälfte an die Kanalisation angeschlossen, bei den übrigen behalf man sich mit Jauchegruben. Trotz des Filtereffekts des Schotterbodens stieg damit die Gefahr der Grundwasserverschmutzung laufend. In den 1950er-Jahren erhob man den Kanalisationsanschluss zur Bedingung. Aus diesem Grund blieb zum Beispiel das Gebiet des Reinacherhofs jahrzehntelang unbebaut, da hier kein Kanalisationsnetz bestand.

Historische Reste

Reinach hat durchaus schützenswerte bauliche Zeugen seiner dörflichen Vergangenheit. Der Dorfbrunnen, die Raiffeisenbank, die Gewölbekeller im Gemeindehaus und das Wegkreuz am Dorfausgang gegen Aesch stehen unter kantonalem Denkmalschutz. Weiter listet das Bauinventar Kanton Basel-Landschaft (BIB) acht Bauern-, Tauner- und Gasthäuser aus dem 16. bis 19. Jahrhundert auf, welche nur kontrolliert verändert werden sollten.

Verglichen mit anderen basellandschaftlichen Gemeinden stellt dies jedoch eine magere Bilanz dar. Darin widerspiegelt sich auch der jahrhundertelang bescheidene Charakter Reinachs. Abgesehen von einer kurzen Blütezeit im 18. Jahrhundert, in welcher herrschaftliche Gebäude wie das Getreidemagazin oder die Schaffnei errichtet wurden, dominierten in Reinach bis ins 20. Jahrhundert hinein einfache Bauernhäuser. Handwerkerbauten fehlen und mangels Industrie entstanden später auch keine Fabrikantenvillen.

Viele Bauten im Dorfkern fielen nach 1950 dem Modernisierungsdenken von Besitzern und Gemeinde zum Opfer. Verhindern liess sich dies mangels gesetzlicher Grundlagen kaum. Erst 1964 wurde eine kantonale Verordnung erlassen, welche die Unterschutzstellung von Denkmälern erlaubte. Und die

1924 geschaffene Natur-, Pflanzen- und Heimatschutzkommission intervenierte zwar wiederholt erfolgreich gegen Verschandelungen des Ortsbildes. Gegen das Verschwinden der historischen Bausubstanz in Reinach blieb sie allerdings insgesamt machtlos. Beim so genannten Kury-Haus, der heutigen Raiffeisenbank, rief die Unterschutzstellung 1965 jahrelange Rechtshändel mit der Besitzerfamilie hervor.

Moderne Baudenkmäler

Viele der nach 1920 erstellten Einfamilienhäuser wurden von Unternehmern als Typen geplant und in mehrfacher Ausführung, oft über Jahre verteilt, realisiert. Nur bei wenigen Bauten in der ersten Jahrhunderthälfte waren zudem ausgebildete Architekten am Werk. Diese Projekte folgten in der Regel einer einfachen, traditionell orientierten Bauweise und erfreuten sich offenbar grosser Beliebtheit.

Daneben besitzt Reinach aber auch hervorragende Bauten der Moderne. Das erste Flachdachgebäude in Reinach ist leider abgerissen, es stand seit 1929 am Unteren Rebbergweg. Nur wenig jünger ist das älteste heute noch sichtbare Flachdachhaus in Reinach. Es wurde 1931 an der Talackerstrasse 20 erbaut, im Stil des Neuen Bauens, mit einer begehbaren Flachdachterrasse und einem markanten Treppenhausturm.

Weitere schützenswerte Bauten aus dem 20. Jahrhundert listet das Bauinventar Basel-Landschaft auf: die reformierte Betonkirche im Mischeli (1963), die Atriumsiedlungen In den Gartenhöfen (1959) und Im Pfeiffengarten (1960), der Kindergarten Stockackerstrasse (1952) oder die Hochhaus-Überbauung Surbaum (1964–1965).

Ländlich, dörflich, städtisch

Mit dem Zustrom städtisch geprägter Einwohnerinnen und Einwohner veränderten sich nach 1920 auch Wohnbedürfnisse und -formen in Reinach. Die Wirtschaftskrise der Zwischenkriegszeit trug ebenfalls dazu bei, dass die Nachfrage nach einfachen und zweckmässigen Bauten im Stil der Moderne stieg. So entstanden nach 1929 an mehreren Orten in Reinach moderne Flachdach- oder Holzhäuser. Zeitgleich und im Kontrast dazu breitete sich der Heimatstil aus und auch Chalets erfreuten sich grosser Beliebtheit. Bei Gemeindebehörden und -bevölkerung fanden die moderneren Bauformen wenig Gefallen.

Die Zonenplanung von 1951 räumte eingeschossigen Bauten respektive Einfamilienhäusern den grössten Platz ein. Dreigeschossige Bauten oder

1984 sah das Taunerhaus an der Brunngasse 10 noch ganz schmuck aus. Dann wurde es von der Gemeinde erworben, stand leer und wurde immer baufälliger. In naher Zukunft wird über Erhalt oder Abbruch des für das alte Reinach typischen Gebäudes aus dem 17. Jahrhundert entschieden.

Drei Gebäude, drei Epochen: Blick aus dem Gemeindehaus (2002) auf den Neubau des Bankvereins aus den 1980er-Jahren und den Kirchturm (1876)

So soll die Hauptstrasse in Zukunft aussehen: ein städtischer Platz mit ausladendem Blätterdach und einladenden Einkaufsmöglichkeiten.

Wohnblöcke sollten erst entstehen, wenn die übrigen Zonen überbaut seien. Zudem verlegte man diese Zone von der Baselstrasse weg an den Nordrand der Gemeinde. Ausdrücklich betonten Gemeinde- wie Kantonsplaner in den Folgejahren, die nicht-städtische Bauweise Reinachs müsse erhalten bleiben.

Dieser Wunsch nach einem so genannt ländlichen Siedlungsbild, in bewusster Abgrenzung gegen die Nachbargemeinde Münchenstein, bezog sich allerdings nicht auf den Ortskern. Hier schlug die Planung von 1966 eine bewusst städtische Gestaltung vor. In eine ähnliche Richtung zielten die vereinzelten Überbauungen der 1950er- und 1960er-Jahre. Die Surbaum-Hochhäuser wie die so genannten Teppichsiedlungen Im Pfeiffengarten und In den Gartenhöfen orientierten sich an Modellen verdichteten Bauens. So präsentiert Reinach im 21. Jahrhundert die ganze Palette vorstädtischer Wohnformen, vom Chalet bis zum Hochhaus.

Jüngste Quartiere

Je dichter Reinach besiedelt wurde, desto argwöhnischer beobachteten die bereits Ansässigen die Neubauprojekte. Dies betraf vor allem die letzten grossen Baulandreserven beidseits der Baselstrasse, zwischen Jupiter- und Fleischbachstrasse im Norden der Gemeinde. Gegen die Überbauung des Reinacherhofgebietes gab es lange Widerstand. Die Initiative Reinacherhof-Ost bleibt grün wurde 1990 zwar von den Stimmenden angenommen, der Regierungsrat machte aber die Auszonung wieder rückgängig. Beim Mausacker hatte der Einwohnerrat den Quartierplan im Jahr 2000 abgesegnet, worauf Anwohnerinnen und Anwohner das Referendum ergriffen. Geplant war eine homogene Gesamtüberbauung einer Pensionskasse.

Quartierpläne sind vertragliche Regelungen zwischen Gemeinde und Bauherrschaft. Sie ermöglichen den Behörden die Durchsetzung höherer qualitativer Ansprüche. Im Gegenzug wird zum Beispiel die bauliche Nutzung gegenüber den geltenden Zonenvorschriften erhöht. Konkret hätte das bedeutet: drei bis viergeschossige Bauten mit Flachdach anstelle der hier zugelassenen zweigeschossigen Satteldachhäuser. Das Referendumskomitee wehrte sich gegen die seiner Ansicht nach zu dichte Bebauung und den daraus resultierenden Mehrverkehr. 2001 wurde der Quartierplan an der Urne abgelehnt.

Reinachs Zukunft

Die Ortsplanung von 1966/1967 befindet sich seit 2001 in Überarbeitung. Mit dem neuen kommunalen Richtplan setzt die Gemeinde Entwicklungsziele und -grenzen. 80 Jahre nach dem planerischen Sündenfall von 1925 sind die Baulandreserven weitgehend aufgebraucht. Ungelöst ist das Verkehrsproblem in den Wohnquartieren und im Kägen. Zu fördern und räumlich neu zu definieren ist der Ortskern als Zentrum für Dienstleistungen und Einkauf wie auch als attraktiver Wohn- und Aufenthaltsraum.

Vor allem die Zentrumsfrage verspricht knifflig zu werden. Die kleinräumige Struktur und der noch vorhandene historische Baubestand im Umfeld von Hauptstrasse und altem Friedhof sollen erhalten werden. Daran anschliessend wird in einem so genannten urbanen Ortskernring eine bauliche Verdichtung angestrebt. Ziel dieser Massnahmen ist es, den Ortskern als regional bedeutendes Versorgungs- und Erlebniszentrum zu stärken und zu profilieren. Probleme drohen aus zwei Richtungen: dass die bestehenden Grossverteiler in andere Quartiere abwandern und dass das ehemalige bäuerliche Erscheinungsbild des Dorfkerns imitiert wird. Hingegen sind die Chancen gross, die früheren dörflichen Begegnungsräume – Strasse und Vorplatz – als städtische Freiräume neu beleben zu können.

Zur Erhaltung der Wohnqualität soll eine moderate bauliche Verdichtung angewandt werden. Das heisst, dass in überbauten Quartieren Aufstockungen, An- oder Nebenbauten gefördert werden. Gleichzeitig will die Gemeinde eine übermässige Verdichtung durch spekulative Parzellenumnutzung verhindern. Am Erscheinungsbild einer flächigen Agglomerationssiedlung werden diese Massnahmen wenig ändern. Doch sie sichern eine nachhaltigere und bessere Nutzung des Raumes als bisher.

Quartierverein im Reihenhaus-Mekka

Im hohen Norden Reinachs schliesst sich der Kreis der Siedlungsgeschichte. Hier begann nach 1900 der Ausbau der Gemeinde. Und hier werden im beginnenden 21. Jahrhundert die letzten grösseren Baulandreserven überbaut. Vor allem im Gebiet Reinacherhof-Ost entstanden ab 1996 fortlaufend Wohnsiedlungen, meist Reihen-Einfamilienhäuser. Insgesamt 240 Wohneinheiten von höchst unterschiedlicher architektonischer Qualität vereint das neue Quartier.

Wer im Reinacherhof wohnt, unmittelbar neben den Verkehrsachsen Baselstrasse und H 18, orientiert sich oft wenig Richtung Süden, gegen das historische Zentrum hin. Es mutet fast symbolisch an, dass auch die International School of Basel an diesem Standort ein Schulgebäude errichtete. Kinder aus der ganzen Region, einige wenige auch aus Reinach, werden jeden Morgen hin- und jeden Abend wieder weggefahren. Mit dem Schulhausbau erhielt das Quartier eine neue Dynamik: Die Landpreise und der Erschliessungsdruck stiegen.

Seit kurzem bemüht sich der Quartierverein Reinach Nord, diesem jüngsten Siedlungsteil eine Stimme zu geben. 2001 gründeten 40 Personen den politisch und konfessionell neutralen Verein. Er versteht sich als Drehscheibe und Interessenvertretung. Entstanden war er infolge der Auseinandersetzung um den Mausacker-Quartierplan. Damit machte Reinach einen weiteren Schritt vom Dorf zur Vorstadt. Quartiervereine gibt es auch im Kägen und im Aumatt-Gebiet.

Rund um das Arbeiten

Reinachs Wirtschaft boomt. Kaum zu glauben, dass dieser regional bedeutende Industrie- und Gewerbestandort eine so junge Geschichte hat. Erst mit dem Wachstumsboom der Nachkriegszeit wurde das Bauerndorf als Standort attraktiv. Und so finden sich heute traditionelle lokale Gewerbezweige neben global agierenden Hightech-Unternehmen. Noch immer zieht das Kägen-Areal Firmen aus Stadt und Land an. Und tagtäglich strömen Tausende zur Arbeit nach Reinach und Tausende verlassen die Gemeinde Richtung Basel.

Wie wird aus einem Bauerndorf ein Wirtschaftsstandort? Als Industriegemeinde hat Reinach eine bewegte, aber kurze Vergangenheit. Die erste Reinacher Fabrik entstand 1918 mitten im Dorfkern. Die Omega-Werke kauften dort die Gebäude der aufgegebenen Brauerei. Daraus entwickelte sich die heutige Firma Bacher AG, die ihren Sitz 1945/1946 an die Baselstrasse verlegte. Mit Sauter & Co. folgte 1938 eine kleine Metalletikettenfabrik. Erst nach dem Zweiten Weltkrieg entstanden weitere Industriebetriebe: 1946 die Tubenfabrik Obrist AG, 1957 die Schraubenfabrik Citovis, 1958 die Elektrotechnische Fabrik Tschudin & Heid und 1959 die Treibriemenfabrik Habasit AG. Eine Bestandesaufnahme 1963 zeigte: Knapp die Hälfte aller damaligen Reinacher Betriebe waren erst nach 1950 gegründet worden.

Diese späte und spärliche Industrialisierung erklärt sich aus dem fehlenden Bahnanschluss Reinachs. Erst mit dem Ausbau der Strassenverbindungen nach 1950 verbesserten sich die Standortbedingungen. Noch immer dominierten aber zu Beginn der 1960er-Jahre Kleinunternehmen. Die fünf wichtigsten Reinacher Fabriken beschäftigten 1963 zwischen 55 und 177 Personen. Grösster nicht-industrieller Betrieb war damals der Erlenhof, ein Erziehungsheim mit Grossgärtnerei, das 40 Arbeitsplätze bot.

Jahrzehnte später hat sich die Zahl der Arbeitsplätze in Reinach mehr als verzehnfacht, jene der Betriebe verfünffacht. 790 Unternehmen waren 1999 in der Gemeinde ansässig, sie beschäftigten fast 8200 Personen. Während andere Gemeinden zu Beginn der 1990er-Jahre unter der schwachen Konjunktur litten, wurden in Reinach im selben Zeitraum Hunderte neuer Stellen geschaffen. Vor allem grosse Firmen mit vielen Beschäftigten haben sich, meist im Kägen-Areal, niedergelassen. Noch immer ist die wirtschaftliche Struktur Reinachs vom ungestümen Wachstum der Jahrzehnte nach 1970 geprägt.

Durststrecke im Norden

Endlich muss man nicht mehr in die Stadt fahren, wenn man sonntags Kaffee trinken will, freute sich unlängst ein Reinacher. In der Tat hinkte das Gastge-

< Auf dem Kägenareal, Reinachs bedeutendster Wirtschaftszone, wird fortlaufend investiert.

Die Firma Bacher AG, seit 1945 im Gewerbegebiet Aumatt an der Baselstrasse ansässig, war Reinachs erster grösserer Industriebetrieb. Ihre Wurzeln reichen zurück bis ins Jahr 1918. Das Foto stammt von 1957.

werbe-Angebot jahrzehntelang dem Bevölkerungs- und Siedlungswachstum nach. 1907 waren in Reinach neun Gaststätten registriert – das entspricht einem Betrieb auf 150 Personen. Die Kehrseite dieser Beizendichte war, wie in anderen Dörfern auch, ein hoher Alkoholkonsum und -missbrauch. Bis in die 1970er-Jahre hatte sich das Angebot verhältnismässig stark verringert, es kamen über 770 Personen auf eine Gaststätte. 2005 verfügte Reinach über gut 30 Konditoreien, Pubs und Restaurants oder einen Betrieb auf über 500 Personen. Zum Vergleich: In der Nachbargemeinde Aesch beträgt das Verhältnis etwa 1:400, in der stadtnahen Industriegemeinde Pratteln ungefähr 1:480.

In Reinach konzentriert sich das Angebot auf den historischen Dorfkern, einzelne Gaststätten finden sich entlang der Hauptverkehrsachse Richtung Basel und im Gewerbegebiet. Praktisch der gesamte nördliche und westliche Siedlungsteil jedoch ist unterversorgt. Das gilt genauso für Detailhandel und Dienstleistungen: Auch sie liegen fast ausnahmslos im alten Siedlungskern. Die Coop-Filiale im Surbaum und das Mischeli-Einkaufszentrum bilden sozusagen Inseln. Gewerbe und Handel sind nördlich davon nur punktuell anzutreffen. Die Zuzügerinnen und Zuzüger in Reinach Nord orientieren sich für ihre Einkäufe entsprechend meist Richtung Münchenstein oder Basel.

Diese strukturelle Schwäche ist ein Erbe der ungeplanten Siedlungsentwicklung in den Nachkriegsjahrzehnten. Bereits 1970 waren die räumliche Unausgewogenheit und die Unterversorgung Reinachs mit alltäglichen Konsumgütern unübersehbar. In den späten 1970er-Jahren gab es Pläne, beim Reinacherhof ein Einkaufszentrum zu bauen, als Teil einer Ladenstrasse Aesch–Münchenstein entlang des 11er-Trams. Sie wurden aber, nicht zuletzt mangels Interesse der Grossverteiler, auch in den Folgejahrzehnten nicht verwirklicht.

Marktort

Ergänzend zu Grossverteilern und Detailhandel hat sich in Reinach auch ein breites Angebot an Märkten etabliert. Jeden Freitag kann man vor dem Gemeindehaus auf dem Wochenmarkt Gemüse, Obst und andere Lebensmittel kaufen. Am letzten Dienstag im Monat bieten in der Kirchgasse und auf dem Ernst Feigenwinter-Platz über hundert Marktfahrerinnen und -fahrer ihre Waren an. Flohmärkte finden mehrmals jährlich statt: zweimal beim Weiermattschulhaus und zweimal vor dem Heimatmuseum, dort als spezieller Kinderflohmarkt. Gegen Jahresende kommt der Weihnachtsmarkt und im Mai der Geranienmarkt. Zwischen 1989 und 2000 gab es auch einen Öko- und

Ein Sinnbild für die späte Industrialisierung Reinachs: In der Mechanischen Wagnerei Meyer war 1948 noch Handarbeit gefragt.

Gesundheitsmarkt. Er bot Firmen und Vereinen Gelegenheit, ihre Produkte und Ideen vorzustellen. Daneben wurden Kompostberatung, Velobörse und Flickmöglichkeiten angeboten.

Die Markttradition Reinachs stammt aus dem 19. Jahrhundert. Nach langer Pause wurde sie auf Initiative der Arbeitsgruppen Lebendiges Reinach wieder aufgenommen und im Mai 1976 fand der erste Monatsmarkt statt. Aus dieser Bewegung entstand 1977 auch die Rynacher Märt Zytig (später Dorf-Zytig), die Vorläuferin der Reinacher Zeitung. Eine vom Gemeinderat gewählte Kommission betreut den Markt.

Stadtflucht

Reinachs Wirtschaft ist seit den 1950er-Jahren im Wachsen begriffen, besonders stark seit 1980. Zwischen 1985 und 1995 hat die Zahl der Betriebe um 47 Prozent zugenommen – fast das Doppelte des durchschnittlichen kantonalen Wachstums. Bei der Anzahl der Beschäftigten übertraf das Wachstum in Reinach mit 58 Prozent jenes von Kanton und Bezirk Arlesheim um mehr als das Dreifache. Ausschlaggebend für die Ansiedlung neuer Betriebe waren die geographische Lage, die Verkehrsanbindung – vor allem nach der Eröffnung der Schnellstrasse H 18 im Jahr 1982 – und das Baulandangebot.

Mit der Erschliessung des Kägenareals als Industrie- und Gewerbezone nach 1973 stieg die Attraktivität Reinachs zusätzlich. Viele der zuziehenden Firmen stammten aus Basel und verlegten ihren Hauptsitz aufs Land oder gründeten eine Filiale. Die Buchbinderei Grollimund zum Beispiel, 1952 in Basel gegründet, erstellte 1970 im Hinterkirch-Quartier einen Neubau und zog 1973 mit der gesamten Produktion nach Reinach. Die Spenglerfirma Danzeisen aus Basel folgte 1982 ihrer Kundschaft, die grösstenteils in die Agglomerationssiedlungen ausgewandert war. Und traditionelle Reinacher Unternehmen wie das Malergeschäft Schüpbach mit Gründungsjahr 1945 verlegten in den 1980er-Jahren ihr Geschäft ins Kägenareal. Diese Entwicklung wurde von der Gemeinde aktiv gefördert, indem sie lokalen Gewerbebetrieben dort Gemeindeland im Baurecht anbot.

Pendlerwirtschaft

Die meisten Reinacher Erwerbstätigen arbeiten nicht an ihrem Wohnort und die meisten in Reinach Arbeitenden wohnen anderswo. In Zahlen ausgedrückt heisst das: Knapp 74 Prozent der erwerbstätigen Einwohnerinnen und Einwohner suchten im Jahr 2000 täglich einen Arbeitsort ausserhalb der Gemeinde auf. Zugleich in Reinach Wohnende und Arbeitende stellten dagegen bloss 26 Prozent. Die Zupendelnden machten gut 54 Prozent aller in Reinach Arbeitenden aus. Seit etwa 1980 entwickeln sich diese Pendlerströme unterschiedlich: Die Wegpendelnden nehmen ab, die Zupendler hingegen stark zu. Zwischen 1990 und 2000 sank der Anteil der Wegpendelnden gar um einen Fünftel. Nach wie vor liegt der Saldo aber im Minusbereich: Den über 7000 Wegpendelnden stehen zu Beginn des 21. Jahrhunderts immer noch erst knapp 5200 Zupendler gegenüber. Hauptziel der Wegpendelnden ist Basel, wie bereits in den 1940er-Jahren. Bei den Zupendelnden hat im Jahrzehnt 1990–2000 der Anteil der aus Frankreich stammenden Personen stark zugenommen. Sie stellten zur Jahrtausendwende – knapp hinter jenen aus Basel – die zweitgrösste Gruppierung von Zupendelnden dar. 1970 waren Grenzgänger in Reinach laut Statistik noch unbekannt.

Neu ist dieses Phänomen nicht. Bereits 1950 lag der Anteil der Wegpendelnden an den Reinacher Berufstätigen bei fast 58 Prozent. Zupendelnde hingegen gab es damals nur wenige, ihr Anteil betrug bloss 12 Prozent. Obwohl die lokalen Arbeitsplätze in den Folgejahrzehnten zunahmen, wurden sie offenbar nicht von den zahlreichen Zuzügern besetzt. Diese behielten vermutlich ihre Stellen und Firmen ausserhalb Reinachs. Der Grund dafür liegt – anders als noch um 1950 – nicht im mangelnden Arbeitsangebot Reinachs. Die Arbeitsmobilität hat sich in der gesamten Nordwestschweiz etabliert. Für Reinach wirkt sie sich deshalb besonders stark aus, weil infolge der Zersiedelung viele Quartiere zu Schlaf- und Wochenendquartieren ohne Arbeitsstätten wurden.

Arbeitswege

Die Abwanderung der Stadtbevölkerung seit den 1950er-Jahren hat – in Reinach wie anderswo – zur Entstehung vorstädtischer Wohngemeinden beigetragen. Die Arbeitsplätze wanderten nicht im selben Ausmass mit. Möglich wurde dies nur durch die zunehmende Mobilität der Bevölkerung. Die Anzahl Personenwagen vervierfachte sich so in Reinach zwischen 1960 und 2000, während die Bevölkerung bloss um das Dreifache wuchs.

Auch der öffentliche Verkehr wurde stark ausgebaut, von der neuen Buslinie 64 Bottmingen–Reinach–Arlesheim 1978 über den Tarifverbund Nordwestschweiz 1987 bis zum Tram-Einsatzkurs E11 im Jahr 2002. Dennoch nahm der Strassenverkehr weiterhin zu. Stieg zwischen 1970 und 1990 der Anteil jener Pendelnden noch, die Tram oder Bus benützten, so wählten in der Folge immer mehr das Auto oder das Motorrad. Im Jahr 2005 verursachte der starke Verkehr rund um das Industrieareal Kägen anhaltende Staus und Parkplatz-

Der Strassenname Christoph Merian-Ring im Kägenareal erinnert daran, dass dieser Teil Pachtland der gleichnamigen Basler Stiftung ist. Bis 1982 war hier der Bauernhof Sternenhof in Betrieb.

An der ersten Reinacher Gewerbeausstellung 1950 präsentierten sich die lokalen Betriebe.

not. Abhilfe sollen hier in Zukunft ein Mobilitätsmanagement und eine bessere Erschliessung des Gebietes mit öffentlichen Verkehrsmitteln schaffen.

Gewerbe-Lobby

Auf den ersten Blick ist es erstaunlich: Die Vereinigung Kleiner und Mittlerer Unternehmen Reinach (kmu Reinach) umfasst vom international operierenden Industriebetrieb Crown Obrist AG bis zur kleinen Zoohandlung praktisch alle ansässigen Firmen. Erklärbar wird dies aus der Geschichte der kmu Reinach. 1939 gründete der Gärtnermeister Werner Schär zusammen mit 28 weiteren Handwerkern und Gewerbetreibenden den Gewerbeverein Reinach. Mit Otto Bacher, Inhaber der Omega-Werke, war auch ein Vertreter der damals noch kaum vorhandenen Reinacher Industrie dabei. Infolge der zunehmenden Ansiedlung von Industriebetrieben nannte sich der Verein 1979 dann in Gewerbe- und Industrieverein um.

Der Gewerbeverein setzte sich in den Kriegs- und frühen Nachkriegsjahren für die Förderung der einheimischen Betriebe ein. Er wachte über die Zulassung neuer Firmen, was besonders bei den Coiffeuren wiederholt zu Konflikten führte. Bekämpft wurden auch die Konkurrenzhandwerker aus der Stadt und die Grossverteiler Coop und Migros. Eine erste Gewerbeausstellung fand

Broschüre der AGIR02, der kmu-Messe der Reinacher Gewerbe-, Handels-, Industrie- und Dienstleistungsbetriebe. Die nächste Messe ist für 2007 geplant.

1950 in der Weiermattturnhalle statt. Mit der Hochkonjunktur der 1950er- und 1960er-Jahre kamen neue Prioritäten auf: Ortskernplanung, Lehrlingsausbildung, Widerstand gegen das geplante Einkaufszentrum Sternenhof ...

Seit 1982 organisiert die kmu Reinach im Fünfjahresturnus die Gewerbeausstellung AGIR und seit 1986 in unregelmässigen Abständen den Gewerbetag. Regelmässig werden Podiumsveranstaltungen, Informations- und Gesprächsabende durchgeführt. Als Untergruppe tätig ist die IG Reinach, die Interessengemeinschaft der Reinacher Ladengeschäfte, Detailhandels- und Dienstleistungsbetriebe. Sie veranstaltet Aktionen wie die weihnachtlichen Sonntagsverkäufe und vertritt die spezifischen Interessen dieser Gewerbezweige gegenüber den Behörden. 1975 wurde zudem die IG Zentrum gegründet, welche die Attraktivität des historischen Ortskerns als Einkaufsplatz verbessern will. Eine andere Werbeplattform haben sich 15 Betriebe unter dem Titel Handwerkerring geschaffen.

Wirtschaftspolitik

Die Reinacher Behörden ihrerseits betreiben seit einigen Jahren aktive Wirtschaftsförderung. 1993 begannen die so genannten Wirtschaftsgespräche: Gemeindepolitiker und führende Firmenvertreter trafen sich einmal jährlich zum gegenseitigen Gedankenaustausch. Aus diesen Kontakten entstand 1995 das Reinacher Wirtschaftsforum. Zwölf Personen aus unterschiedlichen Bereichen beraten die Behörden bei wirtschaftspolitischen Fragen. Ihr Ziel: die Gemeinde als Standort für bestehende wie neue Unternehmen attraktiv zu machen. 2002 wurde auch erstmals vom Gemeinderat der Reinacher Preis für herausragende wirtschaftliche Leistungen vergeben. Er ging an den Unternehmer Georg Endress.

Trotz des guten Verhältnisses zwischen Wirtschaft und Gemeinde gab es auch in Reinach Arbeitskonflikte. 2001 protestierten Gewerbetreibende im Kägen gegen die angebliche Bevorzugung der Firma Flowtec AG durch die Gemeindebehörden. Für die Ausbaupläne des Unternehmens sollte eine Strasse geschlossen und überbaut werden. 2003 nahm die Baselbieter Polizei Streikende fest, welche den Eingang ihrer Firma, der Allpack Group AG, besetzt hielten. Anlass zum Streik waren einseitige Verschlechterungen der Arbeitsbedingungen.

Innovationen

Eine ausserordentliche Form der Wirtschaftsförderung stellt der business parc in Reinach dar. Auf Veranlassung des Einwohner- und Gemeinderates wurde 1999 eine Nonprofit-Organisation gegründet, damals noch unter dem Namen Regionales Gründerzentrum. Die Stiftung stellt Jungunternehmern Infrastruktur zur Verfügung, berät sie bei der Suche nach Kapital und der Erstellung von Businessplänen. In einem Fabrikgebäude im Kägenareal sind um die 30 Firmen mit rund 70 hochqualifizierten Arbeitsplätzen eingemietet. Sie sind hauptsächlich im Consulting-, Life Science- und Informationstechnologiebereich tätig. Die Gemeinde beteiligte sich mit ungefähr 50 Prozent an der Stiftungsgründung, Wirtschaftsorganisationen und die beiden Basler Halbkantone steuerten den Rest bei. Das Reinacher Modell diente 2005 als Vorbild für ein ähnliches Vorhaben im Laufental.

Einen weiteren Schritt stellte der Bau des TechCenters dar. Eine private Promotionsgemeinschaft legte 2000 einen ersten Entwurf vor: Für den regional boomenden Pharmasektor sollte ein geeignetes Technologiezentrum erstellt werden. Seit 2005 bietet das TechCenter 45 000 Quadratmeter Labor- und Büroflächen, das ergibt maximal 1200 Arbeitsplätze, für innovative Firmen. Eingemietet sind Firmen wie Actelion, Clariant AG oder Siemens Schweiz AG.

Standortvorteile

Wenn die Wirtschaft floriert, profitiert die Gemeinde. Der Anteil der juristischen Personen, also der Firmen, am gesamten Steuerertrag Reinachs ist seit den 1970er-Jahren im Steigen begriffen. Im Jahr 2000 lag er mit gut 14 Prozent höher als im Bezirks- und Kantonsdurchschnitt, aber immer noch erheblich tiefer als etwa in den Industriegemeinden Muttenz oder Pratteln. Die Attraktivität Reinachs für Wirtschaftsunternehmen beruht indessen nicht auf tiefen Steuersätzen. Diese sind im Durchschnitt sogar leicht höher als im Kanton und im Bezirk. Auch die Bodenpreise zählen nicht zu den tiefsten, bewegen sich jedoch im Vergleich mit jenen in Allschwil oder Arlesheim auf einem konkurrenzfähigen Niveau.

Aus Sicht der Unternehmer bietet Reinach als Wirtschaftsstandort folgende Vorteile, wie eine Studie 1999 auflistete: die Nähe zur Autobahn, zum Flughafen und der Stadt; die gute Kaufkraft der Bevölkerung; die Lage in einer wirtschaftlich allgemein prosperierenden Region; das Angebot an Räumlichkeiten und Bauland. Nachteilig wirkten sich die schwache Infrastruktur im Hotelbereich und der fehlende Bahnanschluss aus.

Ausbildung und Beschäftigung

Wie praktisch alle Agglomerationsgemeinden Basels – ausgenommen Birsfelden und Pratteln – verfügt Reinach über einen grossen Bevölkerungsanteil mit hohem Ausbildungsniveau. Die grössten Berufsgruppen machten 2000 qualifizierte technische Angestellte sowie Mitarbeitende von Dienstleistungsfirmen aus, gefolgt von akademischen Berufen und oberem Kader. Bei den übrigen Berufskategorien entsprach die quantitative Verteilung für Reinach in etwa jener anderer Gemeinden. Hingegen wiesen zum Beispiel Arlesheim oder Bottmingen einen höheren Anteil von Erwerbstätigen aus dem obersten Management, also Direktorinnen und Verwaltungsräte, auf.

Die Erwerbsquote der 15- bis 64-Jährigen betrug um die Jahrtausendwende 77 Prozent, was einer Steigerung seit 1970 um elf Prozent entspricht. Dies ist vor allem auf die häufigere Frauenarbeit zurückzuführen. 1970 waren erst knapp 38 Prozent der Frauen berufstätig, 2000 dann knapp 69. Bei den Männern sank die Quote im selben Zeitraum von 94 auf 86 Prozent.

Ende 2000 gab es in Reinach 157 erwerbslose Personen, das entsprach einer Arbeitslosenquote von 1,6 Prozent. Damit stand Reinach ähnlich da wie der Durchschnitt im Kanton (1,4 Prozent) und im Bezirk Arlesheim (1,5 Prozent). Die Entwicklung der letzten Jahre zeigt in Reinach eine ähnliche Tendenz wie jene auf kantonaler Ebene: Die Arbeitslosenquote stieg dort seit 2000 auf fast 4 Prozent an und sank dann wieder leicht. Ende 2005 waren in Reinach 308 Personen als erwerbslos gemeldet.

Handlungsbedarf

Für die Legislaturperiode 2004–2008 hat sich der Gemeinderat verschiedene wirtschaftspolitische Ziele gesetzt. Die Rahmenbedingungen für Unternehmen sollen attraktiv bleiben und verbessert werden, zum Beispiel durch regelmässigen Informationsaustausch. Durch ein gezieltes Standortmarketing will die Behörde die Anzahl qualifizierter Arbeitsplätze erhalten und steigern. Idealerweise werden dabei gute Steuerzahlende angezogen und zugleich die Pendelströme verringert.

Der Richtplan Reinach BL von 2005 sieht vor, im Gewerbegebiet Kägen die Verkehrserschliessung zu verbessern, das Parkplatzproblem zu lösen und das städtebauliche Erscheinungsbild zu optimieren. Der historische Ortskern soll als Einkaufs- und Dienstleistungszentrum aufgewertet werden. Dazu sind publikumsattraktive Nutzungen wie Detailhandel, Gastgewerbe, Dienstleistungs- und Kulturbetriebe zu fördern. Insgesamt soll so Reinach als regionales Zentrum wieder an Bedeutung gewinnen.

Das ehemalige Salzlädeli an der Hauptstrasse neben dem Dorfbrunnen (1942)

Lädelisterben

Die viel zitierten Tante Emma-Läden sind auch in Reinach aus dem Ortsbild verschwunden und durch Grossverteiler und Spezialisten ersetzt worden. Allerdings nicht vollständig: Noch steht an der Hauptstrasse das Milchhüsli. Diese ehemalige Milchannahmestelle setzt als Lebensmittelladen mit Bio-Angebot die alte Tradition der lokalen Lädeli in neuem Gewand fort. Auf der anderen Strassenseite, an der Wielandstrasse, befindet sich das Lädeli des 21. Jahrhunderts: ein kleiner Supermarkt, betrieben von einer Einwandererfamilie. Neu sind auch die in der Umgebung Reinachs entstandenen Tankstellenshops mit ausgedehnten Öffnungszeiten.

Im Alltag nannte man solche Kleinläden früher oft Konsum – eine Abkürzung von Konsumgenossenschaft, einer gängigen Betriebsform. Neben dem Dorfbrunnen stand zum Beispiel das Konsum Konkordia, ein Lebensmittelladen, auch bekannt als Salzlädeli. Denn dieses Konsum war zugleich offizielle Verkaufsstelle für Koch- und Viehsalz. Es galt Offenverkauf: Das Salz wurde auf einer speziellen Waage im Laden gewogen und in Papiertüten abgefüllt. Der Salzhandel war als kantonales Monopol streng reglementiert. Ein Emailschild über dem Ladeneingang bestätigte die exklusive Berechtigung zum Salzverkauf. Erst 1972 wurde diese Beschränkung mit dem neuen Gesetz über das Salzregal aufgehoben.

Die Reinacher Betriebe

Vom Kosmetikstudio bis zum Pharmakonzern – die Liste der in Reinach ansässigen Betriebe ist lang und vielfältig. Kaum eine Branche fehlt, ausser vielleicht den Produktionsabteilungen der chemischen und metallverarbeitenden Industrien. Den grössten Anteil stellen zu Beginn des 21. Jahrhunderts Unternehmen aus dem dritten Sektor: Sie umfassten 2001 fast zwei Drittel aller Beschäftigten. 1970 betrug dieser Anteil erst einen Drittel. Spürbar wurde dieser Wandel zur Dienstleistungs- und Informationsgesellschaft Ende der 1980er-Jahre in der gesamten Nordwestschweiz. Er brachte auch einen Bedeutungsgewinn für die kleinsten und kleinen Unternehmen, welche 1998 mehr als die Hälfte aller Beschäftigten in Reinach stellten. Denn gerade im Bereich der Informationstechnologie und Beratung entstanden viele kleine Neufirmen.

Entsprechend veränderte sich die Reinacher Branchenstruktur: Die Bauindustrie verlor im Zeitraum 1985–1995 ihre bisherige Bedeutung als drittgrösste Branche und wurde von der Informations- und Dienstleistungsbranche überflügelt. Diese vervierfachte ihre Beschäftigtenzahl im selben Zeitraum, jene der Baubranche wuchs kaum. Auch im Gesundheits- und Sozialwesen kam es zu einem auffälligen Wachstum, weniger deutlich in der Papier- und Druckbranche. Verstärkt wurden diese Entwicklungen durch die Eröffnung des business parcs 1999 und des TechCenters ab 2003. 1990 war die chemische Industrie in Reinach noch gar nicht vertreten – seit 1992 ist die Roche Pharma (Schweiz AG), seit 2003 die Clariant AG und seit 2005 die Actelion Pharmaceuticals Ltd ansässig.

Global Players

Aufgrund der fehlenden Industrialisierung gibt es in Reinach keine historischen Grossindustrien wie einst die Textilindustrie in Arlesheim, die Metallindustrie in Münchenstein oder die chemische und pharmazeutische Industrie in Basel. Doch die Gemeinde beherbergt Firmen, die weltweit tätig und marktführend sind. Die Endress+Hauser Holding AG zum Beispiel, spezialisiert auf Messtechnik und Automatisierung für industrielle Verfahrenstechnik, besteht aus einem Netzwerk 72 selbstständiger Unternehmen in 37 Ländern, geführt und koordiniert von einer Holding in Reinach. Gegründet wurde die Firma 1953, zwei Jahre später verlegte sie ihren Sitz nach Reinach. Mit dem Bezug des Büroneubaus Sternenhof wechseln auf Ende 2006 zusätzlich etwa 100 Mitarbeitende von Weil am Rhein nach Reinach.

Ebenfalls weltweit tätig ist die Firma Crown Obrist AG. Als Teil der internationalen Crown Holding AG stellt die Firma Verschlüsse für Getränkeflaschen und -dosen her – 18 Millionen Deckelchen pro Tag. Seit 1959 in Reinach tätig ist die Habasit AG, die inzwischen über 26 Tochtergesellschaften auf verschiedenen Kontinenten verfügt. Das Unternehmen produziert Transportbänder, wie sie zum Beispiel auf Flughäfen zum Gepäcktransport eingesetzt werden. In Reinach sind 403 Personen für Habasit tätig.

Lokale Verankerung

40-Jahr-, 30-Jahr-, 25-Jahr-Jubiläum: Zu Beginn des 21. Jahrhunderts häufen sich die Firmenjubiläen vieler kleiner und mittlerer Betriebe. Diese Neu- oder Filialgründungen aus den Wachstumsjahrzehnten werden oft als Familienunternehmen geführt, wie zum Beispiel die Gundeli Carosserie AG mit Gründungsjahr 1967 und Niederlassungsjahr 1974. Andere Betriebe sind seit mehreren Generationen in Reinach ansässig. Das Sportgeschäft Krähenbühl AG hat sich – nachdem das Haus zwischenzeitlich andere Gewerbebetriebe beherbergte – aus der 1875 gegründeten Sattlerei entwickelt. Die Bäckerei-Konditorei Grellinger startete 1908 mit einem kleinen Ladenzimmer, zog 1978 dann in die Gesamtüberbauung beim Dorfbrunnen und eröffnete 1988 eine Filiale im Einkaufszentrum Im Zentrum.

Eine spezielle Branche stellen die zahlreichen Nonprofit-Organisationen aus dem Sozialbereich dar. Da sie neben Therapie- oft auch Beschäftigungs- und Ausbildungsplätze anbieten, gehören sie ebenfalls zur Reinacher Wirtschaft. Grössenmässig sticht dabei vor allem das Wohn- und Bürozentrum (WBZ) Reinach heraus. 1974/1975 gegründet, bietet es 320 Personen, darunter 120 Körperbehinderten, Arbeit im Grafik-, EDV- und Treuhandbereich. Daneben betreibt auch die Eingliederungsstätte Baselland in Reinach mehrere geschützte Werkplätze, wo Montage- und Verpackungsaufträge ausgeführt werden.

Die folgende Aufzählung basiert auf der Mitgliederliste der kmu Reinach, ergänzt mit Angaben aus dem Telefonverzeichnis und der Reinacher Zeitung.

Nahrungsmittel
- COOP Center Dorf
- COOP Center Surbaum
- Denner Super Top Discount
- Haecky Import AG
- Jenzer Fleisch + Feinkost AG
- Migros-Markt Mischeli
- Migros Filiale Reinach Dorf
- Nahrin AG, Gewürze
- Polar-Fisch AG Comestibles-Import
- Primo Milchhüsli Lebensmittel
- Prodega Cash & Carry
- Saint Vincent Weinhandel GmbH
- Salvi's Italienische Weine und Spezialitäten
- Ziltener SA Château André Ziltener SA, Weinhandel

Holzbearbeitung
- Bauschreinerei Bussinger
- Erlenhof Schreinerei
- Schneebeli & Co AG, Schreinerei
- Wenger Schreinerei AG

Papier, Druck
- AG Buchdruckerei Reinach
- Allpack Group AG
- Birkhäuser + GBC AG Grafische Unternehmen
- Buchbinderei Grollimund AG
- Einrahmungen D. Kunz
- etter media com, Druck
- Ex Libris
- hauptstrasse acht die buchhandlung
- Huebscher Elisabeth Buchbinderei und Einrahmungen
- Sauter Ernst AG, Etiketten

Schweizer Bernhard & Cie, Karton und Papier
für Dekorationszwecke
Zermatter Kunstverlag

Fotografie, Grafik, Medien, Werbung

ADVERTIS Direct Marketing + Werbung
ART & Products
Atelier Kernen, Schriften und Reklamen
Atelier Trummer
bskommunikation
CLEVER-CLICK GmbH
Internet-Auftritte+Foto-Reportagen
Compu-Graphics GmbH
Dakom, PR und Werbung
Digital Prepress Pulver, Webdesign
Distop GmbH, Neonreklamen
excine.com, Internet
Foto Studio Wussler
Göttin Willy, Grafik
Kahlweiss Magnus, Grafik
Katz Com
Leuthardt & Partner
Logotop K. Schwendener + Co, Werbung
Müller Grafik
NOWECOM AG Nordwest Communication AG
Picton Webpublishing
Publicitas AG
Reinacher Zeitung Verlags AG
Toja's Project, Webdesign
Typo.d Typografie, Grafik und Werbedesign
vision on wings, Luftbildfotografie
Warmund José, Presseoffice

Chemische Industrie

Actelion Pharmaceuticals Ltd
Christ Chemie AG
Clariant AG
Lib AG
Roche Pharma (Schweiz) AG

Metallindustrie, Maschinenbau und Elektrotechnik

Alldos International, Dosiertechnik
Alowag AG, Pumpen und Rührwerke
Bacher AG Feinblechbearbeitung
Berner AG, Montagetechnik
BlechexPress AG
Bronhorst (Schweiz) AG, Messtechnik
CUT TEC Wasserstrahl-Schneidetechnik AG Reinach
Distop GmbH,
Entwicklung industrieller Elektronik
Dreier Systemtechnik AG
Econtool GmbH, Apparatebau Treibriemen
Elektro Brodbeck AG
Elektro-New-Line, Elektroplanung
Elektro Schumacher
Elektro Weibel + Keller AG
Endress + Hauser Flowtec AG
Endress + Hauser Metso AG
Erlenhof Schlosserei
Grellinger Hansjörg Elektroinstallationen,
Elektrogeräte
Hatebur Umformmaschinen AG
Iseli & Co, Metallbau
Lasertec AG, Stanzformenherstellung
Luisi & Diener AG, Präzisionsmechanik
Mestra AG
Meydra AG, Schlosserei
Moser Schleiferei und Poliererei
MS-Electronic
Mulit Montagen GmbH
NOWECOM AG, Stark- und Schwachstrominstallation
Obrist H. & Co. AG, Tubenfabrik
ROBA Metallbau
Salchli + Willi AG, Telefonanlagen
Schwarz + Partner,
Elektro- und Kommunikationstechnik
Streley Sarl, Fördertechnik
Styner AG, Bandstahlschnitte
Trachsel Hans-Peter, Elektromontagen
Vauclair, Automatisierung

Baugewerbe

4B Fenster AG
ARTPLAN Wyss Bauplanung
BAB Baustoffe AG Baumaterialhandel
Bellacasa Baugeschäft GmbH
Betoncoupe AG
Böhringer AG, Ingenieure und Planer
Conrad Kern AG, Schalungen und Gerüste
DOMAG-Liegenschaften GmbH
Equey Bernhard Bauberatung
Everest Wohnbau GmbH
Fankhauser AG Architekturbüro
Immobilienverwaltung
Floris Bernhard Architekt AG
Flubacher Dieter, Architekt
Fries Urs, Architekt
Gilli Roger AG, Baumanagement
Gruber Viktor A., Architekt
Gruner AG Ingenieure und Planer
Hubbuch Heinz, Architekturbüro
Interverm AG, Liegenschaftsverwaltung
Kaufmann Franz, Architekturbüro
Knaus Hans-Peter, Architekt
Köstler Ingenieurunternehmung
Krüsi AG, Architekturbüro
Kuenti Hanspeter Pflästereigeschäft
Kulturschiff AG
Kunz & Jeppesen AG, Architekten SIA
Kury Hans AG, Tief- und Strassenbau
Kury Immobilien
Mariani & Meury Architekten
Meier Felix, Architekturbüro
Mevo-Fenster AG
Richner Raymond, Architekturbüro
Ridoma AG, Liegenschaftsverwaltung
Schönauer Architekt
Schweizer Arnold, Architekt
Sigg J. AG Unterlagsböden Hartbetonbeläge
Spaini Bau AG
Tereal GmbH, Immobilien
Vorburger Hans AG, Ingenieurbüro
Wenger Partner Architektur Baumanagement
Weiser Rudolf GmbH, Kabel- und Leitungsbau

Haustechnik, Gartenbau

A-Ablaufentstopfungen ARK
A-Ablaufreinigung Blitz-Blank
ABRO Ablauf- und Rohrreinigungen
Aeromag Filtersysteme AG
AMG Cleaning
A-Sanimex Haustechnik
ASTRA Klimatechnik
Auvoba Werner Vogel, Wasserschadensanierung
A–Z Marquis AG, Rohrreinigung
Baumschule Hanspeter Schmid
Behrend AG, Heizungen + Lüftungen
Borho AG Maleratelier
Brodbeck Franz und Rosmarie
  Ablauf-Reinigungsdienst
Brunner Ernst, Malergeschäft
BTA Thermoengineering AG
Burger Jörg – Keramische Beläge
CH Aufzugs-Service GmbH
Coladomenico Salvatore, Malergeschäft
Crosa A. Plättlileger Wand- und Bodenbeläge
da.ch GmbH Bedachungen, Fassadenbau + Spenglerei
Danzeisen Söhne AG, Spenglerei
Dolzan Andreas, Malergeschäft
Eichenberger Aufzugsengineering
Electro-Cal Boiler AG Heizungs- und Sanitärbedarf
Erlenhof Gärtnerei
Feigenwinter & Sohn AG, Maler
Feigenwinter Hanspeter Malergeschäft
Feigenwinter Sanitär
Fiechter Ruth Gebäudereinigung
Fiechter Werner, Spenglerei
Franke Gabor, Malergeschäft
Fust Storen AG Sonnen- und Wetterschutz
GAMMA Reinigungen GmbH
Gipserei Gehriger
Gmür Albert Dachdeckergeschäft
Gofas, Malergeschäft
Gravschitz & Brunner, Kundenmaurerei
Hemo Gebäudereinigung
Holzbauplanung Burkhardt
HSB Heizsysteme und Brenner AG
Ingenieurbüro Werner Gasser Heizung, Lüftung, Klima
Inglin Malergeschäft
Isler Christian, Kundenmaurer
Italgreen Schweiz GmbH, Kunstrasen
Jeker + Co, Malergeschäft
Kanalreinigungs AG
Klossner Hansruedi, Wand- und Bodenbeläge
Kunz Josef, Gartenbau
Kyburz Haustechnik Sanitär/Spenglerei/Flachdach
Laube Reinigungen und Hauswartungen
Leonardi AG Gipsergeschäft (Stucco Veneziano)
Leuenberger Urs, Malergeschäft
Loiudice Domenico, Gipsergeschäft
Luongo Michele Teppich- und Parkettböden
Luwa, Lüftungs-, Klima-, Kälteservice
Maler Express
Malergeschäft Jos. Kym Inh. P. Rutishauser
Malergeschäft Knecht Gebäudereinigung
Messerli Spenglerei
Miotto Heizung und Lüftung
Morath AG Spenglerei, Sanitäre Installationen
Muga GmbH, Gipsergeschäft
Nichele Thomas, Naturnaher Gartenbau
NICKI SANITAER HEIZUNGEN
ONET Suisse SA, Reinigungsunternehmen
Orbuljevic Heizungen + Klima Installationen
Oser Markus, Malergeschäft
Peter Spaar AG, Malergeschäft
Phonex-Gema AG, Innenausbau
Prima Gartenbau GmbH
Promotec AG, Rohrsanierung
Regio Services GmbH, Gebäudereinigung
REINIGUNG-RESS AG
Reinigung Rueff AG
Riedo Daniel, Malergeschäft
Rinet GmbH Reinigungs-Service Reinach
Rooftech AG
Sabato Mario, Gipsergeschäft
SAG GmbH, Glas- und Gebäudereinigung
Sauter Building Control Schweiz
Schär Kurt, Maler- und Tapeziergeschäft
Schenker Storen AG
Schneider & Kreienbühl AG, Tanksanierung
Schüepp + Ostertag Spenglerei und Sanitär
S + G Mobile Heizzentrale AG
Silver-Clean GmbH
Sonnenstoren und Tore Christian Schwabe
Spenglerhaus Rudolph
Stäbler-Tarag AG, Heizanlagen
Stocker Sanitär AG
Tarag Service AG, Heizungen und Tankrevisionen
Tausendsassa J.P. Willmann
Tebowa Service AG, Bodenbeläge
Thüring Gipsergeschäft GmbH

Handel

Agso Handels GmbH, Nähmaschinen
Andreae R.C. Ltd. Lagerhäuser
  Import und Distribution
AROCOM AG, Distribution Elektrotechnik
Butscher + Jost AG, Büromöbel und -material
Cechetto Import AG, Kaffeemaschinen
IL CAFFÈ EMME 4 GmbH
  Kaffee, -maschinen + Gastro-Zubehör
Image Import, Vertrieb von Autozubehör
INSTA Industrie + Handels AG
Lux GmbH, Reinigungs- und Küchenmaschinen
Mesma Trading AG, Ersatzteile Müllerei
PC World AG, PC-Handel
Petrofer AG, Hütten- und Petroleumprodukte
Reebok (Schweiz) AG
Schweizer Holzhandelszentrale
SZOLLMED AG, Medizinische Produkte
Techno AG, Garagenbedarf
Transat Sport AG

Gastgewerbe

Buchmann Konditorei AG Café und Konditorei
Café Arcade
Café Kiosk Surbaum
Café Pfiff
Cafeteria zum Leuchtturm

Caffè Bar Enoteca
Capo's Pizza Delivery
Chili Mex
Gasthof Rössli
Gasthof Schlüssel
Golden Grey Medienhaus
Gold Mine, Club Discothek
Grellinger Bäckerei Konditorei
Grill-Corner
Häxehüüsli Rynacherheid
Havanna Alrest AG, Restaurant und Bar
Hotel Rebmesser
Hotel Restaurant Gempenblick
Hotel Restaurant Reinacherhof
Hotel Rynach
Imbiss Kägen
k Kiosk AG
Kübler Backwaren AG Bäckerei-Konditorei
MIC Catering GmbH
Mini Märt
New York Café AG
Pizza Taxi
Pizzeria Schopf
Pizzeria Trapez
Restaurant Albatros WBZ
Restaurant Brauerei
Restaurant Charleston
Restaurant Im Zentrum
Restaurant Ochsen
Restaurant Predigerhof
Restaurant zur Waage
Restaurant Wacker
Selecta AG, Betriebsverpflegung
Spaghetti-Corner
Sportivo
Storch
Sutter AG Bäckerei - Konditorei
Zuggerzange

Verkehr, Kommunikation, Transport

A. Hartmann's Taxi GmbH
Alfa Taxi
Antrans AG, Internationale Transporte
ART & Sound, Electronic and Carconcepts
Atrax Trading GmbH
Auderset Transporte AG
Aumatt-Garage AG
Auto66 GmbH
Auto Götte AG Ford Garage
Autofahrschulzentrum
ASAG Auto-Service AG
AVB Autovermietung Basel AG
Bader Transport AG
Birseck Garage
Daily Trans Kurier GmbH
Dega Freizeit-Mobile AG, Wohnmobile
Delli's Mega Car Wash
Dons Transporte AG
DRIXL Transporte-Umzüge
Fahrschule Birseck
Fahrschule Doris Studer
Fleig AG, Umzüge
Garage Hollenstein AG
Garage Kaegen AG VW-, Audi-Vertretung
Garage Schmid Mitsubishi-Vertretung
Garage Surbaum
Georg Friedrich Transporte AG
Grosspeter Garage AG
Gundeli-Carrosserie AG
Habasit AG
Harder Velo
Hausmann Transport AG
interGGA AG Kabel-Kommunikation
Jost Umzugs AG Transporte
Lerncenter Dreispitz AG
Monros Oscar, Möbeltransport
Parkhaus Kägen AG
Portmann Hermann, Transporte
Reinacher Taxi
Roller-Zentrale
Roschi Anna, Kleintransporte
Schäfer GmbH Carrosserie + Spritzwerk
Scheller Radcenter
Schmutz C. Carrosserie & Spritzwerk GmbH
Schuwey August, Transporte
Sträuli Daniel, Transporte
Super-Mini-Taxi GmbH
Talackergarage
Taxi-Zentrale-Reinach
VTT AG Verpackungs- und Transporttechnik
Werni-Taxi

Banken, Versicherungen, Anwälte, Treuhänder

AAA Treuhand Wey
Advanza AG, Treuhandgesellschaft
Advokatur und Notariat Brunner Stoll Schulthess
Advokatur und Notariat Büro Felix–Enderle–Jermann
Advokatur und Notariat Stadthof
Allianz Suisse
Alona Treuhand AG
AVE Finanz GmbH
Balestra Treuhand AG
Basellandschaftliche Kantonalbank
bw special office services
Concordia Krankenkasse Agentur Birseck
Credit Suisse
Crowe & Kemper Buchhaltungs-Service
CSS Versicherung Hauptagentur
Die Mobiliar Versicherungen und Vorsorge
Doppler Buchhaltungen
EBI GmbH Insurancebroker
Farronato Vosseler GmbH Steuer-, Rechts- und Unternehmensberatung
Generali Versicherungen Generalagentur Baselland
Haidlauf Christian Advokaturbüro
Haidlauf Hermann
Hehlen Treuhand AG
Heller Treuhand GmbH
Hoerning Rolf F. Treuhand
Info Data Reinach BL Hans Ulrich Moser
LKU Luginbühl, Restrukturierungen und Sanierungen
Migrosbank
Müller Hans – Treuhandgesellschaft
National-Versicherung

ONLINE TREUHAND AG
Post
Raiffeisenbank Reinach
Rinaco Treuhand AG
Santschi & Partner Treuhand AG
Spichiger Ernst, Treuhandbüro
Treuhand Anton Keller
Treuhand für das Baugewerbe AG
Treuhand Ruesch AG
Treuhandbüro Urs Baumann + Partner
Treuhandbüro Wyss
Treuhandgesellschaft Bont & Co.
UBS AG
Wincare Krankenkasse der Winterthur-Versicherungen
Winterthur Versicherungen
ZÜRICH Versicherungsgesellschaft
Zumbühl Hans-Ulrich lic. jur. Rechtsanwalt

Informations- und Beratungsdienste

Active Business GmbH, EDV-Dienstleistung
ADD Advanced Drug Delivery Technologies Ltd
Alltronic AG Sicherheits- und Datentechnik
Amann Informatik AG EDV-Beratung
Andres Dr. AG Labor für medizinische Analytik
Applied-IT-Solutions GmbH
ARCONDIS AG, Informationsmanagement
ARD Product-Marketing p/a Matrolan Hightech
Argus Sicherheitstechnik AG
Astro Concept, Psychologisch-astrologische Analysen
Avionics Integration and Engineering Corporation AG
Axept AG Reinach, Informatik
AZ Personal AG
Barbara Eriksson AG Consulting
BCM Boesch Coaching + Marketing
Bechtle IT-Systemhaus Basel
BHK Industrievertretungen
Bioreba AG, Agrodiagnostik
B & S Digitronic GmbH, Computerservice
ComputerHome, PC-Heimservice
Creyf's AG, Stellenvermittlung
Crowe & Kemper, PC-Service
DS Computer-Hilfe GmbH
Ferranet IT-Communication
get.com GmbH, Informatikberatung
HGR Henri Grandjean Industrievertretungen AG
Hintermann & Weber AG, Ökologische Beratung/Planung/Forschung
Hosang Informatik
IB Consulting GmbH
ICN Systems AG Internet, Communication+Network
IC Unicon AG, Versicherungsberatung
Ideconsult AG, Personalberatung
Induserv – Industrial Services Ltd, Stellenvermittlung
Information Consulting
Manpower AG Regionaldirektion
openLINE-online GmbH ERP Software-Entwicklung
PBS Pointgate Business Solutions
PERMAG AG, Personalberatung
Personalberatung Baumgartner Martin A.
PWb Finanz- und Unternehmensberatung
PWConsult
Q4U, Qualitätsmanagement-Beratung
redtoo AG, Softwareentwicklung
REGIO Personalverleih GmbH
Relsoft GmbH, EDV-Dienstleistungen
Sicherheits-Dienst Gschwind AG
SISA Studio Informatica AG
SyGroup GmbH, IT- und Weblösungen
Systrade AG
Syte GmbH, Industrielle Informatik
Transware AG, Informatik
Treficon GmbH, Unternehmensberatung
Wenger Partner AG, Consulting
WMC AG Computer-Systeme & Beratung
X-NetConsulting Studer
Zielmanagement GmbH Beratung+Ingenieur-Dienstleistungen

Unterricht und Forschung

Budoschule Basilisk
KV Reinach Höhere Fachschule für Wirtschaft
learn in Lernzentrum AG
Music Drive, Verkauf und Unterricht
Musikalische Früherziehung
Musikschule «archemusia»
Panflöten-Schule
Tamara's Ballettschule
Tennis Academy Franco Damiano
Universal Dance School
WingTsun-Schule Reinach
Zen-Kyudo-Schule

Gesundheits- und Sozialwesen

Ahorn Bestattungen
All about Eve Cosmetic & Coiffure
Allemann Franz, Dr. med.
Althaus Beat, Dr. med.
Amplifon AG, Hörberatung und Verkauf
apd unruh, Allgemeiner Pflegedienst
ApisPharma AG
Art Coiffure Mele
Artistik, Kosmetik
Atelier Irina, Schneiderin
Atmosphère Coiffure
Beljean Claudia, Physiotherapie
Bestattungsinstitut Käch Heinrich AG
Bianchetti Sabine, Massage
Bijou, Coiffeurgeschäft
Blauenstein Urs, Dr. med.
Bodenmann Andreas Michael, Dr. med.
Bongartz Weisskopf Karin, Psychologin
Borer Konrad, Dr. med. dent.
Brandt Dieter, Psychologe
Bürr Peter, Dr. med.
Buser Andreas, Dr. med. vet.
Camara Silvia, Podologin
Cati – Coiffeur-Salon
Claus & Carla, Coiffeurgeschäft
Coiffeur Center La Scultura
Coiffeur Salon Martino
Coiffure Heidi
Coiffure Isenegger
Coiffure Madame

Coiffure Mathys
Coiffure Pasqualina
Coiffure Rita
Coiffure Sandra
Coiffure Soleil
Coiffure Suzanne
Coiffure Team Bührer
Coiffure Trapez
Costacurta Marianna, Kosmetik
Daniel Stebler Hair-Styling
Dorina, Coiffeurgeschäft
Egger, Raphael, Dr. med. dent.
Eggimann Ruedi, Massage
Eichmann Claudia, Kosmetik
Elverfeld Rösch Petruschka, Psychologin
Engels, Orthopädietechnik AG
Orthopädie und Schuhfachgeschäft
Evison Michael G., Dr. med.
Exklusiv la beauté, Coiffure/Hairstyling
Fabian Priska, Kindercoiffeur
Fabini Carl E., Dr. med.
Feigenwinter Jeannette und Myriam, Coiffeurgeschäft
Feiner AG, Zahntechnisches Laboratorium
Felber Seija, Physiotherapie
Fit-Inn Fitness Studio Ruth Gubser AG
Fitnesstreff Niklaus
Furrer Monica, Psychologin
Galliath Gregor, Physiotherapie
Gesundheitspraxis Franke Gabor
Gesundheitspraxis Pernter Gabriela
Gesundheitspraxis Sabine Wachsmann
Gianola Angelo, Dr. med. dent.
Gilli Luzius, Dr. med.
Grob Heini, Dr. med.
Grob Natascha, Naturarzt-Praxis
Grossglauser Linda, Massage
Gsundheits-Studio Margret Pauli
Güntensperger Peter, Psychologe
Gut Christoph, Dr. med.
Gut Jasna, Dr. med.
Gygli Ursula, Massage
Gymnastikstudio Maya
Gysi Beat, Dr. med.
Gysin Colette, Dr. med.
Häner Pascale, Gymnastik
Haffte Damian, Dr. med.
HAIR COMPANY
HAIR & STYLE
Harrer Ulla, Physiotherapie
Hasler Beatrice, Physiotherapie
Herwig Walter, Dr. med.
Hockenjos Claude und Pirkko, Dr. med. dent.
Hörmittelzentrale Nordwestschweiz AG
Homöopathiepraxis Beat Hauswirth
Hornstein AG Apotheke, Drogerie + Reformhaus
Iten Verena, Physiotherapie
Karp Monika, med. dent.
Kern Stefan, Physiotherapie
Kohler Jürg, Dr. med. dent.
Kohler Marcel, Zahntechnisches Laboratorium
Kosmetiksalon Simone
Krebs Corinne, Massage
Küng Walter, Dr. med. dent.
Kunz Ina, Psychologin
Künzler Barbara, Podologin
Latscha Urs, Dr. med.
Levy Doris, Psychologiepraxis
Liechti AG Apotheke Parfümerie
Liechti Monica, Kosmetik
Luterbacher Patrizia, APM
Mangold Priska, Physiotherapie
Maritz Marianne, Physiotherapie
MCM, Coiffure und Nagelkosmetik
Meier Liliane, Fusspflegerin
Merz Hanspeter, Dr. med.
Mirza Sabera, Dr. med.
Müller Brigitte, Kosmetik
Müller Claudia, Psychotherapeutin
Müller Dominique, Dr. med.
Näf Franziska, Dr. med.
Naef Fritz, Dr. med.
Nitec Pharma
NOVA Physiotherapie
Paioni Rosalia, Massage
Palliativ Support
Paracelsus Mediline GmbH
Praxis Medisana
Praxis Pauli AG
Räbgass, Physiotherapie
Reiniger & Co. Optikergeschäft
Reisinger Christa, Psychologin
Richard Denise, Physiotherapie
Roches Jean-Claude, Dr. med.
Röösli Carmen, Fusspflege
Ruckstuhl Alex, Dr. med.
Rüetschi Bernhard, Dr. med.
Rusterholtz Corinne, Gymnastik
Scheidegger Hansjürg, Dr. med.
Schlageter Peter E., Dr. med.
Schwarz Claude, Dr. med.
Schwarz Veronika, Physiotherapie
Spalinger Dentalkeramik
Spieler Markus, Dr. med.
Söhnlin Eleonore, Dr.
Steck Berty, Massage
Steiger Salome, Massage
Steiner Rosemarie, Kosmetik
Stoecklin Marcus, Dr. med.
Teuber Christoph, Zahntechnisches Laboratorium
Thommen Myriam, Podologin
Uhlmann Rolf, Dr. med.
VAYU Gesundheitspraxis
Vitabelle, Schönheits- und Gesundheitsstudio
Vogel B. Dental-Technik
Wagner Optik GmbH
Waldmann Esther, Dr. med.
Weill Sybille, Fusspflege
Well Being, Fusspflege und Manicure
Wellness Praxis
Wenger Margret, Physiotherapie
Widmer Annemarie, Psychologin
Wirz Andreas, Dr. med.
Wyss Rudolf, Dr. med.
Zahnarztpraxis Dr. med. Hunkeler

Zaugg Jürg, Psychologe
Zimmermann Annemarie, Psychotherapeutin
Zimmermann Hans, Physiotherapie

Wohnen, Bekleidung, Freizeit, Unterhaltung

ABZ Blumenzustelldienst Reinach
Alno (Schweiz) AG Kücheneinrichtungen
Amann & Partner AG, Designagentur
Antonazzo + Preite, Radio-TV-Video
Armaka AG Speckstein- und Cheminéeöfen
Art of Moments, Blumen Bonfadini
Audio-Vision René Schaub + Co.
Baier AG Wohnpavillon
Bastel- und Stoffparadies
Bata Schuh AG
Baumgartner Petra, Innenarchitektur
Beaver Tours Reisebüro
Bernard-Uhren
Bijouterie Cinderella
Billard-Center Reinach
Bingo-Schuh-Discount
Blueme Ginkgo
Blumenatelier Blüten + Blätter GmbH
Bo Katzmann Chor Katz Music AG
Boutique Bellissima Fashion for Kids
Boutique des anges
Clevenhaus Günter, Polsterer-Dekorateur
CMC Eigenmann Peter, Kaffeemaschinen
die buchhandlung Gysin AG
Eurobus Basel AG
Everest Wohnbau GmbH, Cheminéeöfen
Fleurs Jean-Jacques Blumen Dekorationen und Kränze
Fossil Gallery Reinach
Frei Heinz-Reisen
Funtastic Travel GmbH
Geschenkboutique Senn E.
Geschirr-Handlung Wenger-Kym
Herr AG, Egro-Kaffeemaschinen
Holenstein Car-Reisen AG
IDEMO Jürg Vöckt Intérieurs
IKARUS Entertainment AG
Interdiscount
Jordi AG HiFi TV Video
Katz Music AG
Kinderspielsachen us alte Zyte
Kleiderkiste
König Reisen AG
Krähenbühl-Sport AG Sport und Mode
La Cachette Damenmode
Lipo-Möbelposten AG Möbel- und Teppich-Verkauf
MAXIMAL AG Geschenke–Wohnaccessoires
Migros Do-it-yourself
Mike's DVD Vision GmbH
Modeva AG
Möbel Roth AG Wohnbedarf
Nähcenter H. Steiner Nähmaschinen und Mercerie
Nuggihuus AG
Rainbow Home Entertainment AG
Richert Papeterie Bürobedarf EDV-Zubehör
Rina Reisen AG
RRR Ritter Car-Reisen
Russo A. Schneiderei
SC Shin Do Kann Budo Center
Schwer Herbert Uhren – Bijouterie
Stalder & Fringeli, Klavierstimmer und -reparatur
Stalder Haushaltsgeräte
Team 2000 Küchenstudio AG
Textilreinigung Dippold GmbH
Thommann Modelleisenbahnen
Voggensperger Brennholz
von Euw Mode
Vorhangatelier Beatrice
Wagner Bijouterie-Uhren GmbH
Weltladen
Zimmermann Gus H. Rahmenatelier + Art-Shop
Zoohaus Seestern Zoohandlung
zum Häxebäse, Dekorationen

Nonprofit-Organisationen

Blaukreuz-Brockenhalle
business parc Stiftung Regionales Gründerzentrum
Eingliederungsstätte Baselland ESB-Reinach
Seniorenstiftung Aumatt Reinach
Spitex
WBZ Wohn- und Bürozentrum

Verschiedene

ActionsProduct GmbH
Aladin Brockenstube
Arionex Wasseraufbereitung
A.T. Textverarbeitung
Axept AG Reinach
Bamaver & Partner GmbH
Black Diamond Equipment AG
Bragtank AG, Reederei
Büro-Flex
Canducka-Shop AG, Hunde- und Katzenfutter
Crown Obrist AG
Deso Star GmbH, Desinfektionen
EBM Energie AG Elektra Birseck Münchenstein
Grieder Schliess- und Sicherheitstechnik
Heer AG, Gastronomie-Einrichtungen
hunziker bürodesign
Kaminfeger Abt
Kiefer & Studer Geotechniker
Migrol Service Reinach Tankstelle
Mischeli's Notdienst 24h, Schliesstechnik
Montagetechnik Berner AG
Neoperl Holding AG
Ott Peter, Investitionsgüter Verfahrenstechnik
Pedag AG
SERAG-Service Agentur
Siemens Schweiz AG
Simon Motorgeräte AG
Tebowa Service AG
TORMAX Regionalvertretung BL
TOSHIBA TEC, Kopierer
Walco Hygiene GmbH
Zellweger Luwa AG

BANNTAG
1957 - 1982

Seit Jahrzehnten kämpft Reinach dagegen, als Schlafstadt ohne Eigenleben betitelt zu werden. Im Schatten der nahen Stadt gedeiht ein vielfältiges Kulturangebot, das von traditionellen Vereinsaktivitäten bis zu professioneller Kunstvermittlung reicht. Früher dominierten Dorftheater und Kirchenfeste. Heute findet sich Vereins- neben Alternativkultur, haben Kirchenbazar und Jazzweekend ebenso ihren Platz wie Disco- und Lyrikabende. Auch im kulturellen Bereich präsentiert sich Reinach als urban-provinzieller Mix.

Kultur ausserhalb von Städten ist seit eh und je Vereinskultur, lautet ein häufiges Vorurteil. Dabei gab es in Reinach vor 1950 nur wenige Vereine. Erst in der Zwischen- und Nachkriegszeit des 20. Jahrhunderts und vor allem nach 1970 verbreiterte sich die Vereinslandschaft. Bevor die heutige Freizeitgesellschaft dominierte, waren Alltag wie Freizeit noch stark von bäuerlich-kirchlicher Kultur geprägt. Brauchtümliche Anlässe und Feiertage bildeten Höhepunkte im Jahresablauf. So beschrieb etwa der 1916 geborene Ernst August Feigenwinter in seinen Erinnerungen lebhaft die Vergnügungen, welche Neujahr, Palmsonntag, Metzgete oder Allerseelen mit sich brachten.

Altes Kirchenbrauchtum

Lange galten in Reinach wie im übrigen Birseck zusätzlich zu den allgemeinen Festtagen auch die katholischen Feiertage Fronleichnam, Mariä Himmelfahrt, Allerheiligen, Mariä Empfängnis und das Fest des Reinacher Kirchenpatrons Nikolaus als öffentliche Festtage. Die Kinder hatten schulfrei, Läden und Fabriken blieben geschlossen. Diese Sonderregelung entfiel mit dem basellandschaftlichen Gesetz über die öffentlichen Ruhetage von 1968.

Vor allem das Fronleichnamsfest wurde jedes Jahr, zehn Tage nach Pfingsten, mit grossem Aufwand gefeiert. Tagelang banden Freiwillige Girlanden aus Tannästen, um damit Hochaltar und Rundbogen in der Kirche zu schmücken. Im Dorf wurden vier Altäre aufgestellt und mit Blumen geschmückt. Im Anschluss an den Morgengottesdienst begann die Prozession, geordnet nach Männern und Frauen, begleitet von Musikgesellschaft und Kirchenchor. Wegen des zunehmenden Verkehrs wurde die Route dann von der Hauptstrasse weg verlegt. 1967 fand die letzte Fronleichnamsprozession statt.

Ähnlich eindrucksvolle und aufwändige Feiern gab es am Palmsonntag, wo die riesigen Palmgebinde, an Stangen montiert, gesegnet wurden. An Allerseelen musizierten Männerchor und Musikgesellschaft auf dem Friedhof. Von auswärts kamen Verwandte zum Besuch der Gräber. Auch die Karwoche vor Ostern, in der die Kirchenglocken durch Rätschen ersetzt, wo Estrich,

< Anders als in gewissen Baselbieter Gemeinden ist beim Reinacher Banntag die gesamte Bevölkerung willkommen, unabhängig von Heimatschein und Geschlecht.

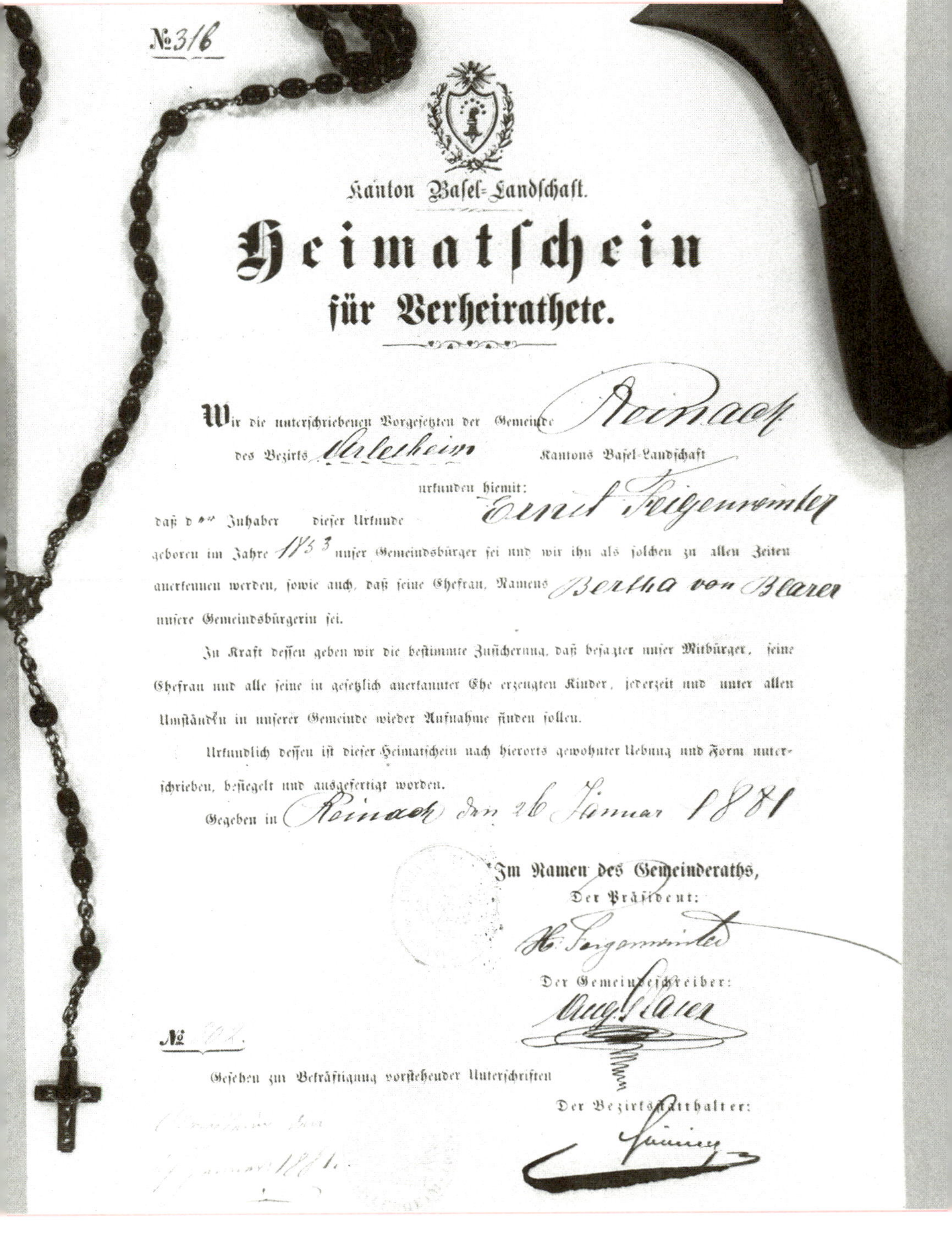

Früher gehörten Rebmesser und Rosenkranz zum Heimatgefühl. Darauf verweist dieses Arrangement mit dem Heimatsche n von Ernst Feigenwinter, einstiger Nationalrat und Mitbegründer der späteren CVP. Vom «Hoggemesser», wie man das Rebmesser im Dialekt nennt, haben die Reinacher ihren Dorfübernamen.

Tenne und Keller für den Auferstehungstag herausgeputzt wurden, markierte eine wichtige Zeit im Jahreskalender.

Parallelkulturen

Diese katholische Dorfkultur hat ihre Dominanz verloren. Doch ein Blick auf den Reinacher Gemeindekalender zeigt: Ohne die Kirchen wäre eindeutiger weniger los. Gut ein Fünftel der aufgeführten Veranstaltungen wird von einer der beiden Landeskirchen und ihren Unterorganisationen angeboten. Dabei handelt es sich nicht nur um Gottesdienste, sondern auch um Museumsbesuche, Altersnachmittage, Jugendfeste, Konzerte. In vielen dieser Bereiche sind heute andere Organisationen ebenfalls tätig: Altersverein, Jugendhaus, Elternbildung, Kultur in Reinach etc. Daneben gibt es allerdings auch zahlreiche Anlässe, welche keine kirchliche Entsprechung haben, wie zum Beispiel Sportanlässe.

Darin widerspiegelt sich der Kulturwandel, den Reinach im 20. Jahrhundert erlebt hat. Einerseits hat sich eine eigentliche Freizeitkultur mit der entsprechenden Vereinslandschaft entwickelt, welche stark von Sport und Hobby geprägt ist. Andererseits sind die Kulturschaffenden sozusagen aus dem Schatten von Kirche und Dorfwirtschaft herausgetreten, haben sich in eigene Räume verlagert und selbständig gemacht. So kann man heute Musik auf verschiedene Art geniessen: im Gottesdienst, dargeboten vom Kirchenchor; in der Schulhausaula, dargeboten von Männerchor, Orchester oder Musikschule; im Jugendhaus, dargeboten von einer Rockband; auf dem Dorfplatz, dargeboten von einer Jazzband oder Jodlergruppe. Oder im Solid Rock Gospel Center, dem Versammlungslokal einer der vielen Glaubensgemeinschaften, die Reinachs Kultur im 21. Jahrhundert mitprägen.

Vielfältige Glaubenswelt

Die beiden grössten Reinacher Glaubensgemeinschaften sind die Römisch-katholische und die Evangelisch-reformierte Landeskirche. Beide zählen je etwa ein Drittel der Einwohnerschaft zu ihren Mitgliedern. Das restliche Drittel ist entweder konfessionslos oder gehört einer anderen Glaubensrichtung an. 1970 noch lag dieser Anteil bei ungefähr fünf Prozent. Der Zuwachs geht vor allem auf die steigenden Kirchenaustritte zurück. Der Anteil muslimischer Gläubiger ist zwar ebenfalls gewachsen, liegt aber zu Beginn des 21. Jahrhunderts immer noch bei bloss drei Prozent. Am stärksten zurückgegangen ist der Anteil der römisch-katholischen Reinacherinnen und Reinacher, die 1970 noch knapp 50 Prozent der Einwohnerschaft ausmachten. Im Jahr 2000 lebten

58 Christkatholiken in Reinach. Sie gehören zur 1952 gegründeten Kirchgemeinde Baselland.

Neben diesen drei Landeskirchen existiert in Reinach eine Vielzahl anderer christlicher Religionsgemeinschaften. Auf protestantischer Seite war bis 2002 eine Gemeinde der Evangelisch-methodistischen Kirche aktiv. Weitere christliche Freikirchen sind: die Ankergemeinde, im Jahr 2000 als Abspaltung von der Chrischona Gemeinde Reinach entstanden; die Gemeinde evangelischer Christen Birseck, die seit ungefähr 1994 ein Lokal in Reinach unterhält; die BewegungPlus, früher Gemeinde für Urchristentum genannt, seit den frühen 1990er-Jahren in Hauskreisen und ab 1996 als Gemeinde organisiert; das Solid Rock Gospel Center, eine Evangelisationsorganisation, die sich um 2000 in Reinach niederliess. Als Fortsetzung der christlichen Urkirche versteht sich die Neuapostolische Gemeinde mit ihrem Gebäude neben dem Fiechtenfriedhof.

Globalisierungseinflüsse

Andere Reinacherinnen und Reinacher bekennen sich zu religiösen Gemeinschaften wie der Vereinigung Freier Missionsgemeinden oder den Mormonen, der Kirche Jesu Christi der Heiligen der Letzten Tage. Bereits seit 1978 sind die Bahá'i mit einem Geistigen Rat in Reinach vertreten, nachdem sie sich anfangs der 1950er-Jahre in Basel niedergelassen hatten. Im Mittelpunkt ihrer Lehren steht die Einheit der Weltreligionen. Anhänger der muslimischen Ahmadiyya-Bewegung trafen sich 2000 vorübergehend in Reinach zum Freitagsgebet. Fest niedergelassen ist hingegen die buddhistische Kyudo-Dojo-Vereinigung. Regelmässig versammeln sich ihre Anhänger in Reinach zum Zen-Bogenschiessen oder zur Meditation.

Für Christen aus anderen Sprachregionen und Kulturen gibt es verschiedene Gottesdienstangebote. Die Missione Cattolica Italiana del Birseck, seit 1962 tätig, hält sonntags in der Fiechtenkapelle Gottesdienst in italienischer Sprache. Und die Römisch-katholische Vietnamesen-Mission feiert einmal monatlich in St. Marien einen Gottesdienst in vietnamesischer Sprache.

Die Römisch-katholische Kirchgemeinde

Die grösste und älteste religiöse Organisation in Reinach ist die Römisch-katholische Kirchgemeinde. Sie zählte Ende 2005 genau 6544 registrierte Mitglieder. Die Kirchgemeinde umfasst zwei Pfarrämter, die alte Dorfpfarrei St. Nikolaus und die 1968 neu errichtete St. Marien-Pfarrei an der Stockackerstrasse im Norden Reinachs. Die St. Marien-Pfarrei verfügt über ein Pfarreizentrum mit Gottesdienstraum, Lokalen für das Pfarreileben sowie Pfarramt und Pfarrhaus. Der früher geplante Kirchenbau St. Marien wurde nicht realisiert, da die Bevölkerung nicht im erwarteten Ausmass zunahm. Die Pfarrei St. Nikolaus umfasst die Dorfkirche mit Pfarrhaus und Pfarramt sowie das Pfarreiheim St. Nikolaus.

2004 verabschiedete die Kirchgemeinde ein Konzept mit dem Titel Katholisch Reinach im Wandel. Es zeigt Möglichkeiten auf, wie die kirchlichen Einrichtungen bis 2015 den veränderten gesellschaftlichen Bedingungen angepasst werden können. Demnach soll Reinach in Zukunft als Doppelpfarrei St. Nikolaus-St. Marien verwaltet werden. Dazu gehören die drei Zentren St. Marien (Glaubensbildung), Dorfkirche St. Nikolaus (Gottesdienstkultur) und Pfarreiheim St. Nikolaus (Diakonie, Gemeinschaftsleben, Lokalkultur und Kindergärten). Im St. Mariensaal kann eine Kapelle eingebaut werden. Nötig werden diese Veränderungen aufgrund der anhaltenden Abnahme der katholischen Bevölkerung (Kirchenaustritte, Wanderungsverluste), des Priestermangels und des Rückgangs freiwilliger Mitarbeit.

Katholische Organisationen

Die traditionsreichste kirchliche Organisation ist die 1870 gegründete Frauengemeinschaft St. Nikolaus und St. Marien. Zusammen mit der Frauen-Liturgiegruppe St. Nikolaus (seit 1982) wirkt sie an der Gestaltung von Gottesdiensten und Gemeindeanlässen mit. Übergreifend tätig ist die Ökumenische Gesprächsgruppe Frau und Kirche, gebildet 1981. Daneben engagieren sich die Gruppe Erwachsenenbildung, die in den 1970er-Jahren die verschiedenen Studienzirkel anderer Gruppierungen ablöste, die Ökumenische Weltgruppe und das Netzwerk (Begleitung von Menschen in einer schwierigen Lebenssituation).

Der katholische Kirchenchor St. Nikolaus wurde 1878, damals unter dem Namen Cäcilienverein, gegründet. Ebenfalls schon früh, im Zuge der allgemeinen Jugendbewegung nach dem Ersten Weltkrieg, entstanden die katholischen Jugendgruppen. Für Knaben zwischen neun und 16 Jahren gibt es noch heute die Jungwacht, 1939 ins Leben gerufen; für Mädchen zwischen sieben und 14 Jahren seit 1937 den Blauring. In beiden Gruppierungen trifft man sich jede Woche, um zusammen zu spielen oder etwas zu erleben. Höhepunkt ist jeweils das Sommerlager. Bis in die 1960er-Jahre existierten auch noch Gruppen für ältere Jugendliche. Die jungen Männer versammelten sich in der Jungmannschaft, die jungen Frauen in der marianischen Kongregation. Sie widmeten sich stärker der religiösen Bildung. 1967 wurden neu die Pfadfinder Reinach als katholische Abteilung gegründet.

Prozession um 1950

So sah wahrscheinlich die Dorfkirche St. Nikolaus zu Beginn des 19. Jahrhunderts aus. Die Skizze stammt von Heinrich Keller und entstand zwischen 1805 und 1840.

Die Bruderschaft zum guten Tode hat sich nach 1950 aufgelöst. Sie wurde 1834 von Pfarrer Schaub gegründet. Ziel der Vereinigung war es, durch Gebet und Andacht die Gnade eines glückseligen Todes zu erlangen. Wer sich beim Pfarrer als Interessent meldete, wurde am zweiten Sonntag im Mai feierlich aufgenommen. Jeder erhielt ein religiöses Bild mit einem Gebet und seinem Porträt. Nach dem Tode ging das Bild an die Bruderschaft zurück, damit diese für den Verstorbenen bete.

Kirchenbaugeschichte

Eine eigenständige Pfarrei bildet Reinach seit 1511, als die St. Nikolaus-Kapelle (erbaut 1322) zur Pfarrkirche erklärt wurde. Zuvor hatte Reinach mitsamt der Kapelle zur Pfarrei Pfeffingen gehört. Um das Pfarramt finanzieren respektive den Pfarrer entlöhnen zu können, musste die Gemeinde 1514 das Predigerholz an das Predigerkloster in Basel verkaufen. Bei der Neuorganisation nach der Reformation wurde Reinach vom späten 16. Jahrhundert an der Pfarrei Arlesheim unterstellt. Ab 1631 bildete Reinach wieder eine selbständige Pfarrei.

1657 wurde eine neue Kirche erbaut. 1803 erfolgte eine Erweiterung des Baus und 1876 legte man den Grundstein zu einem Neubau, der heutigen St. Nikolaus-Kirche. Eingeweiht wurde diese 1886. Bereits 1881 erhielt die Kirche eine neue Orgel. Im 20. Jahrhundert waren wiederholt Renovationen und Erweiterungen erforderlich, die Zahl der Katholiken stieg nach 1950 stark an. 1920 wurde das Innere der Kirche, 1931 das Äussere erneuert. 1963–1964 kamen ein Erweiterungsbau dazu und ein neues Glockengeläute. Bei der letzten Auffrischung 1979–1986 erhielt die Kirche ein neues Wandbild in der Seitenkapelle. Der bisherige Taufraum wurde zur Marienkapelle umgestaltet.

Das Pfarreiheim St. Nikolaus stammt aus den späten 1940er-Jahren. Damals nannte man es noch Mariengarten. 1948 wurden die ersten Bauten eingeweiht: ein Kindergartenraum und eine Wohnung für die franziskanischen Kindergarten-Schwestern. 1952 und 1969 kamen weitere Gruppenräume hinzu. Nach der Einrichtung der Marienpfarrei 1968 wurde der Mariengarten in Pfarreiheim St. Nikolaus umbenannt.

Die Evangelisch-reformierte Kirchgemeinde

Als zweitgrösste religiöse Gemeinschaft umfasst die reformierte Kirchgemeinde Ende 2005 genau 5839 registrierte Mitglieder. Rechtlich gesehen existiert sie seit 1952, praktisch gesehen schon seit viel früher. Im 16. Jahrhundert, während der Reformation, bekannten sich die Reinacher zum reformierten

Transport der Glocken zur neu erbauten reformierten Kirche 1963

Glauben. Sie wurden jedoch nicht Teil der Basler Kirche, und nach der Gegenreformation war Reinach von 1595 an endgültig wieder katholisch. Als der Fabrikant Alioth 1856 in Arlesheim eine Kapelle bauen liess und einen reformierten Pfarrer anstellte, zählten der Ochsenwirt Johannes Meili, der Ziegler Arnold Meili und weitere sieben Familien oder Personen zu den ersten Kirchgängern. Reinach gehörte dann auch zur 1882 gegründeten Kirchgenossenschaft Arlesheim und Umgebung, einer staatlich anerkannten, aber privatrechtlich organisierten Diasporagemeinde.

Betreut wurden die Reinacher Reformierten seit 1924 von einem Vikar, der auch für Aesch und Pfeffingen zuständig war. 1930 erfolgte der Bau des Kirchgemeindehauses im Mischeli und sieben Jahre später erhielt Reinach ein eigenes Pfarramt. Mit der Kirchenverfassung von 1952 entfiel der Diasporastatus: Reinach ist seither Teil der Evangelisch-reformierten Landeskirche des Kantons Basel-Landschaft und damit offiziell Kirchgemeinde. Seit 1957 wurden Pläne für eine reformierte Reinacher Kirche neben dem Kirchgemeindehaus entworfen; sechs Jahre später, 1963, weihte man den fertigen Bau ein. Aufgrund des Bevölkerungswachstums erhielt die Kirchgemeinde 1965 einen zweiten Pfarrer und 1975 einen dritten. Wie bei den anderen Landeskirchen ist die Mitgliederzahl seit ungefähr 1980 im Rückgang begriffen. Die Kirchgemeinde erwägt, die Landreserven rings um Kirche und Kirchgemeindehaus in Zukunft als Bauland zu nutzen.

Reformierte Organisationen

Auch in der reformierten Kirche ist die Zahl der kulturell und sozial aktiven Gruppierungen gross. In der Kantorei, der Nachfolgerin des Chors aus den Zwischenkriegsjahren, findet seit 1954 jede Woche eine Gesangsprobe statt. Freiwillige besuchen betagte Jubilarinnen und Jubilare (seit 1980). Das Café Politique startete 2005 mit Informations- und Diskussionsrunden, zum Beispiel anlässlich der Abstimmung über das Partnerschaftsgesetz vom Juni 2005. Konfessionsübergreifend engagieren sich Reformierte im Ökumenischen Filmforum Open Air sowie in der Ökumenischen Gesprächsgruppe Frau und Kirche. Auch das Netzwerk, das Menschen in schwierigen Lebenssituationen begleitet, entstand 2000 aus einer Initiative der reformierten Kirchgemeinde. Zwischen 1930 und 1993 bestand auch ein reformierter Frauenverein, ursprünglich Schaffverein genannt.

Den Bereich der Jugendarbeit und der Jugendkultur deckt seit 1993 das Jugend-Cafi Paradiso im Kirchgemeindehaus ab, ein Treffpunkt für junge

Eine Aufnahme vom Flüchtlingsfest 2005 im reformierten Kirchgemeindehaus

Menschen ab 14 Jahren. Er wird von Jugendlichen unter der Leitung eines Jugendarbeiters betrieben. In den 1980er-Jahren existierte zeitweilig auch eine Gruppierung Junge Kirche. Weiter zurück, bis in die 1940er-Jahre, reichen die Aktivitäten der konfirmierten Jugendlichen. 1960 gründete der Gemeindehelfer eine Jungscharabteilung, später auch eine Gruppe für Mädchen, welche dem Christlichen Verein Junger Männer (CVJM) angeschlossen war. Sie leben heute als CVJM Bubenjungschar Reinach und CVJF Mädchenjungschar fort.

Anfängliche Distanz

Meili, Glaser, Schacher: Wie die Namen verraten, waren die ersten Reinacher Reformierten 1856 keine Alteingesessenen. Lange bildeten sie eine kleine Gemeinschaft, erst nach 1900 überschritt ihre Anzahl die Hundertergrenze. Gehörten die reformierten Zuzüger vor 1950 noch dem Arbeiterstand und vor allem dem bescheidenen Mittelstand an, kamen sie später aus begüterteren Schichten. 1961 stellte der reformierte Pfarrer fest, dass die meisten Gemeindemitglieder Neuzuzüger mit wenig Ortsbindung seien.

Im traditionell katholisch-dörflichen Reinach wurden diese neuen Nachbarn, die sich meist im Norden des alten Siedlungsgebietes niederliessen, anfänglich eher distanziert empfangen. Vor allem Pfarrer Sieber, 1937–1965 in Reinach tätig, verweigerte lange sämtliche Zugeständnisse an die wachsende reformierte Gemeinde. Erst von 1955 an durften die Reformierten zum Beispiel die St. Nikolaus-Kirche für Abdankungen benutzen. Da noch keine reformierte Kirche stand, mussten die Feiern bis dahin bei Hitze wie bei Kälte im Freien abgehalten werden.

Gelebte Ökumene

Aus dem historischen Gegen- und Nebeneinander ist im späten 20. und beginnenden 21. Jahrhundert ein Miteinander geworden. Zahlreiche Gruppierungen und Engagements werden von Mitgliedern beider Kirchgemeinden gemeinsam getragen: der Weltgebetstag, die Weltgruppe mit ihren entwicklungspolitischen Aktivitäten, die Altersheimbesuchergruppe, das Flüchtlingsfest, das Filmforum (Open Air Filmtage Reinach), das Tageszentrum für Betagte, das Netzwerk (Begleitung von Menschen in einer schwierigen Lebenssituation), die Jugendarbeit und vieles mehr. Die 1982 erbaute Fiechtenkapelle auf dem neuen Friedhof kann von verschiedenen Konfessionen und Religionen genutzt werden.

Die zunehmende konfessionelle Durchmischung der Bevölkerung und der Aufbruch der katholischen Kirche nach dem Zweiten Vatikanischen Konzil

1962–1965 hatten diese Annäherung ermöglicht. Zur Einweihung der reformierten Kirche 1963 schenkten die Katholiken einen Abendmahlsteller. Und die Reformierten bedankten sich 1964 anlässlich der Erweiterung der St. Nikolaus-Kirche mit einem Altarkreuz. Wenig später, 1971, wurde an der Realschule ökumenischer Religionsunterricht eingeführt. Heute wird der Religionsunterricht auf allen Stufen ökumenisch erteilt.

Ein Protestant lernt katholisch

Die Kindergärten in Reinach wurden seit ihrer Einführung im frühen 20. Jahrhundert bis 1970, als die Gemeinde die Verantwortung übernahm, konfessionell streng getrennt geführt. Anders die Schule: Hier lehrten ausschliesslich katholische Lehrkräfte. Zwar verlangten die Reformierten in den 1930er- und 1940er-Jahren wiederholt die Anstellung eines evangelischen Lehrers. Doch die Behörden weigerten sich: Zuerst solle der reformierte Kanton katholische Lehrer anstellen. Oder man behauptete, die katholischen Bewerber seien fachlich überlegen gewesen. Erst 1945 wählte die Schulpflege einen reformierten Sekundarlehrer.

Der erste reformierte Primarlehrer Reinachs, Heinrich Wiesner, stiess bei seinem Amtsantritt 1949 auf hartnäckige Ablehnung durch den katholischen Pfarrer Joseph Sieber. Ob bei der Platzierung des Kreuzes im Schulzimmer, bei der Kleiderfrage im Turnunterricht oder in der Bibelstunde: Immer wieder warf Pfarrer Sieber Lehrer Wiesner unkatholisches Verhalten vor und verlangte eine Anpassung. Zu diesem Zeitpunkt stellten die Protestanten in Reinach immerhin schon etwa 40 Prozent der Bevölkerung. Wegen seiner kulturkonservativen Haltung, die in einem Begräbnisstreit gipfelte, musste Pfarrer Sieber 1965 schliesslich die Gemeinde verlassen.

Rynach schlooft nit

Dass Reinach einst ein Bauerndorf war, erlebt man heute nicht mehr. Verloren gingen nicht nur architektonische, sondern auch kulturelle Zeugnisse: gelebte Bräuche, spezielle Flur- und Personennamen und überhaupt das Wissen um frühere Lebensumstände. Widerstand gegen diesen Traditionsverlust regte sich in Reinach seit der Mitte des 20. Jahrhunderts, wie in vielen anderen Baselbieter Gemeinden. Hier wie dort wurden in der Folge Heimatmuseen gegründet und Banntage wiederbelebt. Parallel zu dieser Traditionspflege bildeten sich in Reinach aber auch Organisationen für moderne Freizeit- und Kulturformen. Dabei hatten alle Aktiven dasselbe Ziel: das Kulturleben Reinachs zu fördern, um den gesellschaftlichen Zusammenhalt und die kollektive Identität in der rasch gewachsenen Gemeinde zu entwickeln.

Zünfte

Ursprünglich waren Zünfte Zusammenschlüsse von Handwerkern, um berufsspezifische Interessen durchzusetzen. Die Reinacher Zunftgründungen im 20. Jahrhundert verfolgten hingegen andere Ziele. 1958 schlossen sich 17 Reinacher, alle Vertreter alter Dorfgeschlechter, zur Zunft zu Rebmessern zusammen. Als Wahrzeichen wählten sie das Hoggemässer oder Rebmesser, Symbol der ehemaligen Wein-Bauern-Kultur. Anders als in einer Bruderschaft

Der Volkstanzkreis Reinach führt an der Maibaumfeier auf dem Ernst Feigenwinter-Platz einen Bändeltanz vor (Aufnahme 2005).

wie jener zum guten Tode sollten in die Zunft auch nicht-katholische Bürger aufgenommen werden können. Die Zunftsatzungen nennen folgende Grundsätze: einander mit Rat und Tat beistehen; Förderung des Guten und Gemeinnützigen; ein aktives und geselliges Zunftleben gestalten sowie alte Reinacher Bräuche, Sitten und Traditionen pflegen. Die Rebmessern-Zunft gründete und betreibt das Heimatmuseum. Sie gab den Anstoss zur Neubelebung des Banntags und der Kinderfasnacht. An letzterem Anlass verteilen die Frauen der Zunftbrüder rund 10000 Chüechli an die Kinder.

In die Zunft zu Rebmessern werden nur männliche Ortsbürger aufgenommen, mit einer Taufe im Dorfbrunnen am St. Nikolaustag. Die beiden anderen Zünfte gehen nicht auf historische Vorbilder zurück. Die Buure-Zunft, 1974 gegründet, engagiert sich beim jährlichen Maisingen. Die Franz Lucas Landerer-Zunft wurde 1987 als Ergänzung zur Rebmessernzunft ins Leben gerufen. Sie nimmt in erster Linie Nicht-Bürgerinnen und -Bürger auf und veranstaltet für ihre Mitglieder regelmässig gesellige Anlässe.

Museen

Unter den zahlreichen Orts- und Regionalmuseen im Kanton Basel-Landschaft ragt jenes von Reinach durch seine Grösse und seine Aktivitäten heraus. Eröffnet wurde es 1962, in leer stehenden Räumen hinter der Gemeindeverwaltung. Seit 1988 befindet sich das Heimatmuseum Reinach an der Kirchgasse 9. Das Gebäude gelangte 1979 in den Besitz der Gemeinde, welche die Liegenschaft nach umfangreicher Restauration zur Verfügung stellt. Das Ausstellungsgut hingegen ist Eigentum der Zunft zu Rebmessern, die das Museum einrichtete und führt. Zuständig ist die Museumskommission, die 1961 ins Leben gerufen wurde.

Gezeigt werden im Museum Zeugnisse der Entwicklung Reinachs seit der frühesten Besiedlung. Mit Hilfe der Kantonsarchäologie Baselland wurde die Ur- und Frühgeschichte detailliert aufgearbeitet und anschaulich präsentiert. Andere Räume geben einen Einblick in altes Handwerk, wie zum Beispiel die Korberei, in Kleidungs- und Wohntraditionen sowie in die Besonderheiten des Naturraums. Regelmässig führt die Museumskommission auch Demonstrationen durch: Brotbacken, Korbflechten, Schmieden etc. Das Museumsfest nach den Sommerferien gehört inzwischen zur Tradition.

Ein Museum anderer Art schwebt dem Traktorensammler Gustav Perret aus Reinach vor. Vorläufig ist seine Sammlung von rund 50 fahrtüchtigen Maschinen in verschiedenen Hallen untergebracht. Die Traktoren stammen meist aus Schweizer Produktion und wurden zwischen 1929 und 1975 gebaut.

Neue Bräuche

Da Reinach bis weit ins 20. Jahrhundert hinein noch ein Bauerndorf war, überlebten gewisse Bräuche hier länger als anderswo. Zum Beispiel die Hochzeitsbräuche Spannen und Schiessen. Noch in den 1920er-Jahren wurde anlässlich einer Hochzeit zur Ehre der Familie mit Mörsern geschossen. Noch länger hielt sich das Spannen. Ursprünglich bestand es darin, dass ein auswärtiger Bräutigam sich den Weg, der ihm von den dörflichen Altersgenossen mit einem Seil oder Band versperrt wurde, regelrecht freikaufen musste. Später wurde das Lösegeld oft symbolisch.

Während diese Bräuche heute ausgestorben sind, wurden andere in den letzten Jahrzehnten wiederbelebt. Am Martinstag, dem 11. November, ziehen in den beiden katholischen Pfarreien die Kinder mit so genannten Räbeliechtli, aus Rüben geschnitzten Laternen, durch die Strassen. Seit 1957 findet auch jährlich wieder der Banntag statt, der von Bürgergemeinde und Rebmessernzunft organisiert wird. Er führt am Auffahrtstag entlang der Grenzen rund um den Gemeindebann Reinachs. An den Rastplätzen gibt es einen ökumenischen Gottesdienst, Ansprachen, Ess- und Trinkbares sowie spezielle Attraktionen für Kinder. Die Teilnehmerzahl reicht je nach Wetter bis zu 1500 Personen. Der Reinacher Banntag steht allen ungeachtet ihrer Staats- oder Geschlechtszugehörigkeit offen, anders als in einigen Gemeinden, wo er den männlichen Ortsbürgern vorbehalten bleibt. Der Brauch geht auf die Kontrolle der Grenzsteine zurück, welche unter Aufsicht des Gescheidgerichts durchgeführt wurde. Die Bürgergemeinde hat 2004 das Maisingen und den Maitanz eingeführt. Bei verschiedenen Brunnen in Reinach stehen bei diesem Anlass farbig dekorierte Tannen. An jeder Station werden Gesänge und Tänze dargeboten, vor dem Bürgergemeindehaus steht eine Festwirtschaft. Veranstalterin ist die Bürgergemeinde, Mitwirkende sind Buure-Zunft, Jodlerclub und Volkstanzkreis Reinach.

Nach mehrjährigem Unterbruch wird seit 1984 in Reinach auch wieder eine Strassenfasnacht durchgeführt. Am so genannten Schmutzigen Donnerstag findet jeweils ein Kinderumzug statt, am Samstag ziehen die Cliquen durch die Strassen und am Abend wird ein Guggenkonzert veranstaltet. Nach ein paar Tagen Pause setzt der Kehraus-Ball am folgenden Samstag den Schlusspunkt. Organisiert wird die Reinacher Fasnacht durch das Ney Rynacher Fasnachtskomitee. Mit der alten Dorffasnacht des 19. und frühen 20. Jahrhunderts, mit Fasnachtsfeuer und Maskenball, hat die heutige Fasnacht allerdings nur noch wenig zu tun. Viel stärker sind die Einflüsse der nahen Basler Fasnacht spürbar, an der umgekehrt auch viele Reinacher Cli-

40 m

quen teilnehmen. Zudem sind und waren in Reinach Schnitzelbänggler, wie zum Beispiel 1973 d' Faschtewäie, unterwegs.

Zu den im späten 20. Jahrhundert neu eingeführten Bräuchen gehört der Kürbistag, der seit 1993 an der Vogesenstrasse stattfindet. Zu Beginn der Adventszeit stellen die Anwohnerinnen und Anwohner Kürbislaternen hinaus und an einem Abend werden verschiedenste Kürbisgerichte verkauft. Die gesammelten Spenden gehen an eine Reinacher Familie in Not.

Reinacher Dialekt

«Basler Bebbi nit blagiere, Dritt in Arsch und abmarschiere!» Das liess sich der neunjährige Hansjörg Hänggi, der 1947 mit seiner Familie aus Basel nach Reinach zog, nicht zweimal sagen. Bald schon übernahm er Tonfall und Wortschatz, wie sie in Reinach gängig waren. Statt «Kinder kömmet» rief nun auch er «Chinder chömmet», und statt Löwenzahn pflückte er Chettenestuude. Dabei lag der Reinacher Dialekt näher beim baselstädtischen als bei jenem des oberen Baselbiets. Wo jemand aus dem östlichen Baselbiet «Düüre» sagte, hiess es im Birseck «Diire». Ö wurde im Birseck zu e, schön zu scheen.

Gleichzeitig gab es auch unter den einzelnen Birsecker Gemeinden Unterschiede in der Konjugation von Verben. «Wir gehen» wurde in Therwil als «mir geen», in Aesch hingegen als «mir göö» ausgesprochen. Wie es in Reinach hiess, ist leider unbekannt. Der Baselbieter Dialekt wurde 1948–1949 in ausgewählten Ortschaften untersucht, und Reinach gehörte nicht dazu. Bereits in den späten 1940er-Jahren, also in der Jugendzeit Hansjörg Hänggis, galten allerdings spezielle Dialektausdrücke als urchig. Sie wurden meist nur noch von älteren Leuten gebraucht. In den Folgejahrzehnten trug die wachsende Mobilität und Verstädterung dazu bei, dass es heute keinen eigenständigen, lebendigen Reinacher Dialekt mehr gibt.

Keinen Dialekt stellt das so genannte Räbstäggewältsch dar. Übersetzt bedeutet es etwa Rebstecken-Fremdsprache. Vor allem Kinder benutzten diese Geheimsprache, die auf dem gesprochenen Dialekt beruht. Anstelle des ersten Vokals jedes Wortes wird dabei einfach adi eingesetzt: Liebi wird so zu Ladibi. Adinfacher adils madin dadinkt. Herkunft und Alter des Räbstäggewältsch sind ungeklärt, gesprochen wird es auch in anderen Schweizer Gegenden. In Reinach war es bis über die 1920er-Jahre hinaus verbreitet.

Selbsthilfe

Mit den Tausenden von Neuzuzügerinnen und -zuzügern kamen in der Nachkriegszeit auch neue Bedürfnisse nach Reinach. 1972 entstand deshalb der

Chinesische Lyrik und Musik waren das Thema dieser Veranstaltung von Kultur in Reinach.

Verein Kultur in Reinach (KiR). Seine Mitglieder setzten sich zum Ziel, künstlerisches Schaffen in Reinach zu fördern und zu vermitteln. Heute umfasst das Programm rund 20 Veranstaltungen, klassische Musik, Lesungen, Kunstausstellungen etc. Bewusst werden auch spezielle und anspruchsvolle Kulturformen gepflegt: zum Beispiel eine Lesung moderner chinesischer Lyrik, kombiniert mit sprachmusikalischen Miniaturen. Getragen wird der Verein Kultur in Reinach von rund 250 Mitgliedern.

Ein weiteres Beispiel für erfolgreiche Selbsthilfe ist der Verein Arbeitsgruppen Lebendiges Reinach (AGLR), der 1976 ins Leben gerufen wurde. Dessen Mitglieder initiierten nicht nur den Reinacher Markt, sondern stellen bis heute ein reichhaltiges Kursprogramm zur Freizeitgestaltung auf die Beine. Es reicht von malerischem Gestalten über Kleidernähen bis zum Spanischkurs. An der Brunngasse 4 steht das Vereinslokal Freizythuus mit der eigenen Galerie 47. Hier finden Reinacher Künstlerinnen und Künstler eine Ausstellungsmöglichkeit.

Die beiden Vereine sind typisch für Reinach, das heisst auch typisch für den Kulturwandel grosser vorstädtischer Gemeinden. Den grössten Teil der Vereinsaktivitäten bestreiten – zumindest bei den Arbeitsgruppen Lebendiges Reinach – Frauen. Meistens sind sie im Zuge des grossen Wachstums der 1960er- und 1970er-Jahre nach Reinach gekommen, zählen sozusagen zur Gründergeneration der Stadt vor der Stadt.

Auch die Bürgergemeinde belebt die kulturelle Szene Reinachs. Im Saal des Bürgergemeindehauses finden häufig Kleintheater- und Kabarettveranstaltungen statt.

Kulturförderung

Seit einigen Jahrzehnten fördern auch die Gemeindebehörden gezielt kulturelle Gruppierungen und Anlässe. Formuliert wurde die offizielle Reinacher Kulturpolitik 1994 im Kultur-Konzept: Durch die Verbesserung der Raumsituation und die Subventionierung einzelner Institutionen soll das Kulturbewusstsein gestärkt werden. Noch immer steht Privatinitiative im Zentrum. Das städtische Angebot soll weder kopiert noch konkurrenziert, sondern ergänzt werden. Entsprechend unterstützt die Gemeinde mehrere Institutionen mit jährlichen Leistungsvereinbarungen: die Arbeitsgruppen Lebendiges Reinach, den Verein Kultur in Reinach, die Gemeinde- und Schulbibliothek, die Zunft zu Rebmessern (Heimatmuseum), den FC Reinach, den Verein für Elternbildung und den Verein Robinsonspielplatz. Zudem veranstaltet die Gemeinde seit 1986 einen Apéro, an dem sportliche oder kulturelle Leistungen gewürdigt werden. Seit 1994 wurde dabei ein Reinacher Preis verliehen. Damit soll die Bedeutung kulturellen Schaffens für den Integrations- und Identitätsprozess unterstrichen werden.

Mittels Raumangeboten unterstützt die Gemeinde auch die Bildende Kunst. So stellt sie zum Beispiel seit 1992 die Liegenschaft Brunngasse 6 dem Verein Kultur in Reinach für die Galerie Werkstatt zur Verfügung. Die Galerie bietet jüngeren Kunstschaffenden eine Plattform für avantgardistische und experimentelle Arbeiten. Im Nachbarhaus befindet sich die Galerie 47. Seit 2002 besteht mit dem Innenhof des neuen Gemeindehauses ein weiterer Ausstellungsraum. Unter dem Titel Kunst in Reinach organisiert die Gemeinde zudem seit 1995 eine regionale Kunstausstellung. Deren Spektrum reicht von gegenständlicher und abstrakter Malerei über plastisches Schaffen bis hin zur Keramik- und Glaskunst.

Seit 1985 leistet Reinach einen freiwilligen Beitrag an baselstädtische Kulturinstitutionen. Er betrug im Startjahr fünf Franken pro Kopf und ging an das Historische Museum, den Botanischen und den Zoologischen Garten, an das Theater Basel und die Sinfonietta Basel. Die Anbindung Reinachs an die städtische Kulturszene kommt auch darin zum Ausdruck, dass die Galerie

Werkstatt 2003 und 2004 Ausstellungsort der Regionale, der Jahresausstellung der Basler Künstlerinnen und Künstler, war.

Kunst- und Kulturschaffen

Eine Ahnung vom künstlerischen Potential der Gemeindebevölkerung vermittelt die Liste der Preisträgerinnen des Reinacher Preises. Er wird seit 1994 alljährlich vom Gemeinderat an Persönlichkeiten oder Organisationen vergeben, die sich durch herausragende Leistungen zum Wohl der Gemeinde ausgezeichnet haben. Zu den Empfängerinnen und Empfängern gehören: 1994 Ernst Feigenwinter (Lokalgeschichte); 1995 Thomas Wenger und Danny Wehrmüller (Musik); 1996 Heinrich Wiesner (Literatur); 1997 Kamilla Schatz (Musik); 1998 Claudio Magoni (Bildende Kunst); 1999 Jugendmusikensemble La Volta und Jürgen Hübscher (Musik); 2000 Rudolf Peyer (Literatur); 2001 Christa Gähwiler (Bildende Kunst); 2002 Hansjörg Hänggi (Literatur); 2003 Ursula Salathé (Bildende Kunst); 2004 Cristina Spörri (Bildende Kunst).

Nicht viele Gemeinden verfügen wie Reinach über ein eigenes Orchester. Gegründet wurde es 1972. Auch im Bereich der musikalischen Nachwuchsförderung spielt Reinach eine überregionale Rolle. Seit über 20 Jahren tritt das Jugendensemble La Volta unter der Leitung von Jürgen Hübscher an internationalen Konzertreihen auf – als einziges nicht professionelles Ensemble. Und beim basellandschaftlichen Ensemblefestival 2005 gehörten gleich dreimal jugendliche Mitglieder der Musikschule Reinach zu den Geehrten: das Trio Hörmann, das Schlagzeug- und das Barock-Ensemble.

Öffentliches Schaffen

An verschiedenen Orten in Reinach findet sich Kunst im öffentlichen Raum. Jüngstes Beispiel ist der Skulpturenweg im Leiwald, der 2005 eröffnet wurde. Verschiedene Kunstschaffende schufen aus Baumstümpfen Märchenfiguren und -objekte. Der Pausenplatz des Schulhauses Bachmatten wurde 1967 mit Brunnen, Pyramide, Mauerreliefs, Wandmalereien als begehbare Plastik gestaltet. Dazu gehört auch die Skulptur Waldrad des Dadaisten Hans Arp. Wegen späterer Möblierungen und Renovationen ist die Einheit der Platzgestaltung heute allerdings kaum mehr erkennbar. Auch andere Schulhäuser wie zum Beispiel das erweiterte Realschulhaus Egerten wurden mit Werken regionaler Kunstschaffender geschmückt. Das jüngste Kunstwerk befindet sich in der Eingangshalle des Gemeindehauses: die Installation Das dreizehnte Fenster der Künstlerinnen Julia und Claudia Müller aus Basel.

Neben der Galerie 47 im Freizythuus, der Galerie Werkstatt und dem Gemeindehaus bietet auch das Heimatmuseum Reinach Ausstellungsraum für Kunstschaffende. Seit 2003 führt Reinach – wie Basel-Stadt seit 1996 – so genannte Portes ouvertes durch. Verschiedene Kunstschaffende und Ateliergemeinschaften öffnen an einem Wochenende dem Publikum ihre Ateliers und laden ein zu Werkstattbesuch und Gespräch. Ein ähnliches Ziel verfolgte die im November 2005 erstmals stattfindende Galeriennacht. Bis um Mitternacht blieben die Galerien 47, Werkstatt und XT Richelieu, das Gemeindehaus sowie das Heimatmuseum geöffnet.

Festkultur

Ähnlich wie die Fasnacht und der Weihnachtsmarkt gehören inzwischen andere Veranstaltungen fest zum Kulturkalender Reinachs. Zum Beispiel die Bundesfeier am 1. August, der Banntag, die Jungbürgerfeier, das Museumsfest, das Robifest, das Tierparkfest, das Flüchtlingsfest oder die Jodlerchilbi, die jeweils im Sommer in der Reinacher Heide stattfindet, durchgeführt vom Jodlerclub Reinach. Unüberhörbar ist auch das Jazzweekend im Juni. Auf vier Plätzen finden Konzerte statt und Ortsvereine bewirten die 4000–5000 Zuschauer. Das Jazzweekend fand erstmals 1998 statt. Dazu kommen die Konzerte von Orchester Reinach, der Kirchenchöre, von Musikgesellschaft Konkordia und Männerchor, die Schultheater-Aufführungen und die Theaterabende der Schemeli-Bühne und des Theaters Passepartout, die Lesungen in der Gemeinde- und Schulbibliothek.

Ein Kino besitzt Reinach zwar nicht, dafür gleich zwei Filmfestivals. Seit 1996 werden die Open Air Filmtage Reinach durchgeführt. Auf dem Areal des KV-Schulhauses zeigt das Ökumenische Filmforum an vier Abenden thematisch passende Filme – 2005 zum Beispiel unter dem Motto Ideal(e) Welt?. Für ein jüngeres Publikum gedacht ist das Reinacher Kinderfilmfestival, das 2004 seine zweite Auflage erlebte. Veranstalter ist die Gemeinde Reinach, gezeigt werden die Filme im Gewölbekeller des neuen Gemeindehauses.

Jugendkultur

In den letzten 30 Jahren hat sich das Kultur- und Freizeitangebot für Jugendliche in Reinach stark erweitert. Zwar ist am Wochenende die Stadt ein begehrtes Ausgangsziel. Doch stehen auch in der Gemeinde selbst zahlreiche Treffpunkte und Veranstaltungen offen. 1993 fanden die ersten Jugendkultur-Tage statt, die 1995 und 2001 wiederholt wurden. Eine Gruppe Jugendlicher organisierte sie, die Gemeinde leistete Subventionen. Über die Region hinaus

Stimmungsbild vom Jazz-Weekend 2005

Beim «Töggele» im Jugendcaffi Paradiso

bekannt ist das Jugendhaus Palais noir an der Bruggstrasse. Es ist seit 1984 in Betrieb. Daneben existiert seit 1993 im reformierten Kirchgemeindezentrum das Jugendcafé Paradiso, geführt von einem Team Jugendlicher und geschaffen auf Initiative einer Mädchengruppe. Im Kägen befindet sich ein Dance-Club und entlang der Hauptstrasse sind Pubs entstanden. Dazu kommen Jugendvereine wie die Pfadi.

Nach wie vor sind allerdings in Reinach die Grenzen eng gesteckt. Wiederholt kam und kommt es zu Klagen wegen nächtlicher Lärmbelästigung durch Jugendliche, sei es beim Dorfbrunnen, beim Weiermattschulhaus, im Pub oder im Jugendcafé. Ausgenommen davon sind einzig das Jugendhaus und die Skateboard-Rampe, beide am Rande der Siedlung gelegen. Ausserhalb der organisierten Treffpunkte scheint der öffentliche Raum besetzt zu sein. Eine Petition, welche 1998 eine öffentliche Wiese für Jugendliche forderte, brachte kleinere Verbesserungen: Der Rasen beim Schulhaus Surbaum ist weniger oft gesperrt, und die Lichtanlage beim Sportplatz Weiermatt kann durch einen öffentlich zugänglichen Schalter angestellt werden.

Kindern und Jugendlichen bietet der Regio Ferienpass Birseck Leimental jeden Sommer zahlreiche Aktivitäten an. Die dahinter stehende Arbeitsgruppe wurde 1985 von Reinach aus ins Leben gerufen.

Jugend-Kommission

Die heutige Jugendkultur hat ihre Wurzeln in den 1970er-Jahren. Aus Frustration über den zögerlichen Fortschritt der 1972 eingesetzten gemeinderätlichen Kommission für Jugendfragen gründeten einige Mitglieder den Verein Freizeit und Jugend. Er unterstützte 1979 zum Beispiel die Wiedereröffnung der Jugenddisco Macumba. Eine neue Kommission machte sich 1980 daran, die Bedürfnisse Jugendlicher nach Freizeitangeboten abzuklären. Nach wiederholten Protesten konnte 1984 das Jugendhaus Palais noir eröffnet werden.

Die Jugendkultur-Politik in Reinach durchlief noch einige Höhen und Tiefen. 1995 trat die Jugendkommission (Juko) der Gemeinde zurück. Sie wurde neu besetzt und veröffentlichte 1998 die Infobroschüre Hoppla und im Sommer 2000 den ersten Reinacher Freizeitplan mit Spielplätzen und Grünflächen. Die Juko möchte die 12- bis 22-jährigen Jugendlichen ansprechen und die Verbindung zwischen der Reinacher Jugend und den Behörden herstellen. Mit dem Jugendfonds stehen ihr seit 1999 auch Geldmittel zur Verfügung. Der Jugendfonds wurde von der Vereinigung Kleinerer und Mittlerer Unternehmen (kmu Reinach) anlässlich von deren 60. Geburtstag gegründet.

Sport-Kultur

Für Sportliche bietet Reinach vielfältige, öffentlich zugängliche Möglichkeiten. Laufsportbegeisterte finden im Einschlag-Wäldchen eine Finnenbahn und auf dem Bruderholz einen Vita-Parcours. Entlang der Birs, in der Heide und gegen Aesch/Therwil hin erstreckt sich ein weitläufiges Wegnetz. Anlagen für Trendsportarten stehen an zwei Orten: Beim Aumatt-Sportplatz wurde eine Skateboard-Rampe eingerichtet, beim Spielplatz Rainenweg eine BMX-Bahn. Und beim Strittgässli betreibt der Reinacher Sportverein eine Boule-Anlage.

Die Liste der Sportvereine reicht vom Armbrustschützen- bis zum Volleyballverein. Für Übungs- und Wettkampfzwecke stellt die Gemeinde diesen Gruppierungen die Turn- und Sporthallen der Schulhäuser zur Verfügung. Sportanlagen mit Fussball- und Basketballplätzen finden sich beim Fiechten- und beim Aumatt-Schulhaus. In Zukunft soll auf dem Fiechtenareal eine grössere Sportzone entstehen. Der Tennisclub Reinacherheide, 2006 aus der Fusion der beiden Vereine Bosco Tennisclub Reinach und Tennis Club Reinach hervorgegangen, trainiert und spielt in der Au, direkt neben dem Campingplatz.

Neben den sonntäglichen Matches des Fussballclubs Reinach stellt der jährliche Swisspowercup einen Höhepunkt unter Reinachs Sportveranstaltungen dar. Seit 1995 wird dieser Mountainbike-Wettkampf mit internationaler Beteiligung im Kägengebiet durchgeführt. Der organisierende Veloclub Reinach gründete 2005 dafür extra ein Team namens goldwurst-power, benannt nach der Spezialität des lokalen Metzgereigeschäfts. Der Mepha-Cup, der seit 1998 in Reinach stattfindet, versammelt jeweils Handballclubs der Weltklasse, von China bis Frankreich. Benannt ist die Veranstaltung des Sport- und Turnvereins Reinach nach dem Sponsor, dem Aescher Pharmaunternehmen Mepha.

Freizeitanlagen

Als die zunehmende Gewässerverschmutzung in den 1950er-Jahren das Baden in der Birs verunmöglichte, beschloss die Gemeinde Reinach, ein eigenes Schwimmbad zu bauen. Es wurde 1957 eröffnet. Seither fanden in mehreren Schritten Erweiterungen statt, es kamen neue Liegeflächen, ein Kiosk, ein Sportbassin und eine Badmeisterwohnung hinzu. Anfängliche Forderungen nach getrennten Badezeiten für Frauen und Männer fanden keine Zustimmung. Das Schwimmbad ist von Mai bis September geöffnet.

Zusammen mit Binningen besitzt Reinach in Geils ob Adelboden ein gemeindeeigenes Lagerhaus. Es wurde 1970 im Chaletstil erbaut. Ursprünglich

Voller Einsatz am Mountainbike-Swisspowercup

Kinozeit in Reinach: die Open Air-Filmtage beim Egerten-Schulhaus

war es auch für erholungsbedürftige Erwachsene gedacht. Heute wird es vor allem für Schul-Skilager benutzt und auch an Dritte vermietet.

Ein beliebter Tummelplatz ist der Robinsonspielplatz. Seit 1976 steht er Jugendlichen offen und bietet Hüttenbauplätze, Spiel- und Bastelprogramme, Mittagstisch, Abendaktivitäten, Ausflüge und Herbstlager an. Am Hang des Bruderholzes lag im Wald der so genannte Ponyhof, der 1968 gegründet wurde. Hier konnten Kinder auf Ponys reiten und bei der Pflege mithelfen. Wegen zonenrechtlicher Fragen musste der Betrieb 2005 bis auf Weiteres nach Basel verlegt werden.

Trämlibesetzung anno 1980

Wie kommt man zu einem Jugendhaus? An einem Tag im März 1980 stiegen rund 70 junge Reinacherinnen und Reinacher in das 11er-Tram ein. Als legale Passagiere mit Tageskarte beschlagnahmten sie das Tram bis Betriebsschluss, hängten Transparente ans Fenster, spielten Musik und boten den übrigen Reisenden Kuchen und alkoholfreie Getränke an. Und das alles zu einer Zeit, als in Zürich und Basel Strassenschlachten rings um die Autonomen Jugendzentren (AJZ) tobten. Die Reinacher Jugend hingegen setzte auf Gewaltlosigkeit und kreative Unruhe.

Mit der Trämlibesetzung hatte die Jugendbewegung im Dorf einen ersten Höhepunkt erreicht. Bereits 1972 hatte die Gemeinde eine Jugendkommission eingesetzt, nachdem im Einwohnerrat ein Postulat für ein Jugendhaus eingereicht worden war. In den Folgejahren blieb es aber bei Vorschlägen. 1980 gründeten Jugendliche deshalb den Verein Mir wänn e Jugendhuus, sammelten innert zweier Wochen 3800 Unterschriften und führten verschiedene Aktionen durch.

Noch war der Weg zum Jugendhaus lang. Es brauchte einen Förderverein, eine neue gemeinderätliche Kommission, die vorübergehende Besetzung der alten Brauerei 1981 und viele Diskussionen, Planungen, Vorstösse. Im Herbst 1981 fällte der Einwohnerrat den Grundsatzentscheid für ein Jugendhaus, Spatenstich war 1982 und seit 1984 ist das Palais noir an der Bruggstrasse in Betrieb.

Es leben die Vereine

Aus dem Kulturleben Reinachs sind die Vereine nicht mehr wegzudenken. Nicht immer sind es ehrenamtlich arbeitende Laiengruppen, auch professionelle Produzenten sind zuweilen als Verein organisiert. Doch die meisten Vereine funktionieren als Zusammenschluss von idealistischen Menschen mit gleichen Interessen und Zielen.

Verglichen mit anderen Gemeinden weist Reinach eher wenig Vereine auf, nicht ganz hundert. Das Nachbardorf Aesch zum Beispiel zählt fast anderthalb mal so viele, aber etwa 8000 Einwohner weniger. Darin zeigt sich die Verstädterung Reinachs ebenso wie die enge Verbindung zum Kulturleben der Stadt Basel. Die traditionsreichsten Vereine sind – wie in anderen Gemeinden – der Männerchor (1845 gegründet), der Turnverein (1863), die Schützengesellschaft (1874), der katholische Kirchenchor (1878), die Musikgesellschaft Konkordia (1910) und der Fussballclub (1921). Am häufigsten vertreten sind Sportvereine, einige sind selbständig gewordene Untergruppen. So wurde der heutige Verein Faustball Reinach 1934 als Männerriege Faustball Untersektion TV Reinach gegründet. Eine Besonderheit sind auch die Schachclubs, von denen es in Reinach gleich drei gibt – mehr als in jeder anderen Gemeinde der Nordwestschweiz, ausgenommen Basel-Stadt. Die Schachfreunde Reichenstein spielen in beiden Nationalligen, A und B, was kaum ein anderer Schweizer Verein vermag.

Im 19. und frühen 20. Jahrhundert waren die Vereine oft konfessionell und politisch orientiert. So hiess der heutige Reinacher Sport-Verein bei seiner Gründung 1925 noch Katholischer Turnverein. 1941 wurde die Sektion Reinach des Schweizerischen Verbands katholischer Turnerinnen gegründet, die heute in SVKT Frauensport und SVKT Gymnastikgruppe aufgeteilt ist. Es existiert eine Katholische Arbeitnehmerbewegung KAB (1959 gegründet und 1962 als Verein konstituiert). Und die Schützengesellschaft spaltete sich wegen familienpolitischer Konflikte 1906/1907 in eine Feld- und eine Freischützenvereinigung auf. 1971 vereinigten sich die beiden dann wieder. Kirchlich gebundene Organisationen gibt es nach wie vor, zum Beispiel Jungwacht oder Blauring. Oft sind sie aber – wie die Weltgruppe oder die Gesprächsgruppe Frau und Kirche – ausdrücklich ökumenisch ausgerichtet und stehen auch Interessierten anderer Konfession offen.

Nicht mehr aktiv sind folgende Vereine: U.S. Acquarica C. (gegründet 1977), Militärschiessverein (1896), Motocross-Club Reinach (1976), Hundesport Reinach und Umgebung (1948), A.C.S. Reinach, A.C.E.I. Associazione culturale Emigranti Italiani (1981), Bürgerinitiative Reinach (1975), Comitato Genitori-Scuola Italiana (1978), Volleyballerinnen Reinach (1972).

Die meisten der hier aufgelisteten Vereine aus Kultur und Freizeit sind in der Interessengemeinschaft Ortsvereine Reinach (IGOR) zusammengeschlossen. Wirtschaftliche, sozialpolitische oder religiöse Gruppierungen wurden nicht berücksichtigt. Wo bekannt, wird das Gründungsjahr angegeben.

Natur

GIMPEL Sing- & Ziervogelliebhaberverein 1979
Obst- & Gartenbauverein 1930
Tierparkverein 1969
Verein für Natur- & Vogelschutz Reinach 1936

Sport

Armbrustschützenverein Reinach-Birseck 1956
Dart Club Golden Bull
Badminton-Club Reinach 1975
Faustball Reinach 1934
Frauenriege STV Reinach 1943/1983
Fresh Up FC 2002
Fussballclub Reinach 1921
Jagdreiter St. Hubertus 1977
KARATEDO Reinach
Kleinkaliberschützen 1948
Pistolenschützen
Polysportverein Reinach
Reinacher Sport-Verein RSV 1925
Reinacher Turnerinnen-Verein
Schützengesellschaft Reinach 1874
Scottish Dart's Club 81 1981
Sportclub FF 60 Flügelrad 1960
Sportclub OBRIST & Co. AG 1971
Sportclub Habasit 1966
Sportclub POST Reinach 1970
Sportclub SHIN DO KAN 1987
Sportfischerverein Birseck 1953
SVKT Frauensport 1941
SVKT Gymnastikgruppe 1983
Tauchclub Basilisk
Tennisclub Reinacherheide 2006 (1964/1969)
Turnverein STV Reinach 1863
Velo-Club Reinach VCR 1982
Volley Plausch Rynach 1994
Volleyballclub HduS Reinach 1982

Musik, Theater, Bildende Kunst und Kultur

Amicale de langue française 1959
Arbeitsgruppen Lebendiges Reinach 1976
Jodlerclub Reinach 1946
Kirchenchor St. Nikolaus 1878
Kultur in Reinach KiR 1972
Majoretten & Showtanzgruppe «THE STARLIGHTS» Reinach 1991
Männerchor Reinach 1845
Musikgesellschaft Konkordia Reinach 1910
Orchester Reinach 1972
Reinacher Kantorei (reformierter Kirchenchor) 1954
Schemeli Bühne Reinach 1984
The Globetrotters 1996
Theater Passepartout 1980
Theatergruppe Reinach 1965
Volkstanzkreis Reinach 1983

Zünfte

Buure-Zunft Reinach 1974
Franz Lucas Landerer-Zunft 1987
Zunft zu Rebmessern 1958

Jugendorganisationen

Blauring Reinach 1937
CVJM/F Jungscharen Reinach 1960
Interessengemeinschaft Jungscharen Reinach (IgJR) 1996
Jungwacht Reinach 1939
Pfadi Angenstein 1954
Pfadi Rynach St. Nikolaus 1967

Fasnacht

Wagenclique Rebmessernzunft «Die Zünftige»
Fasnachtsclique Reinach «Die Zämmegwirflete» 1977
Gugge Rambasse Stamm 1999
Guggemusig Furzgugge Rynach 1992
Guggemuusik Saiffiblootere 1988
Ney's Rynacher Fasnachtskomitee 1983
Nochwuchs-Waggis-Birsegg
Nuscheli-Waggis 1997

Verschiedene

Briefmarkensammlerverein Birseck 1965
Camping & Caravanning Club beider Basel, Zeltplatz Reinach 1946
Feuerwehrverein Reinach 1967
Hobbykochklub Reinach 1993
Modellfluggruppe Reinach
Samariterverein 1958
Schachclub Reinach 1983
Schachclub Rössli 1996
Schachfreunde Reichenstein 1972
SPITEX Reinach 1966
Verein Robinsonspielplatz 1975
Verein zur Verschönerung von Reinach (VVR) 1908
Vitasuisse Sektion Reinach 1969
Wanderfreunde Reinach 1996

Der Musikverein Konkordia 1935 am Winzerfest

Fussball gehört auch in Reinach zu den beliebtesten Sportarten.

We are the champions

Wenn der FC Basel im St. Jakobs-Stadion spielt, finden sich immer zahlreiche Reinacherinnen und Reinacher ein. Als Zuschauende – und ab und zu standen sie sogar auf dem Rasen. Denn Murat Yakin, früherer Abwehrchef des FC Basel, ist seit 2003 Reinacher Einwohner. Genausowie die einstigen FCB-Stars Heinz Blumer, Erni Maissen und Adrian Knup. Ansonsten trennt die beiden (Fussball-) Welten Basel und Reinach aber mehr als sie verbindet. Der FC Basel dominiert den Schweizer Fussball und gelangte auch schon in die Champions League, den Wettbewerb der besten europäischen Clubmannschaften. Der FC Reinach hingegen spielt in der Regionalliga, wo er sich mit wechselndem Erfolg behauptet.

In der Gemeinde selbst ist der FC Reinach – neben dem FCB – der Grösste. Mit dem Gründungsjahr 1921 gehört er zu den ältesten Sportvereinen. Die Mitgliederzahl bewegt sich seit Jahren um 750 herum, jene der Spieler bei 350. Das ergibt sechs Mannschaften bei den Erwachsenen und 13 bei Kindern und Jugendlichen. Indem der FC viele ausländische Jugendliche aufnimmt, trägt er auch zur sozialen Integration bei. Als grosser Club leidet er besonders unter den beschränkten Platzangeboten Reinachs. 2006 bewilligte der Einwohnerrat – nach längerer Debatte über die hohen Kosten – die Einführung von Kunstrasen, was eine dichtere Nutzung ermöglicht.

Sauber, ruhig und grün – so möchten wohl die meisten Menschen wohnen. Mit einer funktionierenden Infrastruktur, einem ausgebauten Verkehrsnetz und einem umfassenden Schul- und Bildungsangebot. Die Erfüllung dieser Wünsche obliegt der Gemeinde. In den letzten Jahrzehnten ist die Herausforderung, Lebens- und Wohnqualität zu sichern, stark gewachsen. Reinach zählt zu den Pioniergemeinden im Umweltschutz, in der Familien- und Jugendarbeit.

Strassen, Steuern, Schulen – der Aufgabenkatalog der Gemeindeverwaltung ist lang und wächst. Bis 1960 bildete die Gemeindeverwaltung noch eine Einheit; dann wurde die Bauverwaltung ausgegliedert und drei Jahre später das Sozialwesen. Heute arbeiten in insgesamt sieben Abteilungen Fachleute für das Gemeinwohl. Was in der Abteilung Bildung, Kultur und Freizeit verwaltet wird, lag zuvor lange in der Zuständigkeit der Kirchen. Um die Jüngsten und die Ältesten kümmerten sich die Kirchgemeinden – hier entstanden Kindergärten, Jugendgruppen und Altersbetreuung, bevor die politische Gemeinde entsprechende Strukturen schuf.

In der zweiten Hälfte des 20. Jahrhunderts übernahm die Einwohnergemeinde immer mehr sozialstaatliche Aufgaben. Dabei hinkte das Infrastrukturwachstum dem Bevölkerungs- und Siedlungswachstum hintennach. Die Zahl der Schulpflichtigen wuchs zu gewissen Zeiten rascher, als die Schulhäuser gebaut werden konnten. Ganze Siedlungsteile blieben ohne Kanalisationsanschluss, die Wasserversorgung und Abfallentsorgung mussten gelöst werden.

Zentrale Werke

In verschiedenen Bereichen übernimmt Reinach auch Aufgaben für die umliegenden Gemeinden. Zum Beispiel wenn es brennt: Seit 1997 gilt im Kanton Basel-Landschaft das Stützpunktkonzept für Feuerwehren. Die Reinacher Feuerwehr als regionaler Stützpunkt leistet so den umliegenden Gemeinden mit ihren Ortsfeuerwehren Nachbarschaftshilfe, bis nach Burg oder Grellingen. Pro Jahr werden die insgesamt 75 Feuerwehrleute zu 150 bis 250 Einsätzen aufgeboten. Sie verfügen über einen modernen Fahrzeugpark mit Skylift und Atemschutzfahrzeug. Die Alarmierung erfolgt durch die Zentrale der Kantonspolizei in Liestal. Das Feuerwehrmagazin, erbaut 1979, befindet sich im Kägenareal.

Vom Reinacher Rebberg aus werden über 40 000 Haushaltungen der Region mit Informationen versorgt. Hier steht seit 1971 eine Gemeinschaftsantenne, an die verschiedene Gemeinden, von Duggingen bis Rodersdorf, angeschlos-

< Eine hohe Wohnqualität sowie ein modernes und dynamisches Lebensgefühl – das verspricht die Broschüre mit dem Titel Eine Stadt vor der Stadt, 2005 von der Gemeinde Reinach herausgegeben. Gerade bei Familien mit Kindern sei Reinach sehr beliebt.

Die Feuerwehr beim Löscheinsatz

sen sind. Das Glasfasernetz zählt schweizweit zu den grössten. Ursprünglich für den Radio- und Fernsehempfang angelegt, dient das Netz seit 2000 auch dem Internetanschluss und seit 2003 dem Empfang digitalen Fernsehens. Möglich sind seit 2005 auch Telefonverbindungen via Fernsehkabel. Betrieben wird die Antenne durch die interGGA, entstanden aus der ehemaligen GGA Reinach und Umgebung. Sie ist seit 2002 als Aktiengesellschaft organisiert, nachdem sie von 1987 an als Regiebetrieb der Gemeinde Reinach geführt worden war.

Abgeben musste Reinach hingegen das Zivilstandswesen. Seit dem 19. Jahrhundert hatte es in der Kompetenz der einzelnen Gemeindebehörden gelegen. Nach der kantonalen Neuorganisation 1999 wurde das Reinacher Zivilstandsamt aufgehoben und dem zentralen Amt in Arlesheim angegliedert. Auf Wunsch können Ziviltrauungen jedoch im Heimatmuseum Reinach abgehalten werden. Neu bildet Reinach von April 2006 an einen eigenständigen Friedensrichter-Kreis, nachdem die Gemeinde zuvor zum Friedensrichterkreis Aesch–Pfeffingen–Reinach gehört hatte. Aufgabe der beiden Friedensrichter ist es, bei zivilrechtlichen Streitigkeiten auf eine gütliche Verständigung der Parteien hinzuwirken.

Wasser für die Region

Ohne das Wasserwerk Reinach und Umgebung sässen Zehntausende zwischen Ettingen und Bottmingen auf dem Trockenen. Sechs Gemeinden werden zentral mit Trinkwasser beliefert. Es stammt aus insgesamt fünf Grundwasserpumpwerken, die in der Reinacher Heide liegen. Das grösste Reservoir, Froloo, liegt auf Therwiler Boden und fasst 22 500 Kubikmeter. In Betrieb stehen zudem zwei kleinere Reservoire auf dem Oberwiler Bielhübel und dem Reinacher Rebberg.

Bis 1898 deckten die Reinacherinnen und Reinacher ihren Bedarf an den Brunnen beim Dorfplatz und der Brunngasse. Dann wurden Hausleitungen erstellt und schon bald genügten die Quellen und Bäche nicht mehr. 1919 erbaute die Gemeinde ein erstes Grundwasserpumpwerk in den Mühlematten. 1921 gründete sie zusammen mit Oberwil das Wasserwerk Reinach und Umgebung. In den Folgejahrzehnten schlossen sich die übrigen Gemeinden an. Ein erster Ausbau erfolgte in den 1930er-Jahren mit zwei neuen Pumpwerken und dem Reservoir Froloo. 1932 wurde in der Reinacher Heide eine Grundwasserschutzzone eingerichtet. Das Wasserwerk stand bis 1975 im Eigentum der Gemeinde Reinach, seither ist es als juristische Person öffentlichen Rechts organisiert. Die Mitarbeitenden sind bei der Gemeinde Reinach angestellt.

Abwasserreinigung

Schon vor dem grossen Bauboom der Nachkriegsjahre wurde in Reinach die Entsorgung der Abwässer zum Problem. Ursprünglich leitete man das gebrauchte Wasser aus Haus und Hof in die eigenen Jauchegruben, die zu Düngezwecken regelmässig geleert wurden. Als Folge des Haus-Wasseranschlusses stieg der Verbrauch und die Jauchegruben reichten nicht mehr aus. Man behalf sich mit einfachen Sickergruben, in denen das Abwasser im Schotteruntergrund versickerte. Dadurch wurde das Grundwasser stark belastet.

Mit dem Bau einer Kanalisation wurde 1937 in der Haupt- und Austrasse begonnen. Ein zweiter Strang in der Gartenstrasse folgte 1938. Noch fehlte aber eine Abwasserreinigung, das gesammelte Wasser floss direkt in Dorfbach und Birs, die immer stärker verschmutzt wurden. Erst 1965 nahm die Kläranlage Birs I ihren Betrieb auf. In den 1950er-Jahren wurde das Kanalisationsnetz ausgebaut: 1952 zwischen Garten- und Reichensteinerstrasse mit Einmündung in den Fleischbach, 1958/1959 in der Bruggstrasse. Erst jetzt durfte dieses Gebiet überbaut werden, da inzwischen ein Kanalisationsanschluss Voraussetzung für eine Baubewilligung war. Für das noch unüberbaute Gebiet Reinacherhof galt in der Folge lange eine Bausperre. Die bereits bewohnte

In der Grundwasseranreicherungs-Anlage in Aesch, welche das Trinkwasser für Reinach aufbereitet, schwimmt ein Nilhecht Er reagiert sehr sensibel auf Verschmutzungen. Durch die Überwachung der elektrischen Impulse, welche der Fisch aussendet, können feinste Störungen im Wasser erkannt werden.

Aus dem Dorfbrunnen fliesst heute normales Leitungswasser.

Zone an der Grenze zu Münchenstein, wo erst spät Kanalisationsleitungen gelegt wurden, nannte man deshalb spöttisch Slums oder Güllelöchli.

Zu Beginn des 21. Jahrhunderts ist Reinach vollständig erschlossen. Doch die Kapazitäten der Kläranlage sind seit längerer Zeit ausgeschöpft. Ein Drittel der Abwässer muss in die Kläranlage Birs II in Birsfelden weitergeleitet werden, die bei starken Regenfällen ebenfalls überlastet ist. Sie wird künftig ausgebaut, die Reinacher Anlage hingegen wird stillgelegt. Für eine Entlastung sorgen auch Versickerungsanlagen wie der Weiher beim Rainenweg. Hier kann das an sich saubere Regenwasser ins Grundwasser versickern, anstatt Kanalisation und Kläranlage zu belasten.

Abfallentsorgung

Mit der Konsumgesellschaft entstand auch das Abfallproblem. 1930 begann die organisierte Kehrichtabfuhr in Reinach, vorerst von Landwirten durchgeführt. 1956 übernahm dann die Firma Vogelsanger aus Arlesheim diese Aufgabe. Der gesammelte Müll wurde in eine Deponie, eine stillgelegte Kiesgrube, auf dem alten Werkhofareal an der Bruggstrasse gekippt. 1960 eröffnete die Gemeinde im Wald am Rande des Bruderholzes eine neue Deponie, die schon bald überfüllt war. Seit 1969 wird der Kehricht nach Basel gebracht und ver-

Kreiselverkehr auf der Bruggstrasse

brannt. Die Abfallmengen stiegen weiterhin an. 1979 wurde die Bevölkerung aufgerufen, Säcke statt Kübel zu benutzen. Und 1994 wurde schliesslich mit der Sackgebühr das Verursacherprinzip eingeführt.

Mit der Aussonderung wiederverwertbarer Abfälle begann Reinach 1975. Im Jahr zuvor hatte die lokale FDP gefordert, eine besondere Altglasabfuhr einzurichten. 1978 stellte die Gemeinde Glascontainer auf. Für Altöl wurde ebenfalls 1975 die erste Sammelstelle eröffnet, für Alu-Reste 1981. Die so genannte grüne Abfuhr für Gartenabfälle ging 1985 in Betrieb. Fünf Jahre später bot die Gemeinde einen Häckseldienst an.

Der Bring- und Holtag hat sich inzwischen etabliert. Dabei hat die Reinacher Bevölkerung an einem Samstagmorgen Gelegenheit, kostenlos noch gut erhaltene Gegenstände zu bringen oder zu holen: Spielsachen, Sportartikel, Bücher, Kleinmöbel, Werkzeug etc. Damit soll verhindert werden, dass nicht mehr benötigte, aber noch brauchbare Gegenstände im Sperrgut landen.

Verkehrsregelung

Das Siedlungswachstum verursachte in Reinach ein anhaltendes Verkehrsproblem. Im Richtplan Reinach ist die quartierweise Einführung von Tempo 30 vorgesehen. Erste Versuche zur Beruhigung der Quartierstrassen unternahm die Gemeinde in den 1980er-Jahren. Die Sperrung der Achse Baumgartenweg-Brunngasse führte jedoch zu Protesten. Auch andere Massnahmen stiessen auf heftige Gegenwehr. 1988 wurde eine Initiative zur Verkehrsberuhigung abgelehnt, so dass 1992 schliesslich nur punktuell, rings um die Weiermatt-Schulhäuser, bauliche Massnahmen wie Schwellen eingeführt wurden. Gleichzeitig erlebte das Velofahren eine Renaissance. 1983 wurde das schweizweite Veloroutenkonzept auch in Reinach signalisiert. Eine Studie zeigte 2004 Schwachstellen im Velowegnetz auf. Zur Verbesserung sollen neue Signalisationen sowie Unterstände an Tramhaltestellen eingerichtet werden.

Überlastet zeigte sich zunehmend auch der öffentliche Verkehr. Die Platzverhältnisse im 11er-Tram waren Mitte der 1980er-Jahre prekär. Für Entlastung sorgte 1990 die Tramwendeschlaufe Fiechten, deren Bau 1988 beschlossen worden war, und 2002 das Einsatz-Tram E11 Reinach–Basel. Eine neue Tramlinie Reinach Süd–Dornach besteht erst als langfristige Planungsidee. Sie würde die Buslinie 64, die seit 1978 von Bottmingen über Therwil nach Reinach und Arlesheim führt, ergänzen. 1986 wurde erstmals eine Innerorts-Busverbindung eingerichtet, zwischen dem Altersheim Aumatt und dem Fiechten-Friedhof. Der Betrieb wurde nach einem Jahr eingestellt, 2006 jedoch versuchsweise wieder aufgenommen.

Im Richtplan Reinach ist die bessere Anbindung des Kägenareals an den öffentlichen Verkehr vorgesehen. Der wirtschaftliche Aufschwung der dortigen Firmen führt seit Jahren zu langen Staus. Mit dem Bau von Kreiseln auf der Bruggstrasse im Jahr 2000 konnte der Verkehr wieder etwas verflüssigt werden. Mobilitätsmanagement und Parkplatzkonzepte der einzelnen Firmen sollen ebenfalls dazu beitragen. Die geplante Neugestaltung des Dorfkerns sieht auch eine bessere Führung der Tramlinie und den Einbau eines Kreisels auf der zentralen Kreuzung Hauptstrasse–Bruggstrasse vor. Die vom Kanton projektierte Südumfahrung Basels würde für Reinach weniger Entlastung bringen als eine Ortsumfahrung.

Der 1979 gebaute Werkhof im Kägenareal beherbergt die Wasserversorgung und die Stützpunktfeuerwehr. Daneben wurde 1998 der Werkhof für den Strassenunterhalt mit dem Asylwohnheim errichtet. Der kantonale Werkhof, 2001 eingeweiht, liegt weiter östlich, jenseits der H 18-Strasse.

Sicherheit und Ordnung

In der Gemeinde Reinach befinden sich ein Posten der Kantonspolizei Basel-Landschaft, an der Landererstrasse, und einer der Polizei Reinach, im Gemeindehaus an der Hauptstrasse 10. Die Polizei Reinach, wie sich die Gemeindepolizei seit 2006 nennt, nimmt spezielle Aufgaben wahr: Schlichtung von Haushaltsstreitigkeiten, Marktaufsicht, Überwachung des Verkehrs auf Gemeindestrassen, Radarkontrollen, Prävention in Schulen, Wald-, Flur- und Seuchenpolizei etc. 2005 beschloss die Gemeinde die Aufstockung der Polizei Reinach auf vier Personen. Sie leisten neu auch abends und an Wochenenden Dienst. Damit soll Ruhestörungen und Vandalismus im öffentlichen Raum besser vorgebeugt werden und die Gemeinde erhält eine grössere Selbstbestimmung bei Polizeieinsätzen.

Der Schiessplatz Fiechten wurde 1994 aufgehoben. Nachdem 1979 das Schützenhaus abgebrannt war, wurde das Projekt einer unterirdischen Anlage diskutiert. Anhaltende Klagen über Lärmbelästigung führten dazu, dass die Gemeinde sich 1993 nach langen Verhandlungen in die Gemeinschafts-Schiessanlage Schürfeld in Ettingen einkaufte. Der Kleinkaliber-Schiessplatz im Leiwald hingegen blieb in Betrieb.

Energiestadt

Die Energieversorgung Reinachs wird von regionalen Grossbetrieben sicher gestellt. Die Industriellen Werke Basel (IWB) liefern seit 1926 Gas, zuvor war es die 1909 gegründete Firma Gasversorgung Birseck, Rothenbach und Co.

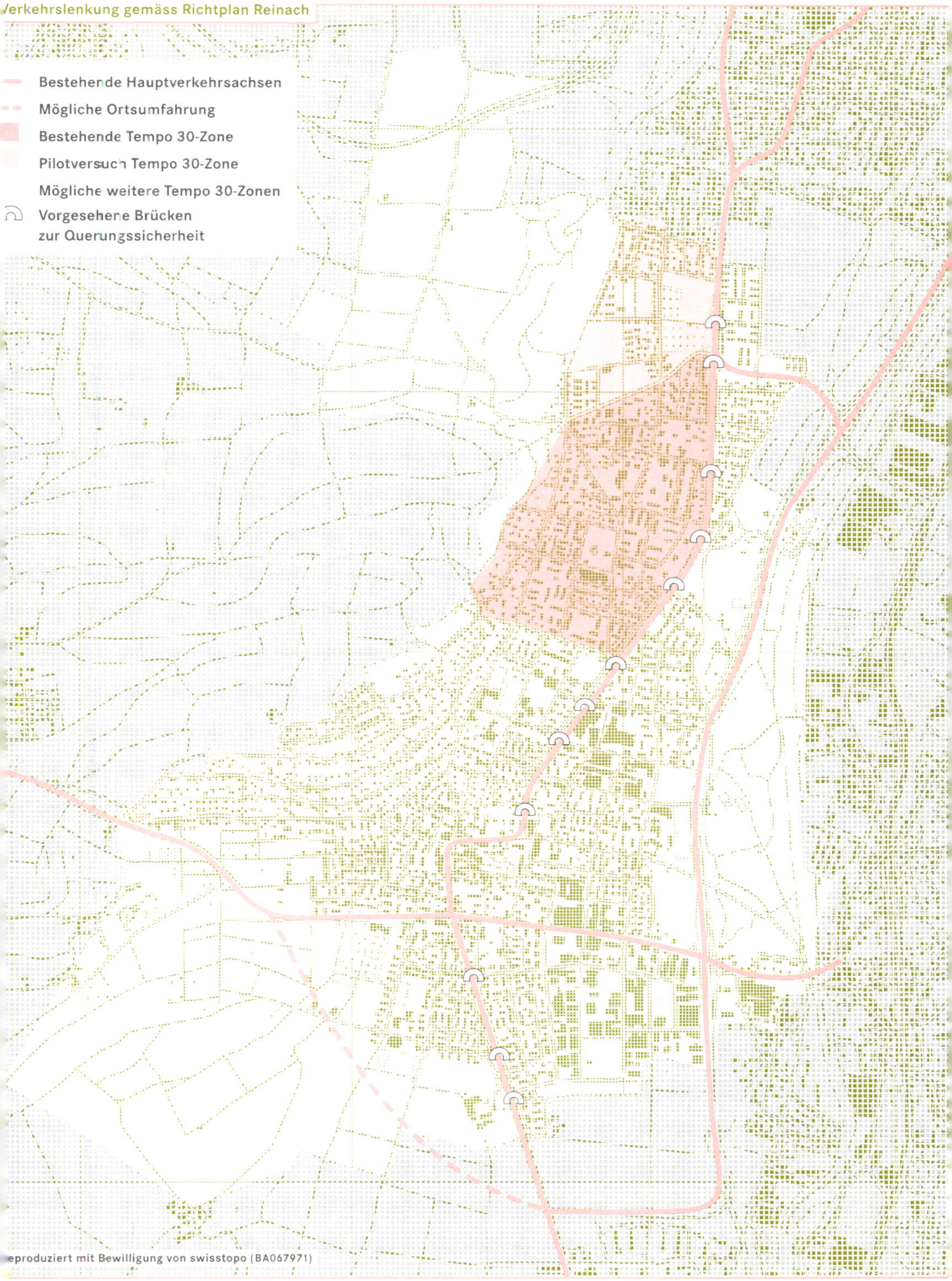
Verkehrslenkung gemäss Richtplan Reinach
Bestehende Hauptverkehrsachsen
Mögliche Ortsumfahrung
Bestehende Tempo 30-Zone
Pilotversuch Tempo 30-Zone
Mögliche weitere Tempo 30-Zonen
Vorgesehene Brücken zur Querungssicherheit
eproduziert mit Bewilligung von swisstopo (BA067971)

Eine Schulklasse beteiligt sich an der Abfall-Sammelaktion, dem Clean-Up-Day 2005.

Auf dem Dach des Gemeindehauses wird Sonnenlicht in Strom umgewandelt. Die Anlage deckt ca. 2 Prozent des Elektrizitätsverbrauchs der Gemeindeverwaltung.

Den Strom bezieht Reinach von der Elektra Birseck Münchenstein (EBM). Erste Stromleitungen wurden 1898 gelegt. Die Elektrifizierung Reinachs verlief vergleichsweise langsam. Lange bezogen vor allem Wirte und Metzger Lampenstrom. Mit Maschinenstrom arbeiteten um 1900 nur die Ziegelei Wenger, der Neuhof und die Brauerei. 1910 zählte Reinach dann 33 Licht- und neun Kraftabonnenten, zum Teil Privathaushalte.

Seit den 1970er-Jahren setzt Reinach auf Energiesparmassnahmen. Die Weiermatthalle wurde mit einem Spezialdach versehen, das die Heizung durch Gas und Sonne ermöglicht. Auf dem 1982 eröffneten Friedhof Fiechten wird Erdwärme zur Kühlung genutzt. Beim Bau des Jugendhauses montierte man 1984 eine Speicherfassade. In den Folgejahren wurden verschiedene öffentliche Gebäude wärmetechnisch saniert. Die Strassen werden seit den 1990er-Jahren mit Energiesparlampen beleuchtet, Werkhof (1991) und Gemeindehaus (2002) verfügen über Solarstromanlagen. Nach dem Wärmeverbund Aumatt von 1995 mit WBZ, Schulhaus, Gesamtüberbauung und Seniorenzentrum (seit 2004) entstand später ein zweites Blockheizkraftwerk, in dem die Schulen im Weiermattgebiet zusammengeschlossen sind. Auch Private investieren in Energiesparmassnahmen. 1998 fand am Rainenweg der Spatenstich für die so genannten Niedrigenergiehäuser statt. Eine verstärkte Isolierung ermöglicht grosse Einsparungen an Heizenergie.

Für seine umfangreichen Bemühungen erhielt Reinach 1999 das Label Energiestadt. Diese Auszeichnung verleiht das Bundesamt für Energie seit 1997 denjenigen Gemeinden, die eine konsequente und ergebnisorientierte Energiepolitik betreiben, auf die Senkung des Öl- und Erdgasverbrauchs, die Nutzung und Förderung von Alternativenergien sowie die Stabilisierung des Stromkonsums hin arbeiten.

Ökologie

Reinach gilt heute als umweltbewusste Gemeinde. Dieser Ruf geht auf die 1980er-Jahre zurück. Der Gemeinderat setzte 1985 erstmals eine Umweltschutzkommission ein. In den Folgejahren erschienen regelmässig praktische Hinweise auf Umweltschutzmassnahmen im Wochenblatt. 1986 wurde mit Kompostierkursen begonnen. Die Gemeinde stellte 1988 auf Umweltschutzpapier um. 1989 wurde der Öko- und Gesundheitsmarkt eingeführt, mit Velobörse, Kompostberatung und Flickmöglichkeiten. Da sich aber mit der Zeit Aufwand und Zuspruch nicht mehr die Waage hielten, wurde der Öko- und Gesundheitsmarkt auf das Jahr 2001 hin von themenspezifischen Aktionen abgelöst.

Kampf dem Littering

Ein Platz voller Abfallberge – das war im Mai 2005 vor dem Gemeindehaus zu besichtigen. Schulklassen arrangierten jene Abfälle, welche eine durchschnittliche Reinacher Familie pro Jahr hinterlässt, zu eindrücklichen Haufen. Die Aktion war Teil der Kampagne Dr Mischt im Griff. Ergänzt wurde die Ausstellung mit Hinweisen zu Recycling auf öffentlichen Plätzen und an Sammelstellen. Anlass für diese Sensibilisierungsaktionen war der in der ganzen Schweiz 2001 eingeführte Clean-Up-Day. In Reinach wurde er erstmals 2003 veranstaltet. Beraten vom Ökozentrum Langenbruck führte die Gemeinde mit 200 Schulkindern eine Fötzeli-Aktion durch. Im Folgejahr stand der Umgang mit PET-Flaschen im Vordergrund.

Spielerischen Umgang mit Abfall pflegten die Reinacher Kinder auch schon früher. Hansjörg Hänggi beschreibt in seinen Erinnerungen, wie die Buben um 1950 in der Bruggstrassen-Deponie herumstöberten. Immer wieder fanden sie dort ausgediente Haushaltsgegenstände, mit denen sich spielen liess. Und aus dem Bauschutt konnte man Elektrodrähte ausgraben. Nachdem deren Isolation abgebrannt worden war, verkauften die Knaben das Kupfer an die Metallwerke in Dornach.

Chancen für alle

Die Gemeinnützigkeit in Reinach geht auf private Initiative zurück. 1911 entstand der vom katholischen Pfarrer Tschopp präsidierte Kranken- und Hauspflegeverein. Dessen Mitglieder widmeten sich der Pflege Kranker, der Ausbildung zur Krankenpflege und der Betreuung von Kleinkindern. Auch von reformierter Seite wurde in den ersten Jahren des 20. Jahrhunderts ein Kranken- und Hauspflegeverein gegründet. 1966 schlossen sich die beiden Vereine zusammen. Später nannte sich der jetzt ökumenisch geführte Kranken- und Hauspflegeverein Spitex. Die Spitex Reinach ist nach wie vor eine gemeinnützige Organisation, unterstützt von Gemeinde und Kirchgemeinden. Sie führt ein Zentrum im Wieland-Huus und bietet Hilfe und Pflege bei der Krankenbetreuung zu Hause.

Um der Wohnungsnot abzuhelfen, riefen 1959 elf Reinacher so genannte Jungkatholiken die politisch und konfessionell neutrale Genossenschaft für sozialen Wohnungsbau ins Leben. Diese erstellte 1960 zehn Einfamilienhäuser für Familien mit bescheidenem Einkommen. 1962 folgten 16 weitere Familienwohnungen im Aumattquartier und ein Kindergarten, 1965 ein Wohnblock am Herrenweg. In einem weiteren Schritt baute die Genossenschaft, auf Bauland der Bürgergemeinde, 1967–1969 die beiden Alterswohnhäuser und 1971–1973 das Alters- und Pflegeheim Aumatt. Per 1. Januar 2004 wurde der Betrieb des Altersheims und der Alterssiedlung samt Gebäuden, Inventar und Baurecht der 2003 errichteten Seniorenstiftung Aumatt übertragen.

Wie der seinerzeitige Vorstand der Aumatt-Genossenschaft engagieren sich noch heute in Reinach viele Frauen und Männer ehrenamtlich im Sozialwesen. Eine Umfrage zählte 1970 dreizehn Vereine und sechs weitere nichtstaatliche Gruppierungen: vom Kranken- und Hauspflegeverein über den Samariterverein und die Missione Cattolica bis zur Kinderspielgruppe. Dazu kamen die Angebote der beiden Kirchgemeinden. Auf Gemeindeseite waren zu dieser Zeit drei Sozialarbeiter tätig. In den Folgejahren baute die Gemeinde ihr Sozialwesen stark aus, es entstanden von Fachleuten geführte Beratungs- und Kontrollstellen. Daneben blieb aber die Tradition der Freiwilligenarbeit lebendig, etwa in der Betagtenhilfe oder im Netzwerk der Kirchgemeinden: Freiwillige Mitarbeitende bieten Begleitung und Unterstützung in schwierigen Lebenssituationen.

Wohn- und Bürozentrum

Zu den bedeutenden privaten Initiativen zählt das Wohn- und Bürozentrum für Körperbehinderte (WBZ). Es besteht seit 1974/1975 und wird von der gleichnamigen Stiftung getragen. Das WBZ bietet Körperbehinderten gute

Auch Menschen mit schwerer Behinderung, wie Gisèle Keller (links) und Meral Yildiz (rechts) leisten im Wohn- und Bürozentrum qualifizierte Arbeit.

Im Café des Seniorenzentrums Aumatt begegnen sich verschiedene Generationen.

Wohn- und Arbeitsmöglichkeiten. Die Mitarbeitenden, Bewohner und Bewohnerinnen des WBZ verfügen über eine abgeschlossene Berufsausbildung oder Umschulung. Sie sind in den Bereichen Grafisches Service-Zentrum, Treuhand/Buchführung, EDV-Datenerfassung und Adressverwaltung sowie in der Kreativgruppe (Textilien, Keramik, Holz und Papier) tätig.

Im WBZ wohnen und arbeiten insgesamt 320 Menschen. Davon sind 120 behinderte Männer und Frauen. 70 finden im WBZ auch eine Wohnung mit Grundpflege. Sie wohnen in Einzel- oder Doppelzimmern. Die gesamte Infrastruktur und die Pflege rund um die Uhr sind auf die Bedürfnisse körperbehinderter Personen ausgerichtet. Neben den betriebseigenen Wohn- und Arbeitsräumen bietet das WBZ auch für Dritte Parkplätze, Seminarräume, ein öffentliches Restaurant und rollstuhlgängige Ferienwohnungen.

Unterstützt wird das WBZ durch einen Gönnerverein und durch den Verein Flohmarkt WBZ. Dieser besteht seit 1990 und veranstaltet einmal jährlich einen grossen Flohmarkt. Der Erlös wird für aussergewöhnliche Vorhaben verwendet.

Altersarbeit

Auch die Reinacher Bevölkerung altert und entsprechend rücken die Bedürfnisse älterer Menschen ins Blickfeld. In den beiden Kirchgemeinden kümmern sich Seelsorger und Gemeindemitglieder seit langem um betagte Menschen. Seit 1950 veranstaltet der Altersverein Reinach und Umgebung Ausflüge, Bildungs- und Unterhaltungsanlässe und Lottomatches. 1971 bildete sich dann eine Gruppierung namens Betagtenhilfe Reinach, die sich 1974 als konfessionell neutraler Verein konstituierte. Etwa 30 Personen, vorwiegend Frauen, engagieren sich dafür, dass ältere Menschen so lange wie möglich zu Hause wohnen bleiben können. Zum Angebot der Betagtenhilfe gehören Beratung, Haushaltshilfe, Mahlzeitendienst und Mittagstisch sowie Ausflüge, Volkstanz und Theater.

Ergänzend dazu wirkt der 1995 gegründete Verein Senioren für Senioren Reinach BL. Er vermittelt kleine Hilfeleistungen, Fahrdienste, Arbeiten in Haushalt und Garten. Ebenfalls 1995 entstand das Tageszentrum für Betagte. An zwei Tagen pro Woche betreut ein Team von Frauen ältere Menschen. So können sich deren Angehörige von der Pflege erholen. Das Tageszentrum befindet sich im Pfarreizentrum St. Marien, unterstützt wird es mit Beiträgen der Gemeinde, der reformierten und der katholischen Kirche.

Mit der Alterung der Reinacher Bevölkerung wuchs auch der Bedarf an altersgerechten Wohnmöglichkeiten. 1989 rief die Gemeinde eine eigene

Kommission Altersplanung ins Leben. Das Seniorenzentrum Aumatt wurde 2004 um eine Abteilung für Psychogeriatrie, das Bacherhaus, erweitert. Auf Initiative von Privaten fanden 2003 die so genannten Reinacher Gespräche zum Thema Alter als Wert statt. Zwei Jahre später veranstaltete die Gemeinde eine Fachtagung zu Wohnen im Alter. Eine Umfrage ergab, dass das Reinacher Leistungsangebot an sich als gut, das Angebot an altersgerechtem Wohnraum aber als mangelhaft empfunden werde.

Werkstätte und Heim

Seit 1987 ist am Kirschgartenweg die Eingliederungsstätte für geistig Behinderte (ESB) in Betrieb. Die ESB Kirschgarten führt 130 Arbeitsplätze im Bereich Verpackung, Montage, Kleben, Garten, Elektromontagen, Mechanik und Recycling. Die Therapeutische Gemeinschaft SMARAGD an der Gstadstrasse bietet 24 Therapieplätze für Suchtkranke. Sie wurde 1990 gegründet und beschäftigt 20 Mitarbeitende. Zur Therapie gehören sowohl tiefenpsychologische Arbeit wie die Schaffung von Tagesstrukturen, stationäres Wohnen und externe berufliche Reintegration. Ein anderes Ziel verfolgt das Wohnheim für psychisch kranke Menschen. Es wurde 2002 vom Verein für Sozialpsychiatrie Baselland eröffnet und ermöglicht ehemaligen Klinikpatienten betreutes

Beim Seniorenjass

Wohnen. Einer weiteren Zielgruppe widmet sich der Verein Pädagogische Obdachlosenprävention. Er bietet Obdachlosen mit der Wohngruppe Brühlgasse eine Hilfe bei der Wiedereingliederung und will Jugendliche vor dem Abgleiten in die Obdachlosigkeit bewahren.

Ebenfalls 2002 wurde in der ehemaligen Waldschule in der Au die Tagessonderschule Tandem eingerichtet. Ein Team aus Lehrkräften, Sozialpädagogen und einem Psychologen kümmert sich um Primarschulkinder, die wegen ihres Verhaltens in den Klassen nicht mehr mitgetragen werden können. Die Tagessonderschule, im Auftrag des Kantons Basel-Landschaft vom Verein Sommerau konzipiert, bildet eine Alternative zur Einweisung in ein Heim. Als modernes Jugendheim hingegen wird der Erlenhof betrieben. 1929 noch als Versorgungsanstalt gegründet, bietet das Landheim Erlenhof heute sozialpädagogisch geführte Angebote für Neuorientierung, Entwicklung und Ausbildung. In sechs internen Lehrbetrieben (Schlosserei, Küche, Schreinerei, Gärtnerei, Pferdestall und Technischer Dienst) oder in der freien Wirtschaft erlernen die Jugendlichen einen Beruf und sichern ihre berufliche Integration.

Jugendarbeit

Neben der Schaffung von Freizeiträumen engagiert sich die Gemeinde Reinach auch in der schulischen Jugendsozialarbeit. Aus eigener Initiative erweiterte Reinach 1985 den schulpsychologischen Dienst. Als Neuerung wurde zudem 2000 ein Versuch in Schulsozialarbeit gestartet. An den drei Oberstufenschulhäusern Bachmatt, Lochacker und Fiechten stand während vorerst drei Jahren eine Ansprechperson für Schülerinnen, Schüler, Eltern und Lehrpersonen zur Verfügung. Das niederschwellige Angebot erwies sich als Erfolg. Es wurde in Reinach weitergeführt und vom Kanton Basel-Landschaft übernommen. Vom Schuljahr 2005/2006 an schreibt das neue kantonale Bildungsgesetz für alle Sekundarschulen Schulsozialarbeit vor.

Ausgehend vom Modell der Schulsozialarbeit richtete Reinach 2004 eine Halbtages-Stelle für nachschulische Jugendsozialarbeit ein. Die Betreuung der Jugendlichen soll Krisen während der Berufsausbildung überwinden helfen, den Schritt ins Berufsleben unterstützen und die Zahl der Lehrabbrüche vermindern. Die Hilfe erfolgt kostenlos. Der Jugendsozialarbeiter nimmt gegen Ende der Schulzeit von sich aus Kontakt mit den Jugendlichen auf.

Im Jugendhaus Palais noir befindet sich eine Sachhilfe-Ecke. Dort liegen Dokumentationen zu Schule, Beruf und Weiterbildung, Gesundheit, Drogen, Sexualität, Migration und Sprachkursen auf. Das Jugendhausteam steht für individuelle Beratungen bereit und vermittelt weiterführende Hilfe.

Sozialarbeit

Die Sozialberatung der Gemeinde bietet – nach dem Grundsatz Hilfe zur Selbsthilfe – den Einwohnerinnen und Einwohnern kostenlos Beratung in persönlichen, rechtlichen und finanziellen Fragen. Sie informiert über Unterstützung anderer Institutionen. Zudem erfüllen die insgesamt sechs Mitarbeitenden der Sozialberatung Aufgaben als Vormünder und suchen Heimplätze für Kinder und Erwachsene. Für die finanzielle Unterstützung Bedürftiger und deren soziale und berufliche Eingliederung ist hingegen die siebenköpfige Sozialhilfebehörde zuständig.

Das heutige Sozialwesen hat sich in den letzten vier Jahrzehnten herausgebildet. Die erste Sozialarbeiterin der Gemeinde wurde 1963 angestellt. Zuvor oblagen Fürsorgeaufgaben der so genannten Armenpflege. Eine Vormundschaftsbehörde wurde 1972 geschaffen. Damals beschäftigte Reinach bereits drei Sozialarbeiter.

Trotz des relativen Wohlstandes der Reinacherinnen und Reinacher ist der Mangel an preisgünstigem Wohnraum ein Dauerthema. Nach der Rezession der 1970er-Jahre machte sich die so genannte Neue Armut in den 1980er-Jahren auch in Reinach bemerkbar. Die Gemeinde liess 1993 eine Machbarkeitsstudie über Mehrfamilienhäuser für finanzschwache Familien erstellen. 1996 erwarb sie dann an der Hauptstrasse drei Wohnungen, die seither durch die Fürsorgebehörde vermietet werden können.

Asyl- und Entwicklungshilfe

In den 1980er-Jahren wurde Reinach erstmals mit einem Zustrom von Flüchtlingen konfrontiert. Waren es 1990 noch 105 Personen, so stieg die Zahl der Asylsuchenden in den Folgejahren bis auf über 300. Bis 2004 sank sie wieder auf unter 100 Personen. Über die Hälfte stammt aus Asien und dem Balkan.

Die Unterbringung der Asylbewerbenden bereitete längere Zeit Probleme. Ende der 1980er-Jahre boten die Kirchgemeinden Platz, zum Beispiel im Bastelraum des Kirchgemeindehauses. Verpflegung gab es im WBZ. 1990 wohnten die Gesuchsteller in neun in der Gemeinde verstreuten, oft provisorischen Unterkünften, zum Teil sogar in Wohnwagen. Der Bau eines Asylbewerberheims an der Schalbergstrasse wurde 1992 an der Urne abgelehnt. Die Eröffnung des Wohnzentrums Pfeffingerstrasse, im oberen Stock des neuen Werkhofs, normalisierte 1998 die Wohnsituation. Hier besteht Platz für 80 Personen, im 2000 eröffneten Wohnzentrum Kägenhofweg für 52 Personen. Seit 2006 besteht eine Asylkooperation mit Arlesheim. Die Nachbargemeinde kann bis 30 Wohnplätze im Reinacher Zentrum für eigene Asylbewerber mieten.

Wo liegt ihre Zukunft? Kreoni, Tevos und Josue aus dem Reinacher Asylwohnheim

In der Kindertagesbetreuung KITA Reinacherhof

Der Mittagstisch im Familienzentrum OASE

Auf dem Spielplatz beim Mischeli (Aufnahme 1983)

Stark engagiert in der Flüchtlingsbetreuung sind die Kirchgemeinden. 1986 entstand die Ökumenische Gruppe zur Betreuung Asylsuchender in Reinach (OeBAR), die auch Wohnungen für Asylanten suchte. In den 1990er-Jahren bildete dann die Gemeinde ein eigenes Betreuungsteam. Beide Organisationen zusammen führen jährlich am weltweiten Flüchtlingstag ein Fest mit Musik, Gottesdienst und Tanz durch.

Aus privater Initiative entstanden sind zwei Entwicklungshilfeprojekte. Der Verein El Puente, dessen Anfänge auf die 1980er-Jahre zurückgehen, engagiert sich für die Unterstützung von Basisprojekten in Guatemala. Und das Schulprojekt Nigeria sammelt seit ungefähr 1994 Spenden, um Kindern im Süden Nigerias Stipendien und Schulmaterial zukommen zu lassen.

Familienarbeit

Einen Mittagstisch, Betreuung am Nachmittag und Aufgabenhilfe: Das bietet seit dem Schuljahr 2005/2006 die Kindertagesbetreuung KITA. Berufstätige Eltern können hier zwischen 12 und 18 Uhr ihre Kinder in sachkundige Obhut geben. Während der Schulferien werden zusätzlich Tageslager durchgeführt. Das Angebot ist kostenpflichtig, der Elternbeitrag richtet sich nach dem Einkommen. Mit dieser Neuerung ergänzt die Gemeinde bestehende Tagesstrukturen für Kinder. Seit 1988 steht das Tagesheim Kakadu offen, betrieben vom Verein Tagesmütter. 2004 kam das Tagesheim Kids und Co dazu, in dessen Trägerschaft sich Firmen und Gemeinde teilen. Mittagstisch-Angebote gibt es auch beim Robinsonspielplatz, im Familienzentrum OASE und beim Mittagstisch für Jung und Alt an der Kirchgasse.

Diese Familienfreundlichkeit hat Tradition in Reinach. 1973 wurde hier der erste Tagesmütterverein der Schweiz gegründet. Ebenfalls aus Privatinitiative entstand 1992 das Familienzentrum OASE, eine im Kanton Basel-Landschaft damals einmalige Institution. Vier Tage in der Woche wird Kinderbetreuung mit Mittagstisch und Spielgruppen angeboten. Mit einem Kursprogramm für Erwachsene und einer Cafeteria ist die OASE auch eine Plattform für Begegnung und Austausch. Daneben führt der Verein für familienergänzende Kinderbetreuung eine Vermittlungsstelle für Tagesmütter oder -heimplätze. Insgesamt neun Spielgruppen, davon eine für englischsprachige Kinder, runden das Angebot ab. Diese Spielgruppen werden privat, von der OASE oder von den beiden Kirchgemeinden geleitet.

Elternarbeit

Für Väter und Mütter bestehen verschiedene Beratungsmöglichkeiten. Die Gemeinde unterhält eine Mütter- und Väterberatung für Eltern von Kleinkindern bis zum Alter von vier Jahren. Ins Leben gerufen worden war diese Stelle 1982, damals noch als Mütterberatungsstelle. Zuvor hatte die Gemeindehebamme als Beraterin gewirkt.

Verschiedene Dienstleistungen erleichtern das Familienleben. Für Familien und Alleinerziehende existiert ein Babysitterzirkel mit wechselseitigem, kostenlosem Kinderhüten. Turn- und Schwimmkurse für Kinder und Eltern werden an mehreren Orten durchgeführt. Der Robinsonspielplatz bietet ein regelmässiges Spielprogramm an. Dazu kommen Kontaktgruppen wie EIFAM Eineltern Familien, die Mother & Toddler Group, Kontaktgruppe für englischsprachige Eltern, eine Kontaktgruppe für Eltern mit Kleinkindern, oder das Quartierkaffi im reformierten Kirchgemeindehaus Steinreben.

Die Elternbildung Reinach, 1969 aus einer privaten Initiative heraus entstanden, stellt eine regionale Pionierleistung dar. Trägerschaft waren zu Beginn die beiden Kirchgemeinden, Schulpflege, Lehrerschaft und die Vereinigung Schule und Elternhaus der Kantone BS und BL. 1974 konstituierte sich die Elternschule, wie sie damals hiess, formell als Verein. Nach ihrem Vorbild entstanden in den umliegenden Gemeinden ähnliche Gruppierungen. Seit 1972 ist der Elternbildung eine Erziehungsberatung angegliedert, die 1978 zur Erziehungsberatungsstelle Reinach–Aesch–Pfeffingen erweitert, 1987 dann vom neu gegründeten Verein Familien- und Jugendberatungsstelle Birseck übernommen wurde. Ziel der Elternbildung ist nicht Wissensvermittlung, sondern das Gespräch über Erziehungsfragen. Der Verein organisiert Kurse für Eltern und Familien, Vorträge und Podiumsgespräche.

Kontrollierte Drogenabgabe

Eine offene Drogenszene wie einst am Zürcher Platzspitz oder am Basler Rheinufer kannte Reinach nie. Drogenabhängige gab es allerdings viele, 1988 mit 2 Prozent der Einwohnerschaft sogar so viele wie in keiner anderen Gemeinde des Kantons. Seit den 1980er-Jahren wurde unübersehbar, dass der Drogenkonsum und -handel sich auch auf die Agglomeration ausgedehnt hatte. 1999 wurde ein Waldstück beim Surbaum sogar zeitweise zum inoffiziellen Drogenumschlagplatz der Region. Viele Abhängige und Dealer trafen sich dort. Nach einer Polizeiaktion verschwand die Szene wieder. Das Drogenproblem aber blieb.

Seit 1993 ist in Reinach eine Anlaufstelle der Drogenberatung Baselland präsent. Hier begann im Jahr 2000 auch ein kantonales Pionierprojekt, die Abgabe von

Heroin an Schwerstsüchtige. Zuerst für ein Jahr geplant, wurde das Projekt anschliessend bis Ende 2005 verlängert. Es bot Platz für 15 Personen. In einem Container neben der Beratungsstelle erhielten die Betreuten eine umfassende Behandlung: medizinische Therapie, Pflege, Verbandswechsel, Sachhilfe durch Sozialarbeiter sowie eine Tagesstruktur. Ähnliche Projekte wurden in der Stadt Basel schon früher begonnen. Aufgrund der unterschiedlichen Strukturen der städtischen und der vorstädtischen Drogenszene lässt sich aber kein direkter Vergleich anstellen.

Bildung für alle

Eine eigene Schule besitzt Reinach seit dem 18. Jahrhundert. Dank der Stiftung des Reinachers Peter Bieglin konnte 1706 die erste Dorfschule, am Standort des heutigen Gemeindehauses, bezogen werden. Zuvor mussten die Kinder nach Aesch zur Schule gehen. Mit dem basellandschaftlichen Schulgesetz von 1835 entfiel die pfarrherrliche Kontrolle der Lehrer. Reinach erhielt 1856 einen zweiten Lehrer. Neben dem alten Dorfschulhaus entstand 1895/1896 ein neues Schulhaus.

Bis weit ins 20. Jahrhundert hinein existierte in Reinach nur die Primarschulstufe. Weiterführende Schulen, damals noch Bezirks- oder Sekundarschulen genannt, mussten die Jugendlichen in Therwil besuchen. 1945 eröffnete Reinach auf eigenen Beschluss – im Entwurf des kantonalen Schulgesetzes bildete die Gemeinde wiederum keinen Bezirksschulstandort – eine Sekundarschule. Möglich wurde dies auch dank neuem Schulraum: 1941 war das Weiermattschulhaus eingeweiht worden.

In den Folgejahrzehnten entstanden in rascher Folge neue Schulhäuser, da durch den Wachstumsboom Reinachs die Zahl der Schülerinnen und Schüler rasant zunahm. 1954 wurde das Realschulhaus Egerten gebaut, 1962 das Surbaumschulhaus und bereits 1965 dessen Erweiterung. Es folgten 1967 das Schulhaus Aumatt, 1968 mit Bachmatten das zweite und 1975 mit Lochacker

Der Schuljahrgang 1918/1919 im Dorfschulhaus

das dritte Realschulhaus. Dazwischen lag der Bau des Fiechten-Primarschulhauses 1972. In diesen Jahren erreichte der Ausbau des Schulwesens seinen Höhepunkt: 1972 traten gleich 27 neue Lehrkräfte ihre Stelle in Reinach an.

Gleichzeitig zeigte die Auswertung der Volkszählung von 1970, dass die bisherigen Wachstumsprognosen zu hoch lagen. Entsprechend stieg die Anzahl der Schülerinnen und Schüler nur noch langsam und ging bis ins 21. Jahrhundert wieder auf das Niveau von 1970 zurück. Damit entschärfte sich das Dauerproblem des knappen Schulraums. Den bisher letzten Schulbau errichtete Reinach 2002 mit dem Primarschulhaus Reinacherhof. Hingegen entstanden mit den Blockzeiten neue Platzprobleme in den Kindergärten.

Kindergärten

Insgesamt zwölf Kindergärten gibt es in Reinach, verteilt über sämtliche Quartiere. Ab vier Jahren ist der Besuch eines Kindergartens möglich. Das erste Jahr ist freiwillig, das zweite obligatorisch. Im Kindergarten werden die Kinder auf den Übertritt zur Schule und auf die Anforderungen des täglichen Lebens vorbereitet.

Die ersten Kindergärten in Reinach wurden von kirchlichen Vereinen geführt. Im Auftrag des 1911 gegründeten katholischen Kranken- und Hauspflegevereins betreuten Ordensschwestern in einem Zimmer des Dorfschulhauses die Kleinkinder. 1947 bezog der katholische Kindergarten einen Raum im neu erbauten Pfarreiheim Mariengarten, 1952 einen zweiten. Die Leitung der Kindergärten wurde 1965 an eine separate Kommission des Vereins abgegeben. In diese Zeit fällt auch der Beginn der Zusammenarbeit mit den reformierten Kindergärten. 1945 war ein Verein für den reformierten Kindergarten Surbaum gegründet worden. Dank ihm entstand ein Jahr später im Kirchgemeindehaus Mischeli ein Kindergarten, der 1952 an die Stockackerstrasse umzog. 1958 entstand ein weiteres reformiertes Kindergartenlokal an der Binningerstrasse.

Als nach 1960 durch den Bevölkerungszuwachs der Bedarf an Kindergartenplätzen massiv zunahm, wurde der Betrieb für die Kirchgemeinden finanziell untragbar. Die Gemeinde erstellte neu Doppelkindergärten, die von beiden Vereinen gemeinsam geleitet wurden. 1970 schlossen sich die beiden Vereine zusammen und 1971 übernahm die Gemeinde dann sämtliche Reinacher Kindergärten. Der alte Laden des Allgemeinen Consumvereins (ACV) wurde 1972 zum Kindergarten Talacker umgebaut, 1973 entstanden die Kindergärten Thiersteinerstrasse und Neueichenweg. Zu Beginn des Schuljahres 1974/1975 zählte Reinach ganze 18 Kindergärten.

Kindergärtner auf dem Heimweg

Die Schule ist alt – aber nur von aussen! So lautete das Motto der 60-Jahr-Jubiläumsfeier der Sekundarschule Reinach 2005. Dazu passend gab es einen gigantischen Geburtstagskuchen.

Primar- und Sekundarschule

Wie alle Baselbieter Gemeinden verfügt Reinach neben den vorschulischen Kindergärten über zwei Schulstufen: die Primar- und Sekundarschule. Die Primarschulstufe umfasst fünf Jahre: zwei Jahre Unterstufe, drei Jahre Mittelstufe. Unterrichtet wird in den Quartierschulhäusern Aumatten, Fiechten, Reinacherhof, Surbaum und Weiermatten. Von Montag bis Freitag gilt Blockunterricht bis 12 Uhr mittags. An zwei bis drei Nachmittagen besuchen die Kinder den Unterricht gemäss Klassenstundenplan.

In der Sekundarschule werden die letzten vier Jahre der obligatorischen Schulzeit verbracht. Die Schülerinnen und Schüler werden aufgrund ihrer Fähigkeiten in drei unterschiedliche Niveaus eingeteilt: Niveau A (Allgemeine Anforderungen), E (Erweiterte Anforderungen) und P (Progymnasiale Anforderungen). Der Unterricht findet in den Schulhäusern Fiechten (Niveau A) sowie Bachmatten und Lochacker (Niveau E und P) statt. Eine Zusammenführung aller Niveaus in den letzten beiden Schulhäusern ist geplant.

Seit einigen Jahren befindet sich das Bildungswesen im Umbruch. 1999 wurde in Reinach ein Schulversuch mit einer teilautonom geleiteten Primarschule durchgeführt. Und noch bevor im kantonalen Bildungsgesetz von 2003 umfassende Blockzeiten an Primarschulen und Kindergärten verankert wurden, hatte Reinach 2002 solche bereits beschlossen. Bedingt durch die sinkenden Schülerinnen- und Schülerzahlen und den staatlicherseits vorgegebenen Sparzwang ist ab 2005 ein Abbau der Sekundarschulklassen geplant.

Über das Reinacher Schulwesen wacht der Schulrat. Diese unabhängige neunköpfige Behörde übt die Aufsicht über sämtliche Schulstufen und -arten aus, stellt Lehrkräfte an und ist Beschwerdeinstanz.

Stützunterricht

Im Kindergarten und Primarschule gibt es verschiedene Fördermassnahmen für Kinder mit Lernschwierigkeiten. Für Kindergartenschülerinnen und -schüler ist der vorschulheilpädagogische Dienst zuständig. Unterstützt werden Kinder mit Förderungsbedarf in Bewegung, Wahrnehmung, Sprachausdruck, Denken und Verhalten. Der Unterricht findet parallel zum Kindergarten statt. Er ersetzt den 1991 eingeführten Kleinkindergarten. Fremdsprachige Kinder haben die Möglichkeit, einen sprachstützenden Unterricht zu besuchen.

Auf Primarschulstufe besteht eine Einführungsklasse für Kinder, die trotz ihres Alters noch nicht schulreif sind. Nach zwei Jahren findet die Mehrzahl dieser Kinder den Anschluss an die Grossklassen. Kleinklassen nehmen Jugendliche mit speziellen schulischen und sozialen Schwierigkeiten auf. Der

Entwicklung der Schülerzahlen (Primar-, Real- und Sekundarstufe)

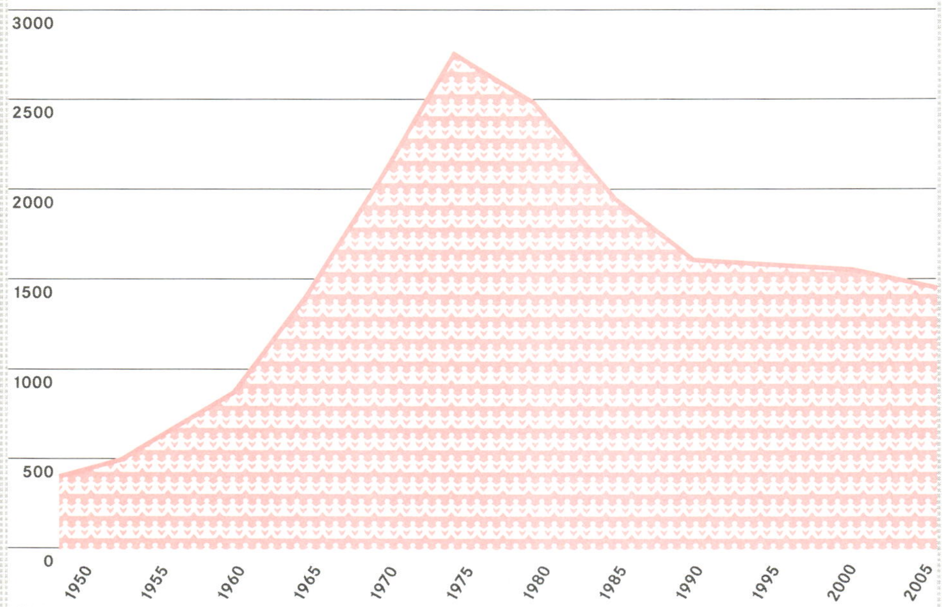

Quelle: Geschäftsbericht Gemeinderat

Unterricht wird hier von heilpädagogisch ausgebildeten Lehrpersonen individuell ausgerichtet. Für fremdsprachige Kinder besteht das Angebot der Einführungsklasse Deutsch, bereits 1982 in Form sprachstützenden Unterrichts eingeführt. Die 1991 eröffnete Integrations-Kleinklasse dient älteren Schülerinnen und Schülern ohne Deutschkenntnisse.

Mit solchen Kleinklassen und Stützunterrichtsformen wurden frühere Modelle wie Hilfsklassen, die Reinach 1963 einrichtete, abgelöst. Neu eingeführt wurde auch ein logopädischer (1992) und ein schulpsychologischer Dienst. Der Schulpsychologe, der für die Gemeinde Reinach zuständig ist, hat sein Büro im Schulhaus Fiechten. Er ist Ansprechperson für alle Schulstufen der Gemeinde Reinach. Die Anmeldung zum Schulpsychologischen Dienst ist freiwillig und erfolgt auf Empfehlung der Lehrkraft, vorausgesetzt die Eltern sind einverstanden.

Musikschule

Kinder, Jugendliche und junge Erwachsene mit Wohnsitz in Reinach können während ihrer Ausbildung, vom Kindergartenalter an bis maximal zum 25. Altersjahr, die Musikschule Reinach besuchen. Die Musikschule bietet Grundkurse in Musikerziehung, Gesangs- und Instrumentalunterricht an. Zudem führt sie im Auftrag der Primarschule Grundkurse in den ersten und zweiten Primarklassen durch. Finanziert wird der Unterricht durch Elternbeiträge und die Subventionen der Gemeinde. Die Schülerinnen und Schüler der Musikschule treten jedes Jahr an über 40 Konzerten in Reinach und anderswo auf.

Gegründet wurde die Musikschule 1969, damals noch unter dem Namen Jugendmusikschule JMS. Auslöser war der zunehmende Platzmangel an der Musikschule Basel-Stadt. Reinach folgte dem Beispiel anderer Baselbieter Gemeinden und beschloss 1968 die Eröffnung einer eigenen Schule. Der anhaltende Zuspruch führte rasch zu Platzproblemen, ein Neubau wurde aber 1994 an der Urne abgelehnt. Auch zu Beginn des 21. Jahrhunderts verfügt die Musikschule noch über keine eigenen Räume. Es ist vorgesehen, das infolge sinkender Schülerzahlen frei werdende Fiechtenschulhaus von 2007 an für die Musikschule zu nutzen.

KV Reinach

Neben den Primar- und Sekundarschulen findet sich in Reinach auch eine Berufsschule, die Handelsschule des Kaufmännischen Verbandes, kurz KV Reinach genannt. An der Weiermattstrasse wird seit 1978 eine breite Palette an Aus- und Weiterbildungen angeboten. Vollzeitausbildungen sind in der Handelsmittelschule (HMS) und der Kaufmännischen Vorbereitungsschule (KVS) möglich. An der Höheren Fachschule für Wirtschaft (HFW) können Diplomstudiengänge in Betriebswirtschaft oder Management belegt werden. Das Kursangebot wiederum richtet sich an Firmen, Berufsleute und Interessierte. Es umfasst internationale Sprachzertifikate, Informatiklehrgänge oder anwendungsorientierte Schulungen. Seit 2004 führt die KV auch eine Sportklasse.

Die KV Reinach ist eine private Schule, die im Auftrag des Kantons vom Kaufmännischen Verband Baselland geführt wird. Weitere KV-Schulen bestehen in Liestal und Muttenz. 1978 mietete sich der KV Baselland im Egerten-Schulhaus in Reinach ein und 1983 wurde ein eigenes Schulsekretariat KV Reinach geschaffen. Ein Erweiterungsbau brachte 1998 neue Räume.

Weitere Privatschulen

Als weitere Privatschule ist seit 2002 die International School of Basel (ISB) im Reinacher Norden ansässig. Im Neubau beim Reinacherhof werden knapp 900 Schulkinder aus über 40 Nationen unterrichtet. Die meisten stammen aus Familien, in denen ein Elternteil eine Kaderposition in der regionalen Pharma-

oder Chemieindustrie innehat. Auch Kinder mit Schweizer Eltern besuchen die Schule. Gegründet wurde die ISB 1979 in Bottmingen. Dort und in Basel unterhielt sie ihre ersten Schulen. Nach Reinach soll auf 2006/2007 hin auch in Aesch ein Ableger der ISB entstehen.

Das Bildungsangebot der ISB reicht vom Kindergarten bis zur international anerkannten Matur. Unterrichtssprache ist Englisch, Deutsch wird als Fremdsprache gelernt. Gut die Hälfte der Familien stammt aus den USA oder Grossbritannien. Oft ist ihr Aufenthalt in der Region auf einige Jahre befristet, bevor sie Arbeits- und Wohnort in eine andere Weltgegend verlegen. Da die Schulkinder aus der gesamten Region nach Reinach kommen, viele davon im elterlichen Auto, herrscht in den Randzeiten rings um die Schule oft ein Parkplatz- und Stauproblem.

Neben dem Gemeindehaus befindet sich seit 2002 das Lernzentrum learn in. Es bietet Schulpflichtigen und Erwachsenen verschiedene Bildungsprogramme und Lernunterstützungen. Die Rudolf Steiner-Schule plante 1979, sich in Reinach niederzulassen. Gegen das Baugesuch nördlich des Schulhauses Fiechten wurde aber Einsprache erhoben und mangels Alternative entschied sich die Privatschule dann für Dornach als Standort.

Erwachsenenbildung

Seit ihrer Gründung 1976 tragen die Arbeitsgruppen Lebendiges Reinach mit Sprach- und Lebensgestaltungskursen zum Weiterbildungsangebot bei. 1992 entwickelte dann die gemeinderätliche Kommission Erwachsenenbildung den Plan, in Reinach eine Aussenstelle der Volkshochschule beider Basel (VHS) einzurichten. Sie wurde ab Winter 1997/1998 als Versuch durchgeführt und 2002 definitiv eingeführt. Die Gemeinde und die VHS haben miteinander eine Leistungsvereinbarung abgeschlossen. Pro Semester werden so zehn Kurse mit unterschiedlichsten Themen in Reinach angeboten.

Weitere Anbieter sind: Elternbildung Reinach; KV Reinach; die Gemeindeverwaltung Reinach mit Nähkursen, Mütter-/Väter-Beratung, Musikschule; Samariterverein; Verein für familienergänzende Kinderbetreuung Reinach; Tagesmütterverein; WBZ Reinach.

Gemeinde- und Schulbibliothek

Im Gebäude der KV Reinach an der Weiermattstrasse befindet sich auch die Gemeinde- und Schulbibliothek. Gegründet wurde sie 1977, durch einen im Jahr zuvor entstandenen Verein Gemeindebibliothek. Wie der Name verrät, steht die Bibliothek der gesamten Gemeindebevölkerung offen und dient zu-

Am Tag der Offenen Türe präsentiert die Musikschule den interessierten Kindern ihr Angebot.

Die Gemeinde- und Schulbibliothek befindet sich im Gebäude der KV Reinach.

gleich als Bibliothek für die Schulen. Sie hält über 25 000 aktuelle Medien für alle Altersstufen aus den verschiedensten Gebieten bereit: von Romanen für Erwachsene in verschiedenen Sprachen über Jugend- und Kinderbücher und Zeitungen bis zu Videos, DVDs, CD-ROMs und Spielen. In der Bibliothek finden auch Lesungen von Autorinnen und Autoren statt.

Das fehlende Gymnasium

Für eine höhere Schulbildung mussten sich die Reinacher wie alle Baselbieter lange Zeit nach Basel begeben. Nur dort war der Besuch eines Gymnasiums möglich. 1958 verfügte der Stadtkanton aber, dass wegen Platzproblemen vorrangig städtische Schüler ins Gymnasium aufgenommen werden sollten. Der Kanton Basel-Landschaft schuf deshalb innert weniger Jahre ein eigenes Maturitätsschulgesetz (1961) und liess eigene Gymnasien bauen: 1963 in Liestal, 1964 in Münchenstein. Später folgten Muttenz und Oberwil sowie Laufen.

Reinach wurde als Standort nicht berücksichtigt, wie bereits bei der Verteilung der Bezirksschulen im 19. Jahrhundert. Die Voraussetzungen wären günstig gewesen. In der 1945 eingeführten Sekundarschule wurde schon 1947 ein freiwilliges viertes Schuljahr angeboten. Damit war Reinach einer der ersten Orte im Kanton mit der vollausgebauten Sekundarstufe. Entsprechend bewilligte der Regierungsrat 1958 die Führung progymnasialer Klassen für Reinach, Münchenstein, Binningen und Muttenz. Reinach hatte diesen Antrag gestellt, weil es sich als zentralen Standort für das Birseck verstand. Was Münchenstein heftig bestritt, auf das grössere Einzugsgebiet verweisend. Wahrscheinlich gab die Zentrumsfrage dann den Ausschlag dafür, dass das erste Birstaler Gymnasium in Münchenstein errichtet wurde. Die Wahl Oberwils als zweiter gymnasialer Standort im Birseck (1972 eröffnet) ergab sich aus dessen Bedeutung für das Leimental.

Anhang

Literaturtipps

Überblicksdarstellungen

Achtung Reinach. Ein pfiffiges Buch für Kinder, verfasst von Karin Feigenwinter/Hansjörg Hänggi/Judith Kühn/Elisabeth Wirth, Reinach 2001.

Erwin Beuchat und andere: *Gemeindekunde Reinach BL* (1 Ordner und 122 Diapositive), Reinach 1987.

Reinach BL. Beiträge zur Heimatkunde einer jungen Stadt, verfasst von Hans Windler und Mitarbeitern, Liestal 1975.

Reinach – die Stadt vor der Stadt, Reinach 2005.

Reinach – ein grosses Dorf stellt sich vor, Reinach 1988.

Reinach (BL), Ortsartikel im Historischen Lexikon der Schweiz (unter www.dhs.ch).

Reinach. Namenbuch der Gemeinden des Kantons Basel-Landschaft, Liestal 2005.

Zum Thema Natur und Landschaft

Bruno Baur: *Freizeitaktivitäten im Baselbieter Wald: ökologische Auswirkungen und ökonomische Folgen,* Liestal 2003.

Heinz Durrer: *Amphibienschutz um Basel. 20 Biotope, 20-jährige Erfahrungen,* Basel 2000.

Martin Furter: *Die Gemeindegrenzen im Kanton Basel-Landschaft. Zur Entwicklung und Bedeutung von Grenzen in der Kulturlandschaft,* Sissach 1993.

August Heitz: *Grenzen und Grenzzeichen der Kantone Baselstadt und Baselland,* Liestal 1964.

Hans Peter Laubscher: *Zur Geologie des Erdbebens von Basel 1356,* in: Werner Meyer: *Da verfiele Basel überall. Das Basler Erdbeben von 1356,* Basel 2006, S. 207–230.

Roland Lüthi: *Reinacher Heide. Exkursionsführer durch Naturschutzgebiete des Kantons Basel-Landschaft,* Liestal 2003.

Esther Meduna/Urs Tester/Christoph Wüthrich: *Erster Tag der Artenvielfalt am 17. Juni 2000,* in: *Mitteilungen der Naturforschenden Gesellschaften beider Basel,* Band 5, 2001, S. 183–198.

René Salathé: *Die Birs. Bilder einer Flussgeschichte,* Liestal 2000.

Waldentwicklungsplan (WEP) Leimental, Forstamt beider Basel 2003.

Zum Thema Politik und Herrschaft

75 Jahre Politik der Katholiken im Kanton Basel-Landschaft, hg. von der CVP Basel-Land, o.O. 1989.

Atlas der politischen Landschaften. Ein weltanschauliches Porträt der Schweiz, Zürich 2003.

Hans Berner: *Gemeinden und Obrigkeit im fürstbischöflichen Birseck. Herrschaftsverhältnisse zwischen Konflikt und Konsens,* Liestal 1994.

Roger Blum: *Weg und Wandlung des Baselbieter Freisinns. Eine geschichtliche Darstellung,* hg. von der FDP Baselland, o.O. 1969.

Daniel Hagmann: *Der letzte Dorfkönig: Xaver Feigenwinter. Zum Wandel politischer Macht in der Gemeinde Reinach BL,* in: Baselbieter Heimatblätter 2005, Nr. 2, S. 81–88.

MARTIN JORDAN: *Gemeindeversammlung oder Einwohnerrat – Partizipation und Macht in Baselbieter Gemeinden. Versammlungsdemokratie und parlamentarische Demokratie in acht ausgewählten Gemeinden des Kantons Basel-Landschaft,* unveröffentlichte Lizentiatsarbeit Universität Basel 1991.

SIBYLLE RUDIN: *Parteigründungen im Baselbiet zwischen 1905 und 1939,* Liestal 1999.

RENÉ SALATHÉ: *100 Jahre Bürgergemeinde Reinach,* 1988.

KURT WEISSEN: *Die weltliche Verwaltung des Fürstbistums Basel am Ende des Spätmittelalters und der Ausbau der Landesherrschaft,* in: La donation de 999 et l'histoire médiévale de l'ancien Evêché de Bâle, Porrentruy 2002, S. 213–240.

FRANZ WIRTH: *Sechzig Jahre Sozialdemokratische Partei Reinach,* in: Wochenblatt für das Birseck und Dorneck, Nr. 38, Freitag, 22. September 1978.

FRANZ WIRTH/ERNST A. FEIGENWINTER: *Reinach in den Trennungswirren. Ergänzung zur Wanderausstellung «Baselland unterwegs» 150 Jahre Kanton Basel-Landschaft,* Reinach 1983.

Zum Thema Archäologie und Geschichte

SANDRA AMMANN: *Fünf Gräber und eine Villa,* Liestal 2003.

Die Postgeschichte von Reinach, BALABRA VI, 1996.

CALISTA FISCHER: *3000 Jahre auf einen Blick – prähistorische Spuren in Reinach-Langrüttiweg: die archäologischen Untersuchungen von 1993,* Liestal 2002.

CALISTA FISCHER/BRUNO KAUFMANN: *Bronze, Bernstein und Keramik. Urnengräber der Spätbronzezeit in Reinach BL,* Liestal 1994.

ALEX FURGER: *Die ur- und frühgeschichtlichen Funde von Reinach BL,* Derendingen 1978.

RETO MARTI: *Zwischen Römerzeit und Mittelalter: Forschungen zur frühmittelalterlichen Siedlungsgeschichte der Nordwestschweiz (4.–10. Jahrhundert),* Liestal 2000.

RETO MARTI: *Archäologie des Mittelalters im Umland von Basel,* in: Guido Helmig (Hg.): Centre, Region, Periphery: Medieval Europe, Hertingen 2002.

RETO MARTI: *«Luteo operi, sine quo tamen non transigetur». Frühmittelalterliche Keramik im Spiegel gesellschaftlicher und kulturräumlicher Veränderungen in der Nordwestschweiz,* in: Gabriele Graenert et al. (Hg.): Hüben und drüben – Räume und Grenzen in der Archäologie des Frühmittelalters, Liestal 2004, S. 191–215.

Nah dran, weit weg. Geschichte des Kantons Basel-Landschaft, Band 1–6, Liestal 2001.

JÜRG TAUBER: *Archäologie in Reinach: neue Erkenntnisse zur Geschichte einer Vorortsgemeinde,* in: Basler Stadtbuch 122, 2001, S. 182–187.

HANS WINDLER: *Das alte Reinach. Beiträge zur historischen Geographie einer Baselbieter Gemeinde,* in: Jurablätter, H. 9, 1970, S. 171–175.

Zum Thema Siedlung und Architektur

Bauinventar Kanton Basel-Landschaft (BIB) Reinach, verfasst von Claudio Affolter, o.O. 2002.

Baukultur entdecken. Reinach BL. Ein Spaziergang mit dem Schweizer Heimatschutz, Zürich 2005.

CLAUDIA FETZER: *Restaurierungs- und Nutzungskonzept Strittgässli 2, Reinach BL,* unveröffentlichte Modularbeit Nachdiplomstudium Denkmalpflege, Bern 2000.

CLAUDIA FETZER: *Reinach zwischen 1907 und 1945, zwischen Aufschwung und Notstand, zwischen Dorf und Stadt,* unveröffentlichte Diplomarbeit Fachhochschule für Technik und Architektur Bern, Nachdiplomstudium Denkmalpflege, Bern 2004.

Reinacher Kalender [mit historischen Dorfansichten], hg. von der Rebmessernzunft, 1998ff.

Werkhof Strassenverwaltungskreis 1 des Tiefbauamtes, Reinach, Muttenz 1993.

GOTTLIEB WYSS: *Kunstdenkmäler in Reinach,* in: Der Rauracher, 1940/12, Nr. 2, S. 21–33.

Vom Schönen zum Substantiellen. Die Entwicklung der Denkmalpflege im Kanton Basel-Landschaft seit ihren Anfängen, mit Beiträgen von Daniel Hagmann und anderen, Liestal 2004.

Zum Thema Kultur und Kirchen

25 Jahre Orchester Reinach 1972–1997, Reinach 1997.

25 Jahre Zunft zu Rebmessern, 1983.

100 Jahre Kirchenchor Reinach, Reinach 1978.

100 Jahre Turnverein Reinach 1863–1963, o.O. 1968.

125 Jahre TVReinach. Die Geschichte des Schweizerischen Turnvereins STV Reinach BL 1863–1988, Reinach 1988.

150 Jahre Männerchor Reinach 1845–1995, Reinach 1995.

JULES BLUNSCHI: *Reinach. Ein kurzer Gang durch die Kirchengeschichte der Gemeinde,* Basel 1964.

WALTER ERHARDT: *Eine Unterbaselbieter Vorstadt-Gemeinde: Reinach,* in: Kirchenbote Nr. 10/11, Juli/August 1961, S. 89–90.

Festschrift zur Erinnerung an die Einweihung des Weiermatt-Schulhauses Reinach am 17. August 1941, o.O. 1941.

CLAUDE HODEL: *Der Mensch lebt nicht vom Brot allein. Kirchliche Sozialarbeit in der Praxis,* Arlesheim 2004.

Kirchengeschichte von Reinach. Festschrift zur Hundertjahr-Feier der 1886 geweihten St.-Nikolaus-Kirche, verfasst von Jules Blunschi und Eduard Morf, Basel 1986.

WALTER MERZ UND ANDERE: *75 Jahre FC Reinach BL,* 1996.

ANDREA SAEMANN (HG.): *Helle Nächte: die Vorstadt im Projektionsfeld filmischer Bilder,* Basel 2002.

ROBERT SCHLÄPFER: *Die Mundart des Kantons Baselland. Versuch einer Deutung der Sprachlandschaft des Kantons Basel-Landschaft,* Liestal 1955.

RUDOLF SUTER: *Hans Arp: Das potenzierte Wirken des Zufallsprinzips. Eine heute teils zerstörte Pausenplatzgestaltung in Reinach,* in: Basler Magazin, 26. Februar 2000, S. 15.

LORENZO VASELLA: *Ein passionierter Sammler sucht Raum für Traktorenmuseum,* in: Basler Zeitung, 5. Mai 2004, S. 38.

RICHARD WESTERMANN: *Geschichte der reformierten Kirchgemeinde Reinach,* Reinach 1993.

Franz Wirth: *«Dass sie alle eins seien?» Spannungen in der geschichtlichen Entwicklung der Kirchen Reinachs,* Vortragsmanuskript 1991.

Zum Thema Erinnerungen und Erfahrungen

Ernst August Feigenwinter: *Die Feigenwinter im Spiegel von fünf Jahrhunderten,* Riehen 1989.

Hansjörg Hänggi: *Ein Basler Bebbi im Birseck. Erinnerungen ans Reinach der späten Vierzigerjahre,* Reinach o. J.

Theo Heimgartner: *I ha se ghöre sure, sie fliege obedure. Kindheit in Reinach 1939–1945. Erinnerungen, Fakten, Gedanken,* Starrkirch 2004.

Rynach schlooft nit! Fotoreportage über das Volksfest 800 Jahre Reinach 30./31. August und 1. September 1974, o.O. 1974.

Weihrauch, Wein und Weidenruten. Geschichten und Anekdoten aus Reinach, Reinach 1999.

Zum Thema Wirtschaft und Verkehr

25 Jahre Habasit 1946–1971, Basel 1971.

50 Jahre Gewerbe- und Industrieverein Reinach 1939–1989, Reinach o. J.

50 Jahre Buchbinderei Grollimund AG, St.Gallen 2002.

75 Jahre Raiffeisenbank Reinach BL 1905–80, Reinach o.J.

Käthi Blumer: *Aktualdynamik in der Gewerbezone Kägen, Reinach (BL): raumplanerische Grundsätze und wirtschaftsgeographische Aspekte,* unveröffentlichte Diplomarbeit Universität Basel 1995.

Brigitte Frei-Heitz: *Materialien zur Bau- und Firmengeschichte der ehemaligen Bierbrauerei in Reinach,* 1996.

Jubiläumsbericht der Darlehenskasse Reinach BL 1905–1955, Reinach 1955.

Walter Leimgruber: *Studien zur Dynamik und zum Strukturwandel der Bevölkerung im südlichen Umland von Basel,* Basel 1972.

Christoph Oberer: *Die Massenmotorisierung im Kanton Basel-Landschaft,* unveröffentlichte Studie, Forschungsstelle Baselbieter Geschichte 1991.

Rudolf Pleuler: *75 Jahre Tramlinie 11 Basel–Aesch,* 1982.

Patrick Rey: *Pendlermobilität in der Nordwestschweiz. Entwicklung der Pendlerbeziehungen und der Verkehrsmittelwahl zwischen 1970 und 1990,* in: Geographica Helvetica 56, 2001, H. 2, S. 107–116.

Richtplan Reinach BL. Revision Ortsplanung Reinach (RevOr), Gemeindeverwaltung 2004.

Wirtschaftsstruktur und Wirtschaftsdynamik der Nordwestschweiz, Basel 2001.

Zum Thema Sozialwesen und Bildung

25 Jahre Alters- und Pflegeheim Aumatt Reinach 1973–1998, Reinach 1998.

50 Jahre Landheim Erlenhof 1929–1979, Reinach 1979.

Michèle Bourgeois: *Situation der Tagesmütter in Reinach/BL,* unveröffentlichte Diplomarbeit Berufsbegleitende Ausbildung für Sozialpädagogik Basel 1979.

Denise Datta-Huguenin: *«Guten Tag», «Good morning», «Dobar dan», «Nelenal», «Sawadi»: Schulalltag in einer Integrationsklasse,* in: Baselbieter Heimatbuch 20, 1995, S. 83–88.

Annalise Hosner: *Ach wie gut dass niemand weiss ...: eine Schülerbefragung in Reinach/BL über Jugenddelinquenz und Sanktionen,* unveröffentlichte Diplomarbeit Schule für Sozialarbeit Basel 1985.

Jürg Leibundgut: *Berufliche Eingliederung von Kleinklassenabsolventen in Reinach BL,* unveröffentlichte Diplomarbeit Institut für spezielle Pädagogik und Psychologie Basel 1986.

Lisa Rosenberg: *Die Bedeutung der Arbeit für Menschen nach einer Krise: ein Befragungs- bzw. Erfahrungsbericht aus der pädagogischen Obdachlosenprävention Reinach,* unveröffentlichte Diplomarbeit Fachhochschule für Soziale Arbeit beider Basel 2003.

Felix Sumpf/Rosemarie Widmer: *Möglichkeiten der Kirche in der Sozialprophylaxe der politischen Gemeinde, aufgezeigt am Beispiel Reinach BL,* unveröffentlichte Diplomarbeit Abendschule für Sozialarbeit Luzern 1975.

Ernst Vögtli: *50 Jahre Sekundarschule Reinach,* Reinach 1995.

Informationsquellen: Zeitungen, Statistiken und Akten

Rynacher Märt-Zytig 1983–1986.

Rynacher DorfZytig 1987–1997.

Reinacher Zeitung 1998ff.

Basler Zeitung.

Wochenblatt für das Birseck und Dorneck.

Bau- und Umweltzeitung. Informationen aus der Bau- und Umweltschutzdirektion.

kontakt (vereinsblatt der kmu Reinach).

Geschäftsbericht des Gemeinderates 1972–2005.

Protokolle und Akten des Gemeinderates (im Gemeindearchiv).

Ernst August Feigenwinter-Archiv Reinach.

Staatsarchiv des Kantons Basel-Landschaft.

Chronik des Baselbieter Heimatbuchs 1939ff.

Eidgenössische Volkszählungen.

Statistisches Jahrbuch des Kantons Basel-Landschaft.

Internet-Adressen

Die Aufzählung erhebt keinen Anspruch auf Vollständigkeit.

www.reinach-bl.ch (Gemeindeverwaltung)

www.bgreinach.ch (Bürgergemeinde)

www.per-bl.ch (Parteiunabhängige Einwohner/innen Reinach)

www.impuls-reinach.ch (Impuls)

www.fdp-reinach.ch (FDP Reinach)

www.sp-bl.ch (SP Reinach)
www.svp-baselland.ch (SVP Reinach)
www.cvp-bl.ch (CVP Reinach)
www.evppev.ch (EVP Reinach)
www.schweizer-demokraten.ch (SD Reinach)
www.archaeologie.bl.ch (Kantonsarchäologie Baselland)
www.bl.ch (Online-Chronik, Zahlenspiegel)
www.kmu-reinach-bl.ch (Kleinere und Mittlere Unternehmen Reinach)
www.businessparc.ch (business parc)
www.pendlerstatistik.admin.ch (Statistik zu Pendlerentwicklung)
www.handwerkerringreinach.ch (Reinacher Betriebe)
www.intergga-ag.ch (Gemeinschaftsantenne)
www.rina.ch (Feuerwehr)
www.wwr.ch (Wasserwerk Reinach und Umgebung)
www.inforel.ch (Information über Religionsgemeinschaften in der Region Basel)
www.refk-reinach.ch (Evangelisch reformierte Kirchgemeinde)
www.rkk-reinach.ch (Römisch-katholische Kirchgemeinde)
www.christkath.ch (Christkatholische Kirchgemeinde)
www.solid-rock.ch (Solid Rock Gospel Center)
www.juko-reinach.ch (Jugendkommission)
www.palaisnoir.ch (Jugendhaus)
www.jugendcafi.ch (Jugendcafé Paradiso)
www.jungwachtreinach.ch (Jungwacht)
www.angenstein.ch (Pfadi Angenstein)
www.robireinach.ch (Robinsonspielplatz)
www.regio-ferienpass.ch (Ferienpass Birseck-Leimental)
www.freizythuus.ch (Arbeitsgruppen Lebendiges Reinach)
www.theatergruppereinach.ch (Theatergruppe)
www.schemeli.ch (Theatergruppe Schemeli)
www.theatergruppe-tandem.ch (Theatergruppe Tandem)
www.talzunft.ch/reinach (Zunft zu Rebmessern)
www.camping-waldhort.ch (Campingplatz)
www.heimatmuseumreinach.ch (Heimatmuseum)
www.vvreinach-bl.ch (Verkehrs- und Verschönerungsverein)
www.bibliothek-reinach.ch (Gemeinde- und Schulbibliothek)
www.santiklaus-reinach.ch (Santiklausaktion)
www.rynacherfasnacht.ch (Ney's Rynacher Fasnachtskomitee)
www.furzgugge.ch (Guggenmusik Furzgugge)

www.saiffiblootere.ch (Guggenmusik Saiffiblootere)

www.rambasse-rynach.ch (Guggenmusik Rambasse)

www.fcreinach.ch (FC Reinach 1921)

www.tcreinach-bl.ch (Tennisclub Reinacherheide)

www.esb.ch (Eingliederungsstätte Baselland Reinach)

www.wbz.ch (Wohn- und Bürozentrum Reinach)

www.isbasel.ch (International School Basel)

www.erlenhof-jugendheim.ch (Jugendheim Erlenhof)

www.kvreinach.ch (KV Reinach)

www.vhsbb.ch (Volkshochschule beider Basel)

www.hallobiber.ch (Wiederansiedlung des Bibers)

www.vnvr.ch (Verein für Natur- und Vogelschutz Reinach)

Bildersammlungen und -archive

Bildersammlung der Gemeindeverwaltung Reinach (Div. Themen und Anlässe).

Feigenwinter-Stiftung (Nachlass von Ernst August Feigenwinter und anderen Reinacher Fotografen/Sammlern).

Paul Libsig, Oberwil (ehemaliger Informationsbeauftragter der Gemeinde).

Staatsarchiv Basel-Stadt (Auftragsfotos in div. Nachlässen von Berufsfotografen).

www.fotoarchive.org (Übersicht über Fotoarchive der Region Basel).

Auskunftspersonen, in alphabetischer Reihenfolge

Claudio Affolter, Doris Auer, Isabel Balzer, Markus Billerbeck, Beat Böhlen, Peter Britt, Matthias Brunner, Anja Burri, Eva Chappuis, Michael Claussen, Rolf Derrer, Dominik Eichenlaub, Gaby Fechtig, Claudia Fetzer, Karl Frech, Anna C. Fridrich, Benedikt Gnos, Othmar Gnos, Willy Göttin, Walter Grünenfelder, Bruno Hiltmann, Claude Hodel, Daniel Jann, Ursi Jann, Rolf Jeck, Monique Juillerat, Petra Kaderli, Fredi Kilchherr, Heiner Leuthardt, Paul Libsig, Susan Lüthi, Thomas Mark, Reto Marti, Gerda Massüger, Thomas Nichele, Edith Nyfeler, Matthias Plattner, Claudina Reiss, Rainer Ritzel, Hanspeter Roth, René Salathé, Beatrice Schumacher, Ueli Seelhofer, Ralph Spillmann, Sven Spreng, Harry Steiner, David Stöckli, Philippe Stoecklin, Jürg Tauber, Beat Tschudin, Hans Windler, Franz Wirth, Alex Wyss.

Bildnachweise

Alle Grafiken, Diagramme und Karten stammen von groenlandbasel. Sie basieren auf den Vorlagen von Hans Windler in der Heimatkunde Reinach von 1975.
Die Landeskarten wurden reproduziert mit Bewilligung von swisstopo (BA 067971).

Basler Nachrichten: S. 101 (Foto Peter Armbruster, Basel).

Jürg Bopp, Aesch: S. 108.

Bürgergemeinde Reinach: S. 38.

Familienzentrum OASE, Reinach (Foto Valéria Vögtli): S. 204 oben.

Ernst Feigenwinter, Die Feigenwinter im Spiegel von fünf Jahrhunderten, 1989: S. 25.

Ernst Feigenwinter-Archiv, Reinach: S. 26, 54 oben, 59, 67 oben, 69, 79 oben, 82–83, 88 oben und unten, 93 unten, 96 oben und unten, 99, 114, 116 oben und unten, 119 oben und unten, 120, 123, 146, 157, 183, 208.

Hannes-Dirk Flury, Basel: S. 189 oben.

Gemeindeverwaltung Reinach: S. 35 oben und unten, 131 unten, 133, 135, 141 oben, 161 oben, 170, 176 oben, 187, 189 unten; S. 41, 60, 155, 185 (Foto Werner Getzmann, Reinach); S. 133 unten, 200 (Foto Franz Gloor, Solothurn); S. 194 unten (Foto ADEV Solarstrom AG, Liestal); S. 210 oben (Foto Joachim Rüetschi).

Gemeindeverwaltung Reinach, Asylbereich: S. 203 oben.

Gemeinde- und Schulbibliothek Reinach: S. 215 unten.

Willy Göttin, Reinach: S. 17, 142, 204 unten.

Heimatkunde Reinach 1975: S. 90, 129 oben, 137.

Heimatmuseum Reinach: S. 93 oben.

Claude Hodel, Reinach: S. 164.

Kantonsarchäologie Baselland, Liestal: S. 71, 79 unten (Illustration Andrea Leisinger, Cham); S. 72, 76, 129 unten.

KITA Reinacherhof, Reinach (Foto Thomas Imboden): S. 203 unten.

Paul Libsig, Oberwil: S. 29, 57, 63 unten, 105 oben.

Roland Lüthi, Münchenstein: S. 45, 63 oben.

Florian Moesch, Reinach: S. 176 unten, 179 unten.

Hans Mühlestein, Der grosse Bauernkrieg 1653, 1942: S. 23.

Musikschule Reinach: S. 215 oben.

Reinacher Zeitung: S. 105 unten; S. 172, 210 unten (Foto Anja Burri); S. 190, 194 oben (Foto Heiner Leuthardt).

Joseph Ruggle, Reinach: S. 37.

Seniorenzentrum Aumatt: S. 199 unten.

Staatsarchiv Basel-Stadt: S. 113 (Neg Balair 64121), S. 138 (Neg Hö D 26134), S. 141 unten (Neg Hö A 37627).

Swisspower Cup (Andi Seeli, Nänikon): S. 179 oben.

Ruedy Weber, Reinach: S. 167.

Richard Westermann, Geschichte der reformierten Kirchgemeinde Reinach, 1993, S. 44: S. 163.

Franz Wirth, Reinach: S. 54 unten, 67 unten, 131 oben, 161 unten.

Wohn- und Bürozentrum für Körperbehinderte (WBZ), Reinach: S. 198.

Bisher erschienene Heimatkunden

Aesch 1985/2005 — Allschwil 1981 — Anwil 1967/2000 — Arlesheim 1993 — Augst 1983 — Biel-Benken 1993 — Binningen 1978 — Birsfelden 1976 — Bottmingen 1996 — Bretzwil 1980 — Buus 1972 — Diegten 1996 — Dittingen 2005 — Eptingen 1967 — Ettingen 1993 — Frenkendorf 1986 — Füllinsdorf 1993 — Gelterkinden 1966/2003 — Grellingen 1999 — Hemmiken 1989 — Hölstein 1998 — Itingen 2002 — Känerkinden 1991 — Langenbruck 1992 — Lausen 1997 — Liestal 1970/2004 — Lupsingen 1985 — Maisprach 1968 — Münchenstein 1995 — Muttenz 1968 — Oberdorf 1993 — Oberwil 1989 — Ormalingen 1980 — Pfeffingen 1966/1971/1989 — Pratteln 1968/2003 — Reigoldswil 1987 — Reinach 1975/2006 — Röschenz 2002 — Rothenfluh 2001 — Rünenberg 1971 — Schönenbuch 1994 — Seltisberg 1994 — Sissach 1984/1998 — Tecknau 1987 — Tenniken 2002 — Therwil 1999 — Thürnen 2003 — Titterten 2002 — Wenslingen 1998 — Wintersingen 1996 — Zeglingen 1983 — Ziefen 1973 — Zunzgen 2000

Die Arbeitsgemeinschaft zur Herausgabe von Baselbieter Heimatkunden

Heiner Joray, Ramlinsburg, Präsident — Theres Bitterlin, Gelterkinden — Anja Burri, Basel — Andreas Cueni, Nenzlingen — Pascal Favre, Allschwil — Anna C. Fridrich, Basel — Jürg Gohl, Lausen — Daniel Hagmann, Basel — Peter Plattner, Ormalingen — Regula Waldner Hilfiker, Wenslingen

Die gemeinderätliche Begleitkommission Heimatkunde Reinach

Eva Chappuis, Gemeinderätin, Leitung — Doris Auer, Gemeindeverwaltung, Sekretariat — Dominik Eichenlaub — Karl Frech — Anna C. Fridrich — Willy Göttin — Fredi Kilchherr — René Salathé — Franz Wirth

Impressum

Herausgegeben von der Einwohnergemeinde Reinach 2006
Verlag des Kantons Basel-Landschaft, Liestal

ISBN 3-85673-547-X
ISBN 978-3-85673-547-0
EAN 9783856735470

Konzept, Autor, Redaktion: Daniel Hagmann
Lektorat: Elisabeth Balscheit
Gestaltung, Satz: groenlandbasel Dorothea Weishaupt, Mitarbeit Helen Bartenschlager
Lithografie: LAC AG, Basel
Druck: Steudler Press AG, Basel
Ausrüstung: Schumacher AG, Schmitten

Diese Publikation wurde mit Mitteln aus dem Lotteriefonds ermöglicht.

LOTTERIEFONDS
BASEL-LANDSCHAFT

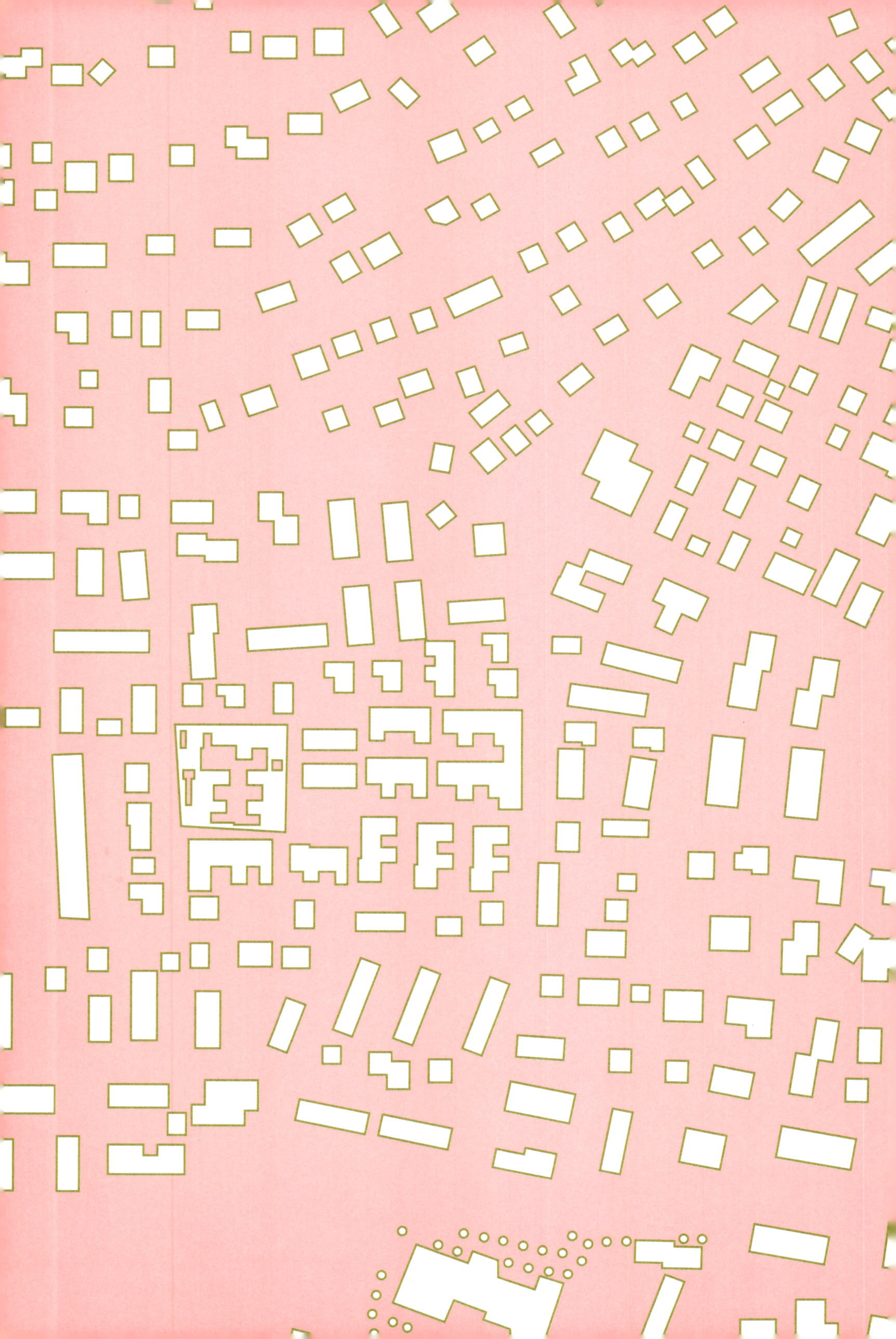